DEUTSCH ALS FREMDSPRACHE

Susanne Kalender
Petra Klimaszyk

Schritte plus 3

Lehrerhandbuch

Hueber Verlag

Quellenverzeichnis:

S. 111: © Tourismus Salzburg
S. 116: Gummibärchen © HARIBO, Bonn; Dübel © fischerwerke, Waldachtal, Brot © iStockphoto/ Olivier Le Moal, Kuckucksuhr © iStockphoto/ desuza.communications
S. 153: Text „Currywurst", Musik: Jürgen Triebel, Text: Horst-Herbert Krause / Diether Krebs, © 1982 by Edition Accord Musikverlag GmbH, Hamburg

Symbole / Piktogramme

 Binnendifferenzierung

 Achtung/Hinweis

TIPP Methodisch-didaktischer Tipp

LANDES
KUNDE Landeskundliche Informationen über Deuschland

Das Werk und seine Teile sind urheberrechtlich geschützt.
Jede Verwertung in anderen als den gesetzlich zugelassenen Fällen
bedarf deshalb der vorherigen schriftlichen Einwilligung des Verlags.

Hinweis zu § 52a UrhG: Weder das Werk noch seine Teile dürfen ohne
eine solche Einwilligung überspielt, gespeichert und in ein Netzwerk
eingespielt werden. Dies gilt auch für Intranets von Firmen und von Schulen
und sonstigen Bildungseinrichtungen.

3.	2.	1.		Die letzten Ziffern
2014	13 12	11 10		bezeichnen Zahl und Jahr des Druckes.

Alle Drucke dieser Auflage können, da unverändert, nebeneinander benutzt werden.
1. Auflage
© 2010 Hueber Verlag, 85737 Ismaning, Deutschland
Zeichnungen: Jörg Saupe, Düsseldorf
Layout und Satz: Schack, Ismaning
Verlagsredaktion: Daniela Niebisch, Penzberg
Druck: Ludwig Auer GmbH, Donauwörth
Printed in Germany
ISBN 978-3-19-051913-2

Inhalt

Das Lehrerhandbuch – Überblick	5
Konzeption des Lehrwerks	6
Praktische Tipps für den Unterricht mit *Schritte plus*	12
Methodisch-didaktische Hinweise	20
Die erste Stunde im Kurs	20
Hinweise zu Lektion 1	21
Hinweise zu Lektion 2	32
Hinweise zu Lektion 3	42
Hinweise zu Lektion 4	53
Hinweise zu Lektion 5	63
Hinweise zu Lektion 6	76
Hinweise zu Lektion 7	87
Kopiervorlagen	99
Zusatzübungen und Spiele zu Lektion 1	99
Zusatzübungen und Spiele zu Lektion 2	104
Zusatzübungen und Spiele zu Lektion 3	108
Zusatzübungen und Spiele zu Lektion 4	112
Zusatzübungen und Spiele zu Lektion 5	117
Zusatzübungen und Spiele zu Lektion 6	121
Zusatzübungen und Spiele zu Lektion 7	124
Wiederholung zu Lektion 1 und Lektion 2	128
Wiederholung zu Lektion 3 und Lektion 4	130
Wiederholung zu Lektion 5 und Lektion 6	132
Tests zu jeder Lektion	134
Anhang	148
Transkriptionen der Hörtexte im Kursbuch	148
Transkriptionen der Hörtexte im Arbeitsbuch	163
Lösungen zu den Übungen im Arbeitsbuch	170
Lösungen zu den Tests	178

Das Lehrerhandbuch – Überblick

Konzeption und praktische Tipps für den Unterricht mit *Schritte plus*

Schritte plus basiert auf den Grundsätzen des Gemeinsamen Europäischen Referenzrahmens und orientiert sich an den Vorgaben des Rahmencurriculums für Integrationskurse. Beides wird zunächst kurz erläutert. Anschließend werden der Aufbau des Lehrwerks sowie die methodisch-didaktischen Grundlagen vorgestellt und beschrieben. Außerdem werden praktische Tipps zum Umgang mit wiederkehrenden Rubriken des Lehrwerks gegeben.

Methodisch-didaktische Hinweise

Die Hinweise zu den einzelnen Lektionen sind klar strukturiert: Zu jeder Episode der Foto-Hörgeschichte, zu jeder Modulseite A bis E, zu den Zwischenspielen und zu den Fokus-Seiten finden Sie ab Seite 21 konkrete Hinweise zum Vorgehen im Unterricht sowie methodische Tipps, Vorschläge zur Binnendifferenzierung, landeskundliche Informationen und Verweise auf die Übungen im Arbeitsbuch.

Kopiervorlagen

Das Lehrerhandbuch bietet durch ein differenziertes Übungsangebot die Möglichkeit, den Unterricht auf die jeweiligen Bedürfnisse eines Kurses und die jeweilige Kursdauer abzustimmen:

- Vorlagen zu den Interaktionsaufgaben ⇄ helfen bei der Unterrichtsvorbereitung.

- Zahlreiche Spiele erweitern das Angebot des Kursbuchs (ab Seite 99).

- Zu jedem Zwischenspiel finden Sie nachbereitende und erweiternde Übungen.

- Wiederholungsübungen und -spiele: Regelmäßige Wiederholungssequenzen sind besonders im Anfängerunterricht wichtig (ab Seite 128).

- Testvorlagen zu jeder Lektion: So können Sie oder Ihre TN die Kenntnisse überprüfen (ab Seite 134).

Anhang

Hier finden Sie die Transkriptionen aller Hörtexte des Kursbuchs und des Arbeitsbuchs sowie die Lösungen zu den Übungen im Arbeitsbuch und den Tests. Diese können Sie bei Bedarf auch für Ihre TN kopieren und zur Selbstkontrolle bereitstellen.

Konzeption – Rahmenbedingungen

1. Rahmenbedingungen

Schritte plus ist ein Lehrwerk für Lernende der Grundstufe, die in einem deutschsprachigen Land leben oder leben möchten. Ziel ist es, den TN die Integration in den deutschen Alltag zu erleichtern. Die Themen sind handlungsorientiert und sollen die TN befähigen, alltägliche Situationen wie Einkäufe und Arztbesuche sprachlich zu bewältigen.

Die Komponenten von *Schritte plus*

Schritte plus führt in sechs Bänden zur Niveaustufe B1 des Gemeinsamen Europäischen Referenzrahmens:

Schritte plus 1 und *Schritte plus 2* → Niveaustufe A1
Schritte plus 3 und *Schritte plus 4* → Niveaustufe A2
Schritte plus 5 und *Schritte plus 6* → Niveaustufe B1

Zu jedem Band von *Schritte plus* gibt es eine Arbeitsbuch-CD mit den Hörtexten des Arbeitsbuchs und interaktiven Übungen für den PC. In der Ausgabe 978-3-19-011913 ist diese CD eingelegt. Zusätzlich gibt es in jedem Band Hörmaterialien zum Kursbuch auf CD.

Schritte plus und der Gemeinsame Europäische Referenzrahmen

- *Schritte plus* orientiert sich am Gemeinsamen Europäischen Referenzrahmen. Der Referenzrahmen definiert mehrere Kompetenzniveaus, die den Sprachstand der Lernenden zeigen und Lernfortschritte messbar machen:

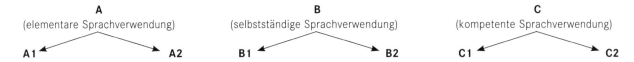

Der Sprachstand wird mithilfe von Skalen – den sogenannten Kann-Bestimmungen – beschrieben. Eine ausführliche Beschreibung zu Inhalt und Zielen des Referenzrahmens finden Sie unter www.hueber.de.

- Der Referenzrahmen betrachtet Sprachlernende und Sprachverwendende als sozial Handelnde, die kommunikative Aufgaben bewältigen müssen. *Schritte plus* trägt dem durch die alltagsrelevanten Themen und die Auswahl der Texte (z.B. Briefe, Informationsbroschüren, Zeitungsmeldungen, Telefongespräche, Nachrichten etc.) Rechnung und richtet sich in seinen Lernzielen an den Kann-Bestimmungen des Referenzrahmens aus. Welches Lernziel Ihre TN auf einer Kursbuchseite erreichen können, ist bei den methodisch-didaktischen Hinweisen in diesem Lehrerhandbuch jeweils explizit ausgewiesen.

- Im Referenzrahmen werden Lernerautonomie und Selbstbeurteilung großgeschrieben: Anhand von Übungen zum selbstentdeckenden Lernen im Arbeitsbuch erarbeiten sich die TN grammatische Schemata und lernen, Strukturen zu ordnen und zu systematisieren (Grammatik entdecken). Mithilfe des Lerntagebuchs (siehe Seite 11 und 17) lernen die TN verschiedene Lerntechniken kennen und werden befähigt, ihr Lernen individuell und selbstständig zu gestalten. Im Kursbuch finden Sie auf den Seiten 80–81 eine Vorlage, mit der die TN ihren Sprachstand nach Abschluss des Kurses selbst evaluieren können.

Schritte plus und das Rahmencurriculum für Integrationskurse

Das Rahmencurriculum für Integrationskurse - Deutsch als Zweitsprache ist die Grundlage für den Unterricht in den Integrationskursen. Es zeigt Lebensbereiche auf, in denen sich Migrantinnen und Migranten bewegen, und beschreibt Lernziele für das sprachliche Handeln in typischen Alltagssituationen. *Schritte plus* deckt alle alltags- und berufsrelevanten Lernziele des Rahmencurriculums ab.

Prüfungsvorbereitung mit *Schritte plus*

In *Schritte plus* werden die Lern- und Prüfungsziele des Rahmencurriculums für Integrationskurse - Deutsch als Zweitsprache und des darauf aufbauenden *Deutsch-Tests für Zuwanderer (dtz)* umgesetzt. Außerdem können Sie die TN mit diesem Lehrwerk auf die Prüfungen *Start Deutsch* und *Zertifikat Deutsch* vorbereiten. Sie finden:
- Prüfungsaufgaben zu allen Prüfungsteilen im Arbeitsbuch
- extra Übungshefte *Schritte plus Prüfungstraining* (siehe auch Seite 19)

Konzeption – Aufbau

2. Aufbau

Jeder Band von *Schritte plus* enthält sieben kurze Lektionen mit einem klaren und einheitlichen Aufbau:

Die Foto-Hörgeschichte
Motivierender Einstieg über eine Foto-Hörgeschichte

Die Seiten A bis C
In sich abgeschlossene Module zur Einführung
und Einübung des neuen Lernstoffs

Die Seiten D bis E
In sich abgeschlossene Module zum Training
und zur Erweiterung der rezeptiven und
produktiven Fertigkeiten

Die Übersichtsseite
Übersicht über Grammatik und wichtige
Wendungen der Lektion zur Orientierung und schnellen Wiederholung

Das Zwischenspiel
Abschluss durch das Zwischenspiel mit
landeskundlichen Lese- und Hörtexten
und spielerischen Aktivitäten

2.1 Aufbau einer Kursbuchlektion

Die Foto-Hörgeschichte

Ausgehend von der Erfahrung vieler TN mit Fotoromanen und Soaps im Fernsehen und der Tatsache, dass wir heute in einer visuellen Welt leben, beginnt jede Lektion mit einer Foto-Hörgeschichte. Sie ...

- ist authentisch: Sprache wird im Kontext gelernt. Die TN können sich intensiv mit nur einer Situation auseinandersetzen, was die Memorierung von Wörtern und Strukturen erleichtert und verbessert.
- ist motivierend: Die Fotos erleichtern eine situative und lokale Einordnung der Geschichte und aktivieren das Vorwissen. Durch die Kombination von Fotos und Hörtext/Geräuschen verstehen die TN eine zusammenhängende Episode. Sie erkennen, dass sie am Ende der Lektion in der Lage sein werden, eine ähnliche Situation sprachlich zu meistern.
- bietet anhand der Personen und Situationen Identifikationsmöglichkeiten. Im Vordergrund stehen die Erfahrungen eines Ausländers, der mit der deutschsprachigen Lebenswelt in Berührung kommt. Die Foto-Hörgeschichte vermittelt implizit landeskundliches Wissen.
- bietet einen unterhaltsamen Einstieg in das Thema der Lektion: Das Interesse der TN wird geweckt.
- bildet den sprachlichen und thematischen Rahmen der Lektion: Die Foto-Hörgeschichte führt das Sprachmaterial und den grammatischen Stoff ein und entlastet damit den Lektionsstoff vor. Zugleich trainiert sie das globale Hörverstehen.

Konzeption – Aufbau

Die Seiten A, B, C

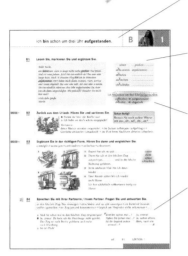

Die **Kopfzeile** enthält ein Zitat aus der Foto-Hörgeschichte und präsentiert den Lernstoff der Seite. Die neue Struktur ist fett hervorgehoben. So können Sie und die TN sich rasch orientieren.

Die erste Aufgabe dient der **Einführung** des neuen Stoffs. Sie bezieht sich ebenfalls im weiteren Sinne auf die Foto-Hörgeschichte und veranlasst die TN bereits zur aktiven Anwendung der neuen Struktur. Das stärkt das Vertrauen der TN in die Erlernbarkeit des Stoffs.

Der **Grammatikspot** fasst den Lernstoff übersichtlich zusammen und macht ihn bewusst.

In den **anschließenden Aufgaben** üben die TN den Lernstoff zunächst meist in gelenkter, dann in freierer Form.

Die **Abschlussaufgabe** dient dem Transfer des Gelernten in den persönlichen Anwendungsbereich (Informationen über sich geben, die eigene Meinung sagen usw.) oder bietet auf spielerische Art Möglichkeiten, den Lernstoff aktiv und interaktiv anzuwenden.
Hinweis: Zur Vereinfachung und Unterstützung Ihrer Unterrichtsvorbereitung finden Sie Kopiervorlagen zu vielen Abschlussaufgaben in diesem Lehrerhandbuch (ab Seite 99)

Die Seiten D und E

Diese Seiten dienen der Vertiefung und Erweiterung der rezeptiven (Lesen und Hören) und produktiven (Sprechen und Schreiben) Fertigkeiten.

Lesen
Die TN üben das Lesen authentischer einfacher Textsorten. Dazu gehören für das Niveau A2 kurze Zeitungsmeldungen, kurze Anleitungen, Briefe, E-Mails und Mitteilungen, tabellarische Verzeichnisse etc.

Hören
Die TN lernen, Kernaussagen und wichtige Informationen aus alltagsrelevanten Textsorten zu entnehmen. Dazu gehören z.B. Lautsprecherdurchsagen, automatische Telefonansagen, Meldungen im Rundfunk (z.B. Straßenverkehr), Mitteilungen und Anweisungen aus dem persönlichen Umfeld.

Sprechen
Die TN üben die verbale Bewältigung einfacher Alltagssituationen wie z.B. über die Familie sprechen, über Aspekte des eigenen alltäglichen Lebensbereichs berichten (über das Schulsystem und Schulerinnerungen sprechen), Bitten und Empfehlungen aussprechen. Auf der Niveaustufe A2 geht es laut Referenzrahmen und den Anforderungen der Prüfung *Start Deutsch* um etwas komplexere Gesprächssituationen als auf der Stufe A1, die auch strategische und diskursive Elemente enthalten und die über ein bloß „zweizügiges" Aktion-Reaktion-Schema hinausgehen.

Schreiben
Die TN lernen, einfache formelhafte Notizen zu machen sowie persönliche Briefe und kurze Notizen und Mitteilungen zu schreiben. Um die Schreibfertigkeit der TN aufzubauen, enthält das Arbeitsbuch ein systematisches Schreibtraining.

Die Übersichtsseite

Die letzte Seite jeder Lektion gibt einen Überblick über die neue Grammatik und wichtige Wendungen der Lektion. Mithilfe der Übersicht kann der Stoff der Lektion selbstständig wiederholt und nachgeschlagen werden.

Das Zwischenspiel

Jede Lektion wird durch ein Zwischenspiel abgerundet. Auf diesen Seiten wird der Alltag in Deutschland in Lese- und Hörtexten abgebildet. Der Schwerpunkt liegt nicht mehr auf dem Erwerb und Einüben von Strukturen, sondern die TN können hier das Lese- und Hörverstehen vertiefen und ihr in der Lektion erworbenes Wissen aktiv und zum Teil spielerisch anwenden. Zu jedem Zwischenspiel gibt es in diesem Lehrerhandbuch Didaktisierungsvorschläge und eine Kopiervorlage mit vor- oder nachbereitenden Übungen.

Konzeption – Aufbau/Methodisch-didaktische Grundlagen

2.2 Aufbau des Arbeitsbuchs

Im Arbeitsbuch finden Sie vielfältige Übungen zu den Lernschritten A bis E für die Still- und Partnerarbeit im Kurs oder als Hausaufgabe. Auch hier erscheinen – wie auf der entsprechenden Kursbuchseite – in der Kopfzeile ein Zitat und ein Foto aus der Foto-Hörgeschichte als Strukturierungs- und Memorierungshilfe. Die Übungen berücksichtigen unterschiedliche Lernniveaus innerhalb des Kurses und bieten so Möglichkeiten zur Binnendifferenzierung:

schwarze Arbeits-anweisungen	blaugraue Arbeits-anweisungen	blaue Arbeits-anweisungen
Basisübungen, die alle TN machen sollten	Vertiefende Übungen für alle, die noch übenwollen/müssen	Erweiternde Übungen als Zusatzangebot oder Alternative für schnellere TN

Das Arbeitsbuch enthält außerdem:
- Übungen zur Phonetik
- Anregungen zum autonomen Lernen und Informationen über verschiedene Lerntechniken (Lerntagebuch)
- Übungen zum selbstständigen Entdecken grammatischer Regelmäßigkeiten („Grammatik entdecken")
- Aufgaben im Prüfungsformat
- ein systematisches Schreibtraining
- explizit gekennzeichnete Wiederholungsübungen
- Projekte zur Förderung des Lernes außerhalb des Klassenzimmers
- den Lernwortschatz der Lektion, nach Oberbegriffen sortiert und nach Wortarten getrennt
- die Fokus-Seiten (Fokus Alltag, Fokus Beruf, Fokus Familie – siehe Seite 17)

Weitere Übungen zur selbstständigen Wiederholung am PC finden die TN auf der integrierten CD, die auch alle Hörtexte des Arbeitsbuchs enthält.

3. Methodisch-didaktische Grundlagen

3.1 Grammatik

Die Grammatikprogression in *Schritte plus* orientiert sich an den Lernzielen des Rahmencurriculums und der Prüfung *dtz*. In übersichtlichen, kurzen Lernschritten werden die Strukturen in kleinen „Portionen" eingeführt und intensiv geübt. Häufige Wiederholungsschleifen festigen das Gelernte und bereiten auf die Erweiterung einer grammatischen Struktur vor.

Lexikalische Einführung von Strukturen
- Grammatische Strukturen werden durch Variations- und Einsetzübungen eingeführt. Sie werden von den TN von Anfang an aktiv benutzt und memoriert.
- Der Einstieg erfolgt über Formeln, an denen anschließend die dahinterstehende Struktur aufgezeigt werden kann.
- Ziel ist es, die Angst vor Neuem zu nehmen und das Vertrauen in die Erlernbarkeit der Struktur zu stärken.

Grammatikspot
- Der Grammatikspot fasst den neuen Stoff anhand von Beispielen einfach und verständlich zusammen.
- Farbsignale ersetzen Regelerklärungen, die die TN besonders im Anfängerunterricht auf Deutsch gar nicht verstehen würden.

Infospot
- Der Infospot hebt Redemittel hervor, die in ihrer grammatischen Struktur unbekannt sein können, den TN aber als Ausdrucksmöglichkeit zur Verfügung stehen sollten.
- Diese Redemittel sollen als Formeln gelernt und angewendet werden.

Grammatik entdecken

Selbstentdeckendes Lernen
Übungen, die die TN zu einem gelenkten Entdecken grammatikalischer Regelmäßigkeiten führen sollen, finden Sie im Arbeitsbuch unter der Rubrik „Grammatik entdecken":
- Die TN ordnen neues Sprachmaterial in vorgegebene, optisch markierte Schemata.
- Dadurch wird die zugrunde liegende Systematik einer Struktur erkennbar.
- Die TN können die Strukturen besser verstehen und behalten.

Konzeption – Methodisch-didaktische Grundlagen

3.2 Wiederholung

Damit sprachliche Strukturen – und Wörter natürlich – gefestigt werden können, müssen sie immer wieder aktiviert werden. *Schritte plus* setzt daher auf häufige Wiederholungssequenzen:
- Mit den Wiederholungsstationen am Ende jeder Niveaustufe *(Schritte plus 2, 4, 6)* kann der komplette Lernstoff einer Stufe noch einmal trainiert werden.
- Sogenannte Wiederholungsspots im Kursbuch erinnern die TN ab *Schritte plus 3* an schon gelernte Strukturen, die nun erweitert werden.
- Ausgewiesene Wiederholungsübungen greifen ab *Schritte plus 3* grammatische Strukturen aus den vorhergehenden Bänden noch einmal auf, vertiefen sie oder dienen als Vorübung für neuen Lernstoff, der in Zusammenhang zu schon bekanntem Lernstoff steht.
- Möglichkeiten zur selbstständigen Wiederholung finden die TN auf der Arbeitsbuch CD mit interaktiven Übungen für den PC.
- Spiele zur Wiederholung finden Sie nach jeder zweiten Lektion auch in diesem Lehrerhandbuch (ab Seite 128).

3.3 Wortschatz

Die Wortschatzprogression orientiert sich ebenfalls an den Lernzielen des Rahmencurriculums und der Prüfung *dtz*. Die Wortschatzvermittlung orientiert sich an folgenden Prinzipien:
- Neuer Wortschatz wird mit bekannten Strukturen eingeführt, damit die TN sich auf die Wörter konzentrieren können.
- Nach Möglichkeit werden Wortfelder eingeführt (z.B. Lektion 3: Wortfeld „Essen und Trinken").
- Der Lernwortschatz einer jeden Lektion ist im Arbeitsbuch zusammengestellt. Schreiblinien ermöglichen die Übersetzung in die eigene Sprache und damit ein klassisches Vokabeltraining: Die TN können sich auf diese Weise selbstständig abfragen.

Am Ende eines jeden Bands von *Schritte plus* finden Sie eine alphabetische Wortliste.

3.4 Binnendifferenzierung

Ein (Integrations-) Kurs setzt sich aus TN mit unterschiedlichen Muttersprachen sowie unterschiedlichen Lernerfahrungen und Lernzielen zusammen. Binnendifferenzierung ist eine Möglichkeit, den Unterricht für alle TN interessant zu gestalten, auf die unterschiedlichen Bedürfnisse der TN einzugehen und jeden Einzelnen so gut wie möglich zu fördern. Binnendifferenzierung bedeutet Gruppenarbeit: Innerhalb des Kurses werden (zeitweise) mehrere Gruppen gebildet, die unterschiedliche Lerninhalte bearbeiten. Das kann beispielsweise heißen, dass leistungsstärkere Gruppen mehr oder schwierigere oder freiere Aufgaben erhalten oder dass für einzelne Gruppen verschiedene Lernziele gesetzt werden, die sich an den Bedürfnissen der TN ausrichten: Eine Gruppe übt z.B. Grammatik, eine andere wiederholt Wortschatz und eine dritte macht Phonetikübungen.

Schritte plus bietet vielfach Unterstützung für einen binnendifferenzierten Unterricht:

> Schon fertig?
- Explizit im Kursbuch durch gekennzeichnete Zusatzaufgaben für schnelle TN.
- Implizit im Kursbuch durch unterschiedlich schwierige/lange Lesetexte und Auswahlmöglichkeiten (gelenkter-freier) bei verschiedenen Aufgaben, z.B. Rollenspielen.
- Explizit im Arbeitsbuch durch farblich gekennzeichnete Übungstypen in verschiedenen Schwierigkeitsstufen (siehe auch Seite 9 und 17).
- In diesem Lehrerhandbuch durch praktische Vorschläge zur binnendifferenzierten Arbeit mit *Schritte plus*. Diese erkennen Sie an diesem Zeichen ∀.

KONZEPTION 10

Konzeption – Methodisch-didaktische Grundlagen

3.5 Phonetik

PHONETIK

Häufig erwerben Lernende gute Kenntnisse in Wortschatz und Grammatik. Damit haben sie einen wichtigen Schritt für die Kommunikation mit Muttersprachlern der Zielsprache gemacht. Aber selbst wenn die Wörter von ihrer Semantik her richtig verwendet werden, kann es durch eine falsche Aussprache oder Betonung zu Missverständnissen bis hin zum völligen Scheitern der Kommunikation kommen. Deshalb wird in *Schritte plus* von Anfang an Wert auf eine gründliche Ausspracheschulung gelegt: In *Schritte plus 3* stehen neben der Schulung einzelner Laute und Lautkombinationen vor allem Wortakzent, Satzakzent und Satzmelodie im Vordergrund. Bei der Lautartikulation wird in *Schritte plus 3* der Schwerpunkt auf Konsonanten und Konsonantenhäufung gelegt. Auch orthografische Besonderheiten spielen dabei eine Rolle. Die Selbstständigkeit der TN wird gefördert: Sie sollen selbst Beispiele erfinden und das Geübte kreativ und frei anwenden (z.B. Lektion 6, Übung 17).

Die Ausspracheschulung in *Schritte plus* hält sich an folgende Prinzipien:
- Sie erfolgt in einem Wechselspiel aus imitativem und kognitivem Lernen, z.B. durch Hören, Erkennen und Nachsprechen oder Hören, Erkennen und Markieren oder Hören und Nachsprechen.
- Die Laute werden zunächst im Wort und darauf aufbauend im ganzen Satz geübt.
- Die Beispiele ergeben sich aus der Lektion. Dadurch steht die Phonetik in einem für die TN relevanten und nachvollziehbaren Kontext. Zudem ergibt es wenig Sinn, Wörter nachzusprechen, die man nicht versteht.

3.6 Lerntechniken

LERN
TAGEBUCH

Viele Lernende verfügen nicht über die Mittel, ihren Lernprozess eigenständig zu strukturieren und zu steuern. Um ihnen verschiedene Lerntechniken vorzustellen, werden die TN in *Schritte plus* zum Führen eines Lerntagebuchs angeregt:
- Der Gedanke des Lerntagebuchs sieht vor, dass sich alle TN einen Ringbuchordner anschaffen. In diesem können sie verschiedene Kategorien anlegen, die sie individuell erweitern können. Zudem können jederzeit neue Blätter eingefügt werden.
- In diesem Lerntagebuch können die TN ihre Lernfortschritte dokumentieren: Hier können sie alles, was im Unterricht oder als Hausaufgabe erarbeitet wurde, abheften. Zu Hause können die TN in ihrem Lerntagebuch den Lernstoff nachschlagen oder Lerntechniken selbstständig ausprobieren.
- Jede Lerntagebuch-Aufgabe hat einen Verweis auf das *Schritte plus* Portfolio. Dort werden weiterführende Aufgaben und Anregungen für das autonome Lernen gegeben (siehe Seite 19).
- Mithilfe expliziter Übungen im Arbeitsbuch lernen die TN verschiedene Lerntechniken kennen und wenden sie praktisch an, um so die für sie geeignetste(n) Form(en) des Lernens herauszufinden.

3.7 Landeskunde

Die Vermittlung von Landeskunde ist für Migrantinnen und Migranten, die den Alltag in Deutschland meistern wollen und müssen, besonders wichtig. In *Schritte plus* werden landeskundliche Informationen gezielt angeboten:
- durch die Foto-Hörgeschichte, die deutschen Alltag authentisch abbildet und dabei implizit landeskundliches Wissen vermittelt sowie interkulturelle Diskussionsanlässe bietet,
- durch die Zwischenspiele mit landeskundlich relevanten Lese- und Hörtexten über Deutschland,
- auf den fakultativ zu bearbeitenden Fokus-Seiten im Arbeitsbuch, die bestimmten Zielgruppen konkrete Informationen und Hilfestellungen zum Leben in Deutschland geben,
- durch Projekt-Vorschläge (im Arbeitsbuch und auf den Fokus-Seiten), die das Lernen außerhalb des Kurses fördern. Die Projekt-Vorschläge ermöglichen eine Orientierung am Wohnort der TN. Darüber hinaus lernen die TN, sich wichtige Informationen über ihre deutschsprachige Umgebung zu beschaffen. Neben den im Rahmen der Projektarbeit außerdem wichtigen allgemeinen und sozialen Kompetenzen wie Teamfähigkeit, Umgang mit Informationsmedien und selbstständigem Handeln wenden die TN auch im Gespräch mit Muttersprachlern ihre erworbenen Kenntnisse an und erweitern sie individuell.

LANDES
KUNDE

Landeskundliche Informationen, über die die TN dem Rahmencurriculum gemäß verfügen sollten und die für das Leben in Deutschland wichtig sind, finden Sie in diesem Lehrerhandbuch.

Praktische Tipps für den Unterricht mit *Schritte plus* – Die Foto-Hörgeschichte

1. Die Foto-Hörgeschichte

Beginnen Sie den Unterricht nicht direkt mit dem Hören der Geschichte. Die TN lösen zu jeder Episode Aufgaben vor dem Hören, während des Hörens und nach dem Hören. Generell sollten Sie die Geschichte so oft wie nötig vorspielen und ggf. an entscheidenden Passagen stoppen. Achten Sie darauf, jede Episode mindestens einmal durchgehend vorzuspielen.

Hören Sie am Ende jeder Lektion die Geschichte mit den TN noch einmal. Das ermutigt sie, denn sie können erleben, wie viel sie im Vergleich zum allererersten Hören nun schon verstehen, und das fördert die Motivation zum Weiterlernen.

1.1 Aufgaben vor dem Hören

Die Aufgaben vor dem Hören machen eine situative Einordnung der Geschichte möglich. Sie führen neue, für das Verständnis wichtige Wörter der Geschichte ein und lenken die Aufmerksamkeit auf die im Text wichtigen Passagen und Schlüsselwörter. Für die Vorentlastung bieten sich außerdem viele weitere Möglichkeiten:

Fotosalat und Satzsalat
Kopieren Sie die Fotos und schneiden Sie die einzelnen Fotos aus. Achten Sie darauf, die Nummerierung auf den Fotos wegzuschneiden. Die Bücher bleiben geschlossen. Verteilen Sie je ein Fotoset an Kleingruppen mit 3 bis 4 TN. Die TN legen die Fotos in eine mögliche Reihenfolge, hören die Geschichte mit geschlossenen Büchern und vergleichen die Foto-Hörgeschichte mit ihrer Reihenfolge. Sie korrigieren ggf. ihre Reihenfolge.
Diese Übung kann um Satzkarten erweitert werden: Schreiben Sie zu den Fotos einfache Sätze oder Zitate aus der Geschichte auf Kärtchen, die die TN dann den Fotos zuordnen. Sie können hier auch zwischen geübteren und ungeübteren TN differenzieren, indem Sie geübteren TN weniger Vorgaben und Hilfen an die Hand geben als den ungeübteren.
Auf fortgeschrittenerem Niveau können sich die TN zu ihrer Reihenfolge der Fotos eine kleine Geschichte ausdenken oder Mini-Gespräche schreiben. Ihre Geschichte können sie dann beim Hören mit dem Hörtext vergleichen.

Poster
Jede Foto-Hörgeschichte gibt es auch als großes Poster, das Sie im Kursraum aufhängen können oder für einen Fotosalat verwenden können. Wenn Sie nur *ein* Poster haben, geben Sie je ein aus dem Poster ausgeschnittenes Foto an eine Kleingruppe. Die Gruppen versuchen dann gemeinsam, den richtigen Platz in der Geschichte für ihr Foto zu finden, und entwickeln eine gemeinsame Reihenfolge. So müssen sich alle beteiligen und mitreden. Alternativ können die TN aus ihrer Gruppe auch je einen TN bestimmen, der sich mit den anderen gewählten TN vor dem Kurs in der richtigen Reihenfolge aufstellen muss, sodass diese TN die Reihenfolge der Geschichte bilden und das Foto vor sich halten. Das macht Spaß, weil die TN sich bewegen müssen und womöglich mehrmals umgestellt werden, bis alle mit der Reihenfolge einverstanden sind.

Hypothesen bilden
Verraten Sie den TN nur die Überschrift der Lektion und zeigen Sie ggf. noch eines der Fotos auf Folie. Die TN spekulieren, soweit es die Sprachkenntnisse zulassen, worum es in der Geschichte gehen könnte (Wo? Wer? Was? Wie viele? Wie? Warum?). Oder die TN sehen sich die Fotos im Buch an und stellen Vermutungen über den Verlauf der Handlung an. Das motiviert und macht auf die Geschichte neugierig. Zudem wird das spätere Hören in der Fremdsprache erleichtert, weil eine bestimmte Hör-Erwartung aufgebaut wird. Fortgeschrittenere Anfänger können sich im Vorfeld Mini-Gespräche zu den Fotos überlegen und ein kleines Rollenspiel machen. Nach dem Hören vergleichen sie dann ihren Text mit dem Hörtext.

Situationsverwandte Bilder/Texte
Vielleicht finden Sie einen passenden Text oder ein Bild / einen Comic, den Sie verwenden können, um in das Thema einzuführen und unbekannten Wortschatz zu klären. Diese Übungsform eignet sich, wenn Sie erst ganz allgemein auf ein Thema hinführen wollen, ohne die Fotos aus der Foto-Hörgeschichte schon zu zeigen. Zeigen Sie z.B. beim Thema „Zu Hause" Bilder von Zimmereinrichtungen. Die TN nennen die ihnen bekannten Bezeichnungen für Zimmer und Möbelstücke. Dadurch wird das Vorwissen der TN aktiviert.

Praktische Tipps für den Unterricht mit *Schritte plus* – Die Foto-Hörgeschichte

1.2 Aufgaben während des Hörens

Die TN sollten die Geschichte mindestens einmal durchgehend hören, damit der vollständige Zusammenhang gegeben ist. Dabei ist es nicht wichtig, dass die TN sofort alles erfassen. Sie haben verschiedene Möglichkeiten, den TN das Verstehen zu erleichtern:

Mitzeigen
Beim Wechsel von einem Foto zum nächsten ist ein „Klick" zu hören, der es den TN erleichtert, dem Hörtext zu folgen. Bei jedem Klick können die TN wieder in die Geschichte einsteigen und mithören, falls sie den Faden einmal verloren haben sollten. Als weitere Hilfestellung können Sie zumindest in den ersten Stunden einen TN bitten, auf dem Poster der Foto-Hörgeschichte mitzuzeigen. Die übrigen TN zeigen in ihrem Buch mit, sodass Sie kontrollieren können, ob alle der Geschichte folgen können.

Wort-/Bildkärtchen
Stellen Sie im Vorfeld Kärtchen mit Informationen aus der Foto-Hörgeschichte her (z.B. Lektion 3: Bild- oder Verbkärtchen mit Lebensmitteln, die in der Foto-Hörgeschichte genannt werden). Die TN hören die Geschichte mit geschlossenen Büchern und legen die Kärtchen während des Hörens in die Reihenfolge, in der die Informationen in der Geschichte vorkommen.

Antizipation
Wenn die TN wenig Verständnisschwierigkeiten beim Hören haben bzw. wenn die TN schon geübter sind, können Sie die Foto-Geschichte natürlich auch während des Hörens immer wieder stoppen und die TN ermuntern, über den Fort- und Ausgang der Geschichte zu spekulieren. Allerdings sollten Sie die Geschichte im Anschluss auch einmal durchgehend vorspielen.

1.3 Aufgaben nach dem Hören

Die Aufgaben nach dem Hören dienen dem Heraushören von Kernaussagen. Sie überprüfen, ob die Handlung global verstanden wurde. Lesen Sie die Aufgaben gemeinsam mit den TN, geben Sie Gelegenheit zu Wortschatzfragen und spielen Sie die Geschichte noch weitere Male vor, um den TN das Lösen der Aufgaben zu erleichtern. Stoppen Sie die Geschichte ggf. an den entscheidenden Passagen, um den TN Zeit für die Eintragung ihrer Lösung zu geben. Darüber hinaus können Sie die Foto-Hörgeschichte für weitere spielerische Aktivitäten im Unterricht nutzen und so den Wortschatz festigen und erweitern:

Rollenspiele
Vor allem schon geübtere TN können kleine Gespräche zu einem oder mehreren Fotos schreiben. Diese Gespräche werden dann vor dem Plenum als kleine Rollenspiele nachgespielt. Regen Sie die TN auch dazu an, die Geschichte weiterzuentwickeln und eine Fortsetzung zu erfinden.

Pantomime
Stoppen Sie die CD beim zweiten oder wiederholten Hören jeweils nach der Rede einer Person. Bitten Sie die TN, in die jeweilige Rolle zu schlüpfen. Lassen Sie die TN pantomimisch darstellen, was sie soeben gehört haben. Fahren Sie dann mit der Foto-Hörgeschichte fort. Wenn die TN schon geübter sind, können die TN die Geschichte pantomimisch mitspielen, während Sie diese noch einmal vorspielen.

Kursteilnehmerdiktat
Die TN betrachten die Fotos. Ermuntern Sie einen TN, einen beliebigen Satz zu einem der Fotos zu sagen, z.B. „Ich wollte studieren, aber ich durfte nicht." Alle TN schreiben diesen Satz auf. Ein anderer TN setzt die Aktivität fort, z.B. „Ich will nicht studieren, aber ich muss." usw. So entsteht eine kleine Geschichte oder ein Dialog. Die TN sollten auch eine Überschrift für ihren gemeinsam erarbeiteten Text finden. Schreiben Sie oder einer der TN auf der Rückseite der Tafel oder auf Folie mit, damit die TN abschließend eine Möglichkeit zur Korrektur ihrer Sätze haben. Diese Übung trainiert nicht nur eine korrekte Orthografie, sondern dient auch der Wiederholung und Festigung von Wortschatz und Redemitteln.

Situationsverwandte Bilder/Texte
Auch nach dem Hören können Sie situationsverwandte Bilder oder Texte zur Vertiefung des Themas der Foto-Hörgeschichte nutzen. Die TN können die Unterschiede zwischen der Foto-Hörgeschichte und dem Text oder der Situation herausarbeiten. So könnte z.B. mithilfe einer Statistik zu den beliebtesten Sportarten in Deutschland (Österreich/der Schweiz) ein Gespräch über Lieblingssportarten in den Herkunftsländern der TN entstehen.

Texte oder Bilder können auch in eine andere Situation überleiten und nach dem Hören der Foto-Hörgeschichte zur Erweiterung eingesetzt werden (z.B. Lektion 5: Sport und Fitness; weiterführend: andere Hobbys und Möglichkeiten der Freizeitgestaltung oder geistige Fitness). Damit werden Wörter und Redemittel in einen anderen Zusammenhang transferiert und erweitert. Sie können so individuell auf die Interessen Ihres Kurses eingehen.

13 PRAKTISCHE TIPPS

Praktische Tipps für den Unterricht mit *Schritte plus* – Foto-Hörgeschichte/Variationsaufgaben/Grammatikspot

Phonetik

Die Foto-Hörgeschichte bietet sich sehr gut für das Aussprachetraining an, denn sie enthält viele für den Alltag wichtige Redemittel, die sich gut als Formeln merken lassen. Greifen Sie wesentliche Zitate/Passagen aus der Geschichte heraus, spielen Sie diese isoliert vor und lassen Sie die TN diese Sätze nachsprechen. Der Hörspielcharakter und der situative Bezug innerhalb der Foto-Hörgeschichte erleichtern den TN das Memorieren solcher Redemittel. Außerdem lernen die TN, auch emotionale Aspekte (Empörung, Freude, Trauer, Wut, Mitgefühl ...) auszudrücken. Schließlich kommt es nicht nur darauf an, was man sagt, sondern vor allem darauf, wie man es sagt. In jeder Sprache werden ganz unterschiedliche Mittel benutzt, um solche emotionalen Aspekte auszudrücken.

Nicht zuletzt können auch Modalpartikeln wie „doch", „aber", „eben" unbewusst eingeschleift werden. Die Bedeutung von Modalpartikeln zu erklären ist im Anfängerunterricht schwierig und daher oft wenig sinnvoll. Mithilfe der Zitate aus der Foto-Hörgeschichte können die TN diese aber internalisieren und automatisch anwenden, ohne dass Erklärungen erforderlich sind.

2. Variationsaufgaben

Kurze, alltagsbezogene Modelldialoge, die die TN variieren sollen, sind ein wesentliches Merkmal in *Schritte plus*. Diese Modelldialoge sind durch eine orangefarbene geringelte Linie links neben der Aufgabe für Sie und Ihre TN sofort erkennbar. Durch das Variieren der Modelldialoge bekommen die TN ein Gespür für die neuen Strukturen. Durch das aktive Verwenden und Memorieren werden diese zu beherrschbarem Sprachmaterial. Die TN gewinnen Vertrauen in die Erlernbarkeit des Neuen. Für die Variationsaufgaben bietet sich folgendes Vorgehen an:

- Die TN decken den Modelldialog zu und hören ihn zunächst nur. Falls vorhanden, sehen sie dabei zugehörige Bilder/Fotos an. Wenn Sie die Bilder/Fotos auf Folie kopieren, können die TN die Bücher geschlossen lassen und sich auf die Situation konzentrieren.
- Stoppen Sie den Modelldialog beim zweiten Hören nach jedem einzelnen Sprechpart. Die TN sprechen – immer noch ohne mitzulesen – im Chor nach.
- Die TN hören den ganzen Dialog und lesen mit.
- Die TN lesen und sprechen den Dialog in Partnerarbeit in verteilten Rollen.
- Die TN lesen die Varianten.
- Die TN sprechen den Dialog in Partnerarbeit mit Varianten. Die farbigen Unterlegungen helfen zu erkennen, welche Teile des Gesprächs variiert werden sollen. Achten Sie darauf, dass die TN den Dialog erst dann mit Varianten sprechen, wenn sie Sprechsicherheit beim Modelldialog erreicht haben. Wichtig ist auch, dass die Partner ihre Sprech(er)rollen abwechseln, damit jeder TN einmal Varianten bilden muss.
- Abschließend können einige TN ihre Dialoge im Plenum präsentieren. Hier reichen ein bis zwei Beispiele aus. Es ist nicht nötig, alle Varianten präsentieren zu lassen.

Die TN können den Modelldialog auch schriftlich festhalten, um durch Abschreiben ihre Orthografie zu verbessern und sich wichtige Redemittel besser einzuprägen. Bitten Sie die TN auch, den Dialog auswendig zu lernen und vorzuspielen.
Bitten Sie schnelle TN, die Dialoge mit den Varianten auf einer Folie oder an der Tafel zu notieren. Die anderen TN können dann kontrollieren, ob sie die Varianten richtig gebildet haben. Schnelle TN können außerdem zusätzliche Varianten erfinden.

3. Grammatikspot

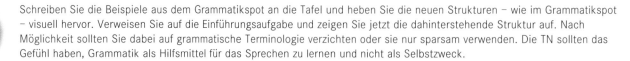

Schreiben Sie die Beispiele aus dem Grammatikspot an die Tafel und heben Sie die neuen Strukturen – wie im Grammatikspot – visuell hervor. Verweisen Sie auf die Einführungsaufgabe und zeigen Sie jetzt die dahinterstehende Struktur auf. Nach Möglichkeit sollten Sie dabei auf grammatische Terminologie verzichten oder sie nur sparsam verwenden. Die TN sollten das Gefühl haben, Grammatik als Hilfsmittel für das Sprechen zu lernen und nicht als Selbstzweck.

Verweisen Sie auch später immer wieder auf den Grammatikspot. Er soll den TN auch bei den anschließenden Anwendungsaufgaben als Gedächtnisstütze und Orientierungshilfe dienen.

Praktische Tipps für den Unterricht mit *Schritte plus* – Aktivität im Kurs/Zwischenspiel

4. Aktivität im Kurs

In den Abschlussaufgaben wird der Lernstoff in den persönlichen Bereich der TN übertragen. Sie befragen sich gegenseitig nach ihren Hobbys, ihren Vorlieben und Abneigungen usw. oder üben den Lernstoff durch eine spielerische Aktivität in Kleingruppen. Bei dieser Art von Aufgaben geht es häufig darum, dass die TN selbst Kärtchen, Plakate oder Formulare herstellen, was nicht nur ein sehr gutes Schreibtraining, sondern auch sehr förderlich für das Kursklima ist (gemeinsam etwas tun!). Die selbst hergestellten Kärtchen dienen – wie in der Prüfung *Start Deutsch* – als Impuls für kurze Frage-Antwort-Dialoge. Wenn Sie nicht genug Zeit im Unterricht für Bastelarbeiten haben, können Sie zu diesen Aufgaben Kopiervorlagen aus diesem Lehrerhandbuch nutzen.

In den Abschlussaufgaben sollten die TN die Gelegenheit haben, frei zu sprechen und sich frei auszudrücken. Vermeiden Sie daher in dieser Phase Korrekturen. Gerade bei den Aktivitäten im Kurs wird auf einen Wechsel der Sozialform geachtet. Versuchen Sie, die TN auch sonst möglichst oft abwechselnd in Stillarbeit, Partnerarbeit oder Kleingruppen arbeiten zu lassen. Es gibt viele Möglichkeiten, Gruppen zu bilden:

Paare:
- Verteilen Sie Kärtchen, auf denen z.B. Frage und Antwort stehen. TN mit einer Frage suchen den TN mit der passenden Antwort. Dies können Sie später auch mit Verbformen (Infinitiv und Partizip), Gegensatzpaaren, Komposita oder mehrsilbigen Wörtern usw. durchführen.
- Kleben Sie vor dem Unterricht unter oder hinter die Stühle der TN Zettelchen, von denen je zwei die gleiche Farbe haben. Das geht auch mit Bonbons. So können Sie die Partnerfindung steuern.
- Nehmen Sie ein Bündel Schnüre, Anzahl: die Hälfte Ihrer TN. Die TN fassen je ein Ende einer Schnur, am anderen Ende der Schnur finden sie ihre Partnerin / ihren Partner.
- Das „Atomspiel": Die TN stehen auf und bewegen sich frei im Raum, evtl. können Sie Musik dazu vorspielen. Als Stoppzeichen rufen Sie „Atom 2" (alternativ: 3/4/5/…). Die TN finden sich paarweise (bzw. zu Dreier-, Vierer-, Fünfergruppen …) zusammen.

Gruppen:
- Zerschneiden Sie einen Satz in seine Bestandteile: Die TN müssen den Satz zusammenfügen (z.B. „Und wie heißen Sie?") und bilden eine Gruppe.
- Lassen Sie die TN abzählen (bei einer Gruppe von 21 TN von 1 bis 7, alle Einser gehen zusammen, alle Zweier etc. = sieben Gruppen à drei Personen).
- Zerschneiden Sie Postkarten (Bilderpuzzle) oder Spielkarten und verteilen Sie sie: Die TN suchen die fehlenden Puzzleteile und finden so gleichzeitig ihre Partner.
- Definieren Sie bestimmte Merkmale: Alle mit Brille, alle mit blauen Augen, … bilden eine Gruppe.

5. Das Zwischenspiel

Das Zwischenspiel zu jeder Lektion fördert spielerisch kreativen Umgang mit interessanten Lese- und Hörtexten und vermittelt landeskundliches Wissen. Auch hier werden Themen und Lernziele aus dem Rahmencurriculum umgesetzt.

Sie können die Texte des Zwischenspiels mit den TN einfach lesen bzw. hören und die Aufgaben dazu lösen, ohne sie didaktisch aufzubereiten. Für eine ausführlichere Behandlung der Zwischenspiele finden Sie in diesem Lehrerhandbuch Didaktisierungsvorschläge und eine Kopiervorlage als zusätzliches Übungsangebot. Diese Kopiervorlage sowie landeskundliche Hintergrundinformationen und Vorschläge für Internetrecherchen finden Sie auch im Internet unter www.hueber.de/schritte-plus.

Praktische Tipps für den Unterricht mit *Schritte plus* – Binnendifferenzierung

6. Binnendifferenzierung

6.1 Allgemeine Hinweise

Wichtig: Es ist nicht nötig, dass immer alle alles machen! Teilen Sie die Gruppen nach Kenntnisstand und/oder Neigung ein. Die einzelnen Gruppen können ihre Ergebnisse dem Plenum präsentieren: So lernen die TN miteinander und voneinander.

- Stellen Sie Mindestaufgaben, die von allen TN gelöst werden sollen. Besonders schnelle TN bekommen zusätzliche Aufgaben, z.B. Erweiterungsübungen im Arbeitsbuch (siehe unten). Entziehen Sie geübteren TN Hilfen, indem Sie z.B. Schüttelkästen wegschneiden. Dadurch werden diese TN mehr gefordert.
- Binden Sie schnellere TN als Co-Lehrer mit ein: Wenn diese eine Aufgabe beendet haben, können sie die Lösung schon an die Tafel oder auf eine Folie schreiben.
- Stellen Sie Gruppen nach Neigung oder Lerntypen zusammen. Haben Sie beispielsweise visuell und kognitiv orientierte TN, können Sie neue grammatische Formen für visuelle Lerntypen mit Beispielen und Farben an der Tafel präsentieren. Kognitive Lerntypen erhalten eine Tabelle, in der sie Formen selbstständig systematisch eintragen können und sich so ein Schema erarbeiten. Für diesen Lerntyp bieten sich die Übungen im Arbeitsbuch zum selbstentdeckenden Lernen der Grammatik sehr gut an.
- Lassen Sie bei unterschiedlich schwierigen Aufgaben die TN selbst wählen, welche sie übernehmen möchten. Die TN entscheiden dadurch selbst, wie viel sie sich zumuten möchten. Damit vermeiden Sie eine feste Rollenzuweisung, denn ein TN kann sich einmal für die einfachere Aufgabe entscheiden, weil er sich selbst noch unsicher fühlt, ein anderes Mal aber für die schwierigere, weil er sich in diesem Fall schon sicher fühlt.

6.2 Binnendifferenzierung im Kursbuch

Lesen
Nicht alle TN müssen alle Texte lesen: Bei unterschiedlich langen/schwierigen Texten verteilen Sie gezielt die kürzeren/leichteren an ungeübtere TN und die längeren/schwierigeren an geübtere TN bzw. geben Sie den TN die Möglichkeit, selbst zu entscheiden, welchen Text sie bearbeiten möchten.

Hören
Sie können die TN auch hier in Gruppen aufteilen: Jede Gruppe achtet beim Hören auf einen bestimmten Sprecher und beantwortet anschließend Fragen, die sich auf diesen Sprecher beziehen.

Sprechen
TN, die noch Hilfestellung benötigen, können bei Sprechaufgaben auf die Redemittel auf den Kursbuchseiten und auf der Übersichtsseite als Orientierungs- und Nachschlagehilfe zurückgreifen. Geübtere TN sollten das Buch schließen.

Schreiben
Achten Sie auf Vorlieben der TN. Nicht alle haben Freude am kreativen Erfinden von kurzen Texten. Bieten Sie auch Diktate an (siehe Seite 19) oder helfen Sie TN, die Schwierigkeiten beim Schreiben haben, indem Sie ihnen Modelltexte zur Orientierung geben. Die TN können diese dann leichter abwandeln. Geübte TN können auch Aufgaben zum „freien" Schreiben bekommen.

Schon fertig?
Schnellen TN können Sie an vielen Stellen über die Kursbuchaufgaben hinausgehende Aufgaben – gekennzeichnet durch die Frage „Schon fertig?" – anbieten. Somit können Sie weniger geübten TN ausreichend Zeit zur Bearbeitung der Aufgaben im Kursbuch geben. Gehen Sie herum und helfen Sie individuell.

Praktische Tipps für den Unterricht mit *Schritte plus* – Binnendifferenzierung/Lerntagebuch/Fokus-Seiten

6.3   Binnendifferenzierung im Arbeitsbuch

Die binnendifferenzierenden Übungen im Arbeitsbuch (siehe auch Seite 9) können im Kurs oder als Hausaufgabe bearbeitet werden. Es empfiehlt sich folgendes Vorgehen:

- Die Basisübungen mit der schwarzen Arbeitsanweisung sollten von allen TN gelöst werden.
- Zusätzlich können die Vertiefungsübungen (blaugraue Arbeitsanweisung) und die Erweiterungsübungen (tiefblaue Arbeitsanweisungen) gelöst werden. Lassen Sie nach Möglichkeit die TN selbst entscheiden, wie viele Aufgaben sie lösen möchten, oder geben Sie bei der Stillarbeit im Kurs einen bestimmten Zeitrahmen vor, in dem die TN die Übungen lösen sollten. So vermeiden Sie, dass nicht so schnelle TN sich unter Druck gesetzt fühlen.

Die schwarzen und blaugrauen Übungen sollten Sie im Plenum kontrollieren – durch Vorlesen im Kurs oder durch Selbstkontrolle der TN mithilfe einer Folie, auf der Sie oder ein TN zuvor die Lösungen notiert haben. Erweiterungsübungen führen über den Basiskenntnisstand hinaus. Hier gibt es auch freiere Übungsformen, z.B. das Schreiben von Dialogen anhand von Vorgaben. Die TN können sich bei diesen Übungen selbstständig zu zweit kontrollieren oder Sie verteilen eine Kopie mit den Lösungen. Bei freien Schreibaufgaben sollten Sie die Texte einsammeln und in der folgenden Unterrichtsstunde korrigiert zurückgeben.

7.   Das Lerntagebuch

Gehen Sie bei der Arbeit mit dem Lerntagebuch folgendermaßen vor:
- Machen Sie die Eintragungen zu einer neuen Lerntechnik am Anfang mit den TN gemeinsam, um die Arbeitstechnik zu verdeutlichen. Später können die TN dann selbstständig entscheiden, ob sie diese Lerntechnik anwenden wollen.
- Aufgaben, die eine eindeutige Lösung haben, z.B. eine Tabelle erstellen, sollten im Kurs kontrolliert werden, indem die Lösung z.B. auf einer Folie präsentiert wird und die TN vergleichen und korrigieren.
- Achten Sie darauf, dass die TN sich mit der Zeit regelmäßig selbstständig Notizen zu dem machen, was sie im Unterricht gelernt haben.
- Auf fortgeschrittenerem Niveau kann im Unterricht auch über die verschiedenen Lerntechniken diskutiert werden (Wer wendet was warum an oder nicht an?) und die TN können ihre Tipps austauschen.
- Regen Sie die TN immer wieder dazu an, auch Dinge im Lerntagebuch zu notieren, die sie außerhalb des Unterrichts gelernt und entdeckt haben und die sie in den Unterricht einbringen könnten.
- Regen Sie die TN auch dazu an, Ergebnisse von Gruppenarbeiten und Projekten im Lerntagebuch abzuheften und sich so ein individuelles Tagebuch zusammenzustellen, in dem sie ihre Lernfortschritte dokumentiert haben. Das ist nicht nur eine gute Hilfe zum späteren Nachschlagen und Wiederholen von Lernstoff, sondern auch eine schöne Erinnerung.

8.   Die Fokus-Seiten

Die Fokus-Seiten am Ende des Arbeitsbuchs sind eine Mischung aus Input und Übungen zu sehr konkreten Sprachhandlungen, die im Alltag von Migrantinnen und Migranten eine Rolle spielen. Sie greifen die Lernziele auf, die im Rahmencurriculum festgeschrieben sind. Sie bieten – thematisch passend zur jeweiligen Lektion – zusätzliche Materialien zu den Themen Alltag, Beruf und Familie. Zu jeder Lektion gibt es zwei Fokus-Seiten. Alle Fokus-Seiten können fakultativ, den Bedürfnissen der Zielgruppe entsprechend, im Unterricht bearbeitet werden. Didaktisierungsvorschläge finden Sie in diesem Lehrerhandbuch. Zu vielen Fokus-Themen finden Sie in diesem Lehrerhandbuch ausführliche Projekt-Vorschläge.

Praktische Tipps für den Unterricht mit *Schritte plus* – Projekte/Lernwortschatz

9. Die Projekte

Projekte finden Sie im Arbeitsbuch sowohl im Übungsteil als auch auf den Fokus-Seiten. Gehen Sie bei der Projektarbeit folgendermaßen vor:

Vorbereitung

Bereiten Sie das Projekt immer sprachlich so weit wie nötig vor: Wiederholen bzw. erarbeiten Sie mit den TN notwendige Redemittel. Das gibt den TN Sicherheit und bereitet sie auf den Kontakt mit Muttersprachlern vor.

Durchführung

Sie können das Projekt als Hausaufgabe aufgeben, die einzeln oder im Team gelöst werden soll. Wenn Sie mehr Zeit zur Verfügung haben, bieten sich die Projekte auch für die selbstständige Gruppenarbeit während der Unterrichtszeit an.

Präsentation

Die TN präsentieren ihre Ergebnisse im Kurs. Damit die Präsentation anschaulich wird, sollten die TN alle Materialien, die sie bei der Projektarbeit benutzt haben, mit in den Unterricht bringen oder eine Collage erstellen, die dann im Kursraum aufgehängt wird. Bei geeigneten Projekten können die TN auch Tonband- oder Videoaufnahmen machen und diese mit in den Unterricht bringen. Solche Präsentationen bereichern den Unterricht und erhöhen die Motivation der TN.

10. Die Lernwortschatzseiten

Jede Lektion endet mit dem Lektionswortschatz, der nach Themenfeldern sortiert ist. Der Lernwortschatz richtet sich nach der Liste des *dtz*. Die Teilnehmer können eigene Übersetzungen in ihre Muttersprache, eigene Sätze und Erklärungen ergänzen.

Weitere Unterrichtsmaterialien zu *Schritte plus*

Zur Unterstützung Ihres Unterrichts und für das selbstständige Weiterüben der TN gibt es ein breites, fakultatives Zusatzangebot zu *Schritte plus*:

Für den Lernenden:
- Glossare: sind zu verschiedenen Ausgangssprachen erhältlich und helfen individuell beim Nachschlagen und Lernen von Wortschatz.
- Intensivtrainer: Diese Verbindung aus Testheft und Übungsbuch ist für das selbstständige Lernen zu Hause und zur Selbstevaluation gedacht.
- Übungsgrammatik: Sie enthält den kompletten Grammatikstoff der Niveaustufen A1, A2 und B1 sowie Übungen zum selbstständigen Nachschlagen und Üben.
- Prüfungstraining: Auf die unterschiedlichen Aufgabenstellungen der Prüfungen der Niveaustufen A1, A2 und B1 (*Start Deutsch 1/2*, *Deutsch-Test für Zuwanderer*, *Zertifikat Deutsch*) bereiten Zusatzhefte vor.
- Lektüren zur Foto-Hörgeschichte: Lesehefte mit Geschichten über die Protagonisten der Foto-Hörgeschichten fördern das Leseverstehen.
- Portfolio – nur im Internet unter www.hueber.de/schritte-plus: Die Lerner können sich hier einzelne Blätter aus dem Internet herunterladen und diese in den Lerntagebuch-Ordner abheften. Die bereits im Lerntagebuch erworbenen Lerntechniken sind dabei eine von mehreren Kategorien des Portfolios.

Für die Unterrichtsvorbereitung:
- Diktate und zusätzliche Lesetexte
- Übungsblätter per Mausklick (CD-ROM zur schnellen Erstellung neuer Arbeitsblätter)
- Zusatzmaterialien für die speziellen Integrationskurse für Jugendliche oder für Frauen und Eltern sowie für Kurse mit dem Schwerpunkt Berufssprache (als kostenpflichtige Module im Internet oder als Hefte)
- Poster zu den Fotohörgeschichten

Internetservice:
Unter www.hueber.de/schritte-plus finden Sie Online-Übungen für die TN, weitere Arbeitsblätter, die Einstufungstests zu *Schritte plus*, Informationen, Recherchevorschläge, Links und vieles mehr.
Im Internet finden Sie auch spezielle Materialien für Österreich und für die Schweiz.

Die erste Stunde im Kurs

Materialien
2 Fragebogen

1 **Vorstellungsrunde**
1. Zu Beginn eines neuen Kurses sollten die TN Gelegenheit erhalten, sich kennenzulernen. Stellen Sie sich zunächst selbst vor, gern mit ein paar persönlichen Angaben zu Ihrem Alter, Ihren Hobbys und Ihrer Familie. Die TN sind im Allgemeinen sehr interessiert, auch etwas über die Kursleiterin / den Kursleiter zu erfahren!
2. Die TN stellen sich kurz mit Namen vor. Bitten Sie sie auch, ein Namensschild aufzustellen.

2/3 **Partnerinterview**

1. Erstellen Sie vorab einen Fragebogen wie im Buch oder kopieren Sie diesen daraus. Jede(r) TN erhält einen Fragebogen.
2. Wenn Sie viele ungeübte TN in Ihrem Kurs haben, können Sie die Interviewfragen vorab mit den TN gemeinsam formulieren und an der Tafel notieren. Bitten Sie geübte TN, sich weitere Fragen auszudenken (z.B. Lieblingsfarbe, Lieblingsfilm, Schuhgröße ...). Die TN befragen sich paarweise und ergänzen ihren Fragebogen mit den Angaben der Partnerin / des Partners.
3. Die TN berichten dem Kurs, was sie über ihre Partnerin / ihren Partner erfahren haben.
Hinweis: Wenn Sie einen sehr großen Kurs haben, bietet es sich an, zwei Plenen zu bilden, damit die Vorstellungsrunde nicht zu lange dauert. Die Fragebögen werden dann im Kursraum aufgehängt. So können alle in den Pausen auch über die TN des zweiten Plenums nachlesen.

TIPP
In einem heterogen zusammengesetzten Kurs ist es eine echte Herausforderung, sich die vielen fremdländisch klingenden Namen zu merken. Um ein intensives Zusammenarbeiten im Kurs und ein Gefühl der Zusammengehörigkeit zu ermöglichen, sollten sich aber alle mit Namen kennen und ansprechen können. Mit dem folgenden Spiel werden Sie und die TN sich sicher schnell alle Namen einprägen: Die TN bilden einen Kreis. Sie als Kursleiterin/Kursleiter beginnen und stellen sich und Ihr Herkunftsland vor. Nun stellt der links neben Ihnen sitzende TN zunächst Sie und dann sich selbst vor: „Das ist ... aus Deutschland und ich bin Metin Filiz aus der Türkei." Der links daneben sitzende TN muss nun alle Personen, die sich bereits vorgestellt haben, und sich selbst vorstellen etc. Wenn die Runde wieder bei Ihnen angelangt ist, wiederholen Sie noch einmal alle Namen.
Variante: Wenn die TN schon etwas geübter sind oder Sie das Spiel kreativer gestalten möchten, können sich die TN z.B. mit ihrer Lieblingsfarbe vorstellen („Ich bin Metin Filiz und meine Lieblingsfarbe ist Blau.") oder ihr Hobby nennen („Ich bin Metin Filiz und mein Hobby ist Reisen.").

DIE ERSTE STUNDE **20**

Materialien
1 Folie oder Poster der Fotos 1, 3, 4, 6
4 dicke Filzstifte, weißes Papier

KENNENLERNEN

Folge 1: *Maria*
Einstieg in das Thema: Sich kennenlernen

1 **Vor dem Hören: Vermutungen äußern**
1. Die Bücher sind geschlossen. Schreiben Sie an die Tafel: „Junge Leute kommen nach Deutschland. Sie bleiben ein paar Monate, ein Jahr." Fragen Sie die TN: „Was sind das für junge Leute? Warum kommen Sie?" Notieren Sie die Vermutungen der TN in Stichworten an der Tafel. Achten Sie darauf, dass allen TN die Begriffe, die Sie notieren, bekannt sind. Klären Sie andernfalls die Bedeutung.
mögliche Antworten: Studenten, Au-pair-Mädchen, Besuch, Urlaub …
Hinweis: An dieser Stelle empfiehlt es sich noch nicht, diesen Schritt in Gruppenarbeit anzubieten, weil die TN sich zu Beginn eines neuen Kurses noch nicht gut kennen und in der Gruppe Hemmungen haben, sich zu äußern. Außerdem haben Sie die Gelegenheit, die TN und ihren individuellen Sprachstand einzuschätzen. So können Sie später Partner- und Gruppenarbeit besser steuern.
2. Präsentieren Sie die Fotos 1, 3, 4, 6 auf einer Folie oder schneiden Sie sie aus dem Poster zur Foto-Hörgeschichte aus.
3. Fragen Sie: „Wohin fährt die Familie? Wen holt die Familie ab? Wer ist die junge Frau auf Foto 4? Was meinen Sie?" Machen Sie ggf. deutlich, dass die TN nur Vermutungen äußern können, da sie die Personen und die Geschichte ja noch nicht kennen. Notieren Sie als Hilfestellung für TN, die noch nicht mit *Schritte plus* gearbeitet haben, mögliche Redemittel auf der Folie unter den Fotos oder an die Tafel: „Ich glaube, …", „Ich meine, …", „Vielleicht …"

2 **Vor dem Hören: Wiederholung/Erweiterung des Wortfelds „Familie"**
1. Die TN öffnen ihr Buch und ergänzen die Wörter wie im Buch angegeben.
2. Abschlusskontrolle im Plenum. *Lösung:* a) die Geschwister; b) das Ehepaar
3. *fakultativ:* Wenn Sie das Wortfeld „Familie" noch etwas vertiefen möchten, fragen Sie die TN: „Auf welchem Foto sehen Sie den Ehemann / die Geschwister / den Bruder …?"

3/4 **Beim ersten Hören**
1. Schreiben Sie die Namen der Protagonisten (Kurt, Susanne, Larissa, Maria, Simon) an die Tafel. Bitten Sie die TN, sich beim ersten Hören darauf zu konzentrieren, wer wer ist. Die TN können die Namen zunächst auf die Fotos ins Buch schreiben.
2. Bitten Sie einen TN, auf der Folie Kurt zu zeigen. Verfahren Sie mit den anderen Personen ebenso. Die TN korrigieren, wenn nötig, ihre Notizen auf den Fotos.
3. *fakultativ:* Machen Sie ein kleines Ratespiel, bei dem es um Schnelligkeit geht. Fragen Sie die TN: „Wo ist Maria nicht zu sehen?" (Foto 1, 2, 3), „Wo fehlt Simon?" (Foto 3, 7) etc. Sie können die TN die Ergebnisse in die Klasse rufen lassen oder die TN notieren mit dicken Filzstiften die Zahlen auf weißem Papier, das sie dann hochhalten.

5 **Nach dem ersten Hören: Angaben zu den Personen**
1. Die TN lesen die Informationen zu den Personen und ergänzen die passenden Namen. Wenn nötig, hören sie die Foto-Hörgeschichte ein zweites Mal.
2. Die TN vergleichen ihre Ergebnisse in Partnerarbeit.
3. Abschlusskontrolle im Plenum. *Lösung:* a) Susanne; c) Kurt; d) Simon; e) Maria

LANDESKUNDE Au-pair-Mädchen gehen für ein Jahr in ein fremdes Land, nicht nur nach Deutschland. Au-pair-Mädchen gibt es weltweit. Der Aufenthalt kann nicht verlängert werden. Die jungen Frauen leben dort in einer Familie. Sie müssen ein paar Stunden am Tag im Haushalt helfen. Dafür haben sie freies Wohnen und bekommen Taschengeld. Sie müssen ein eigenes, abschließbares Zimmer bekommen. Das ist der Standard für Deutschland.

6 **Nach dem Hören: Den Inhalt genau verstehen**
Die TN lesen die Aussagen. Da es sich hier um detaillierte Informationen handelt, sollten die TN die Foto-Hörgeschichte noch einmal hören. Die Informationen finden sich alle im Hörtext zu Foto 5 (Track 6). Sie können auch nur diesen Ausschnitt vorspielen. Machen Sie Pausen, damit die TN ihre Lösungen notieren können.
Lösung: a) falsch; b) richtig; c) falsch; d) richtig

21 LEKTION 1

1 A Warum fahren wir eigentlich alle zum Flughafen? – Weil Maria …

Nebensätze mit *weil*
Lernziel: Die TN können Gründe nennen.

Materialien
A3 Kopiervorlage L1/A3
Tipp: weicher Ball oder Tuch
A4 Kopiervorlage L1/A4

A1 **Präsentation der Konjunktion *weil* und der Wortstellung im Nebensatz**
1. Die TN lesen die Beispiele und ordnen die passenden Sätze zu.
2. Abschlusskontrolle im Plenum. Lassen Sie die TN die Lösungen laut vorlesen, damit die neue Struktur sich durch das Lesen und Hören besser festsetzen kann.
   Lösung: b) weil sie viel arbeiten und das Baby bald kommt. c) Weil es das einzige freie Zimmer ist.
3. Schreiben Sie Satz b) an die Tafel und markieren Sie die Verben.

Erläutern Sie den TN, dass „weil" hier das Kennzeichen für einen sogenannten Nebensatz ist, und zeigen Sie, dass das Verb am Ende des Satzes steht. Mit „weil" gibt man Gründe an. Wenn man Gründe wissen will, macht man Fragen mit „warum". Weisen Sie die TN auch auf das Komma hin, das zwingend vor „weil" stehen muss. Die TN kennen bereits die Konjunktion „denn" aus *Schritte plus 2*, Lektion 14.
4. Erweitern Sie das Tafelbild um Beispiel a) aus der Aufgabe.

Arbeitsbuch 1–2: in Stillarbeit: In Übung 2 sollten die TN zur Verdeutlichung die Verben im Nebensatz unterstreichen.

A2 **Anwendungsaufgabe zur Konjunktion *weil* und zur Wortstellung im Nebensatz**
1. Die TN lösen die Übung in Stillarbeit.
2. Die TN vergleichen ihre Lösungen mit der Partnerin / dem Partner.
3. Abschlusskontrolle im Plenum. Lassen Sie die Lösungen an die Tafel schreiben und markieren Sie noch einmal die Endstellung des Verbs.
   Lösung: Weil ich gern mit Kindern spiele. Weil ich Deutschland interessant finde. Weil ich gern koche.
4. *fakultativ*: Wenn Sie genügend Zeit haben, sehen Sie sich mit den TN zusammen noch einmal die Foto-Hörgeschichte an. Fallen den TN noch weitere „Warum"-Fragen ein? Sie können diese Aufgabe auch als Gruppenarbeit machen lassen. Je vier TN notieren „Warum"-Fragen zur Foto-Hörgeschichte. Anschließend fragen die Gruppen sich gegenseitig und antworten. Achten Sie auf die korrekte Satzstellung.

Arbeitsbuch 3: als Hausaufgabe: Die TN systematisieren selbstständig den Unterschied der Verbstellung im Haupt- und Nebensatz.

A3 **Variation: Anwendungsaufgabe zur Konjunktion *weil* und zur Wortstellung im Nebensatz**
1. Verteilen Sie vorab die Kopiervorlage L1/A3. Bitten Sie die TN, die Kopie so zu knicken, dass die Übung 2 zunächst nicht zu sehen ist. Die TN suchen die Partizipien. Wer zuerst die 12 Verben gefunden hat, ruft „Stopp" und beendet die Übung. Sammeln Sie mit den TN die Partizipien an der Tafel. Fragen Sie nach dem Infinitiv und notieren Sie ihn in Klammern.
   Hinweis: Das Perfekt ist den TN schon aus *Schritte plus 1*, Lektion 7, bekannt. Die Übung hat also den Status einer Wiederholung, die hier wichtig ist, weil die TN in A3 das Perfekt im Nebensatz anwenden sollen. Außerdem wird in Lernschritt B und C erstmals das Perfekt der trennbaren Verben und der nicht-trennbaren Verben eingeführt. Rufen Sie den TN in Erinnerung, dass das Partizip Perfekt für Vergangenes benutzt wird. Eine ausführliche Wiederholung des Perfekts sollte vor Aufgabe B1 (siehe Lehrerhandbuch Seite 24) erfolgen.
2. Die TN lösen Übung 2 auf der Kopiervorlage.
3. Abschlusskontrolle im Plenum.
   Lösung: a) gefahren; b) gelesen; c) geschrieben; d) gespielt; e) gemacht; f) gegangen; g) gekauft; h) gegessen; i) gesehen; j) geregnet; k) gehört; l) geschlafen
4. Die TN schlagen die Bücher auf und hören das Mini-Gespräch. Gehen Sie weiter vor wie auf Seite 14 beschrieben.
5. Verdeutlichen Sie die Endstellung des Verbs noch einmal an der Tafel. Machen Sie die TN darauf aufmerksam, dass die Position 2 aus dem Hauptsatz im Nebensatz ganz am Ende steht. Das gilt auch für Sätze im Perfekt und Sätze mit Modalverben. Gehen Sie auch auf den Beispielsatz mit dem trennbaren Verb ein. Erläutern Sie den TN, dass das trennbare Verb im Nebensatz mit seiner Vorsilbe als Ganzes am Ende steht.

LEKTION 1   22

Materialien
A3 Kopiervorlage L1/A3
Tipp: weicher Ball oder Tuch
A4 Kopiervorlage L1/A4

Warum fahren wir eigentlich alle zum Flughafen? – Weil Maria ...

Nebensätze mit *weil*
Lernziel: Die TN können Gründe nennen.

A 1

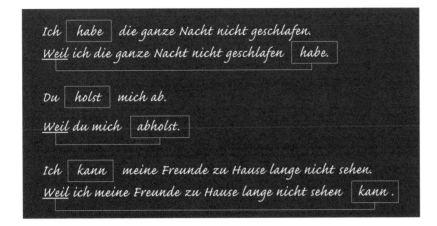

TIPP
Um die Endstellung des Verbs einzuschleifen, bietet sich folgende Wiederholungsübung an: Teilen Sie den Kurs in zwei Gruppen. Lassen Sie die Gruppen an der Tafel oder auf Plakaten einen Wortigel zum Thema „Wie kann ein Mensch sein?" erstellen. Die TN sammeln alle Adjektive, die ihnen dazu einfallen. Geben Sie eine Zeit vor, z.B. fünf Minuten. Klären Sie mit den TN die Bedeutung der notierten Adjektive. Danach stellen sich alle TN in einem Kreis auf. Sie werfen sich einen weichen Ball oder ein Tuch zu und fragen: „Warum bist du so reich?" Der TN, der das Tuch geschnappt hat, antwortet und wirft seinerseits das Tuch und stellt eine Frage.

Arbeitsbuch 4: in Stillarbeit oder als Hausaufgabe; **7–9:** in Stillarbeit oder als Hausaufgabe; **10:** als Hausaufgabe für geübte TN

PHONETIK
Arbeitsbuch 5–6: im Kurs: Die TN haben in *Schritte plus 1* und *2* schon mehrfach die Satzmelodie in Fragen und Aussagen sowie den Satzakzent geübt. Die Übungen sollten ihnen daher keine Schwierigkeiten bereiten. Spielen Sie Übung 5 vor und fragen Sie die TN, nach welcher Information in der Frage gesucht wird und welche die wichtige Information in der Antwort ist. Zeigen Sie den TN, dass der Satzakzent auf der Information liegt, nach der gefragt wird, bzw. auf der wesentlichen Information in der Antwort. Die TN sprechen das Gespräch in Partnerarbeit. Sie hören die Mini-Gespräche von Übung 6 und markieren den Satzakzent. Spielen Sie die Gespräche so oft wie nötig vor. Die TN sprechen diese wiederum in Partnerarbeit.

LERN
TAGEBUCH
Arbeitsbuch 11: im Kurs: Schreiben Sie die Frage und die ersten beiden Antworten an die Tafel. Bitten Sie einen TN, aus diesen beiden Sätzen einen Satz mit „weil" zu machen. Notieren Sie den Satz und markieren Sie die Verben wie im Arbeitsbuch. Weisen Sie die TN noch einmal auf die Endstellung des Verbs bei „weil" hin. Verfahren Sie mit den nächsten Beispielen genauso. Erklären Sie den TN, dass immer das Wort, das im Hauptsatz auf Position 2 steht, im Satz mit „weil" ans Ende rückt. Die TN sammeln weitere Beispiele und notieren sie in ihrem Lerntagebuch. Gehen Sie herum und helfen Sie bei Schwierigkeiten. Wenn Sie genug Zeit haben, können Sie an diese Übung anschließend eine kleine Fragekette machen. Die TN fragen sich gegenseitig, warum sie in Deutschland bzw. in Österreich oder in der Schweiz sind.

A4 **Aktivität im Kurs: Begründungen finden**

1. Die TN sehen sich die Zeichnungen im Kursbuch an. Fragen Sie die TN, was zuerst passiert ist? Was denkt der Mann am Bahnhof, wenn er zwei Stunden wartet?
2. In Partnerarbeit notieren die TN fünf Minuten lang alle Ausrede, die ihnen einfallen.
   Variante: Wenn Sie überwiegend ungeübte TN im Kurs haben, verteilen Sie die Kopiervorlage L1/A4. Hier sind mögliche „Ausreden" schon vorgegeben und die TN müssen diese nur noch in „weil"-Sätze umformulieren.
3. Wer die meisten Ausrede gefunden hat, darf diese zuerst vortragen. Die anderen TN achten auf die richtige Satzstellung. Anschließend tragen andere TN ihre Ausrede vor.

23 LEKTION 1

1 B Ich **bin** schon um drei Uhr **aufgestanden**.

Perfekt der trennbaren Verben
Lernziel: Die TN können von Reiseerlebnissen berichten.

Materialien
B1 Kopiervorlage L1/A3
Tipp: Tuch oder weicher Ball
B2 vergrößerte Folie von B2; Kopiervorlage L1/B2
B3 Folie der Zeichnungen

B1 **Präsentation des Perfekts der trennbaren Verben: Einen Brief lesen**
1. Bevor Sie mit Lernschritt B beginnen, sollten Sie das Perfekt wiederholen. Die TN sehen sich noch einmal die Verben der Kopiervorlage L1/A3 an.
   Variante: Wenn Sie die Kopiervorlage nicht mehr aufgreifen wollen, lassen Sie jeden TN ein Verb im Infinitiv nennen und notieren Sie es an der Tafel. Achten Sie darauf, dass die TN nur einfache Verben nennen, keine trennbaren oder solche mit nicht-trennbarer Vorsilbe. Zeigen Sie dann auf ein Verb und fragen Sie einen TN nach dem Partizip. Löschen Sie den Infinitiv und notieren Sie an seiner Stelle das Partizip. Weisen Sie auf „ge-" und „-t" oder „-en" hin. Dazu können Sie die TN die Verben in einer Tabelle sortieren lassen. Die TN können noch weitere Verben nennen, die sie kennen. Lassen Sie die TN die Verben in solche, die mit „sein", und solche, die mit „haben" benutzt werden, sortieren. Den TN sollte klar werden, dass alle Verben, die eine Ortsveränderung anzeigen, das Perfekt mit „sein" bilden. Da diese Regel nicht immer greift, sollten die TN die Verben, die das Perfekt mit „sein" bilden, gesondert lernen.
2. Die TN lösen die Übungen 12 und 13 im Arbeitsbuch.
3. Die TN lesen den Brief und markieren die Verben im Perfekt. Anschließend tragen sie sie in die Tabelle ein.
   Lösung: abgeholt; aufgestanden; eingeschlafen
4. Weisen Sie auf den Grammatikspot hin und erklären Sie den TN, dass bei trennbaren Verben das „ge-" zwischen die Vorsilbe und den Verbstamm rutscht. Trennbare Verben kennen die TN bereits aus *Schritte plus 1*, Lektion 5, und *Schritte plus 2*, Lektion 12.
5. *fakultativ:* Die TN stellen sich in Partnerarbeit Fragen zum Brief. Machen Sie, wenn nötig, ein paar Beispiele: „Wann haben sich Karin und Maria zum letzten Mal gesehen?", „Wie lange ist Maria geflogen?" Gehen Sie herum und helfen Sie bei Schwierigkeiten.

TIPP Übungen zum Perfekt kann man nicht genug machen. Hier eine ganz schnelle: Die TN stellen sich in einem Kreis auf. Ein TN wirft einem anderen einen weichen Ball oder ein Tuch zu, dabei sagt sie/er ein beliebiges Verb. Die Fängerin oder der Fänger sagt die Perfektform, z.B. „Ich habe gespielt". Dann wirft sie/er das Tuch weiter und nennt ein Verb. Achten Sie auf ein schnelles Tempo, damit keine Langeweile aufkommt. Diese Übung können Sie auch später zur Wiederholung nutzen, z.B. regelmäßig vier Minuten, bevor Sie mit dem Unterricht beginnen, oder wenn Sie am Ende noch ein paar Minuten Zeit haben.

B2 **Variation: Anwendungsaufgabe zum Perfekt der trennbaren Verben**
1. Die TN sehen sich die Zeichnung im Kursbuch an. Sprechen Sie mit den TN darüber, wo die Leute sind, was sie machen und was das für Leute sind. Anhand der Kleidung, der Sonnenbrille und dem Ball kann man auch sagen, woher sie gerade kommen (Urlaub am Meer).
2. Spielen Sie das Mini-Gespräch vor und legen Sie dazu eine Folie von B2 auf. Markieren Sie im ersten Satz das Verb und die Vorsilbe und fragen Sie nach dem Infinitiv. Markieren Sie dann im zweiten Satz das Perfekt wie in B1.
3. Gehen Sie weiter vor wie auf Seite 14 beschrieben. Schnelle TN überlegen, welche weiteren Verben sie mit den Vorsilben aus-, ab- ... kennen.

4. *fakultativ:* Wenn Sie ausreichend Zeit haben, erstellen Sie mit den TN zusammen eine Liste, was man nach einem Urlaub alles erledigen muss. Die TN sprechen anhand der Liste weitere Gespräche in Partnerarbeit oder im Plenum.
5. *fakultativ:* Kopieren Sie die Kopiervorlage L1/B2 einmal für jeden TN. Die TN gehen herum, suchen einen TN, auf den diese Information zutrifft, und notieren den Namen. So können die TN sich auch gegenseitig besser kennenlernen. Achten Sie darauf, dass die TN die Sätze als Fragen formulieren: „Hast du gestern im Supermarkt eingekauft?" Sie können das „unauffällig" tun, wenn Sie mitspielen. Um die Ergebnisse vorzustellen, bilden die TN einen Kreis. Ein TN tritt in die Mitte. Die anderen TN berichten, was sie über diesen TN erfahren und notiert haben. Dann geht ein anderer TN in die Mitte. Bei dieser Übung müssen immer wieder dieselben Perfektformen angewendet werden, die sich so gut einprägen.

Arbeitsbuch 14–16: in Stillarbeit oder als Hausaufgabe

LEKTION 1

Materialien
B1 Kopiervorlage L1/A3
Tipp: Tuch oder weicher Ball
B2 vergrößerte Folie von B2; Kopiervorlage L1/B2
B3 Folie der Zeichnungen

Ich **bin** schon um drei Uhr **aufgestanden**.

Perfekt der trennbaren Verben
Lernziel: Die TN können von Reiseerlebnissen berichten.

B   1

B3 **Anwendungsaufgabe zum Perfekt bei trennbaren Verben: Eine Erzählung chronologisch strukturieren**
1. Die TN sehen sich die Zeichnungen im Kursbuch an und ergänzen den Lückentext.
2. Die TN vergleichen ihre Lösung mit ihrer Partnerin / ihrem Partner.
3. Abschlusskontrolle im Plenum. *Lösung:* 1 aufgestanden; 3 ausgestiegen; 4 zurückgefahren, angekommen
4. Weisen Sie die TN auf den Infospot hin, der zeitliche Verbindungswörter auflistet, die man benutzt, wenn man eine Geschichte erzählt. Die TN schließen ihre Bücher und erzählen in Partnerarbeit anhand der Zeichnungen, was passiert ist. Legen Sie dazu eine Folie auf, auf der nur die Zeichnungen aus B3 zu sehen sind. Bitten Sie die TN, auch zu erzählen, warum sie zu spät aufgestanden sind, warum sie den falschen Zug genommen haben, warum sie vollkommen fertig gewesen sind, um auch die Nebensatzkonstruktion weiter zu üben. Jeder der Partner erzählt die Geschichte einmal.
Hinweis: Während die geübten TN frei sprechen, können Sie für die ungeübteren TN eine Kopie vorbereiten, auf der Sie die Zeichnungen mit Stichwörtern versehen.

B4 **Aktivität im Kurs: Freies Gespräch über persönliche Missgeschicke**
1. Die TN sitzen in Gruppen zu viert zusammen. Bitten Sie zwei TN, das Beispiel vorzulesen. Fragen Sie einen TN, ob er schon einmal in den falschen Zug eingestiegen ist. Wenn ja, fragen Sie genauer nach (Warum? Wann? Wo?), um auch den TN eine Anregung für Nachfragen zu geben.
2. Die TN sprechen in den Gruppen über ihre Missgeschicke.

TIPP Diese Übungsform nennt sich „Kugellager": Stellen Sie die Stühle so zusammen, dass sie einen Außen- und einen Innenkreis bilden. Je ein TN vom Innenkreis sitzt einem TN vom Außenkreis gegenüber. Die TN stehen zunächst vor ihren Stühlen und laufen im Kreis. Die TN des Außenkreises laufen links herum, die des Innenkreises rechts herum. Wenn Sie „Stopp" rufen, setzen die TN sich auf den Stuhl, vor dem sie gerade stehen. Jeder TN hat nun eine Partnerin / einen Partner. Geben Sie ein Thema aus dem Buch vor, z.B. „in den falschen Zug einsteigen". Die Partner befragen sich gegenseitig nach ihren Erlebnissen. Auf Ihr Zeichen nehmen die TN ihre Wanderung wieder auf. Wieder rufen Sie „Stopp" und nennen ein Thema etc. Da die Partner ständig wechseln, können Sie die Themen auch mehrmals nennen, das schult vor allem ungeübte TN.

Arbeitsbuch 17–19: in Stillarbeit oder als Hausaufgabe; **20–21:** in Stillarbeit: Lassen Sie die TN selbst entscheiden, welche Übung(en) sie lösen möchten/können.

25 LEKTION 1

Aber ich **habe** fast das Flugzeug verpasst!

Perfekt der nicht-trennbaren Verben und der Verben auf *-ieren*
Lernziel: Die TN können von Reiseerlebnissen berichten.

Materialien
C2 Wörterbücher
Lerntagebuch: Folie der Tabelle

C1 Hörverstehen: Präsentation der nicht-trennbaren Verben und der Verben auf *-ieren*
1. Die TN lesen die Aufgabenstellung und hören das Gespräch. Sie tragen ihre Lösungen ein.
2. Abschlusskontrolle im Plenum. *Lösung*: 1; 4; 3

C2 Systematisierung des Perfekts der nicht-trennbaren Verben und der Verben auf *-ieren*

1. Die TN ergänzen mithilfe des Gesprächs aus C1 die Partizip-II-Formen. Schnelle TN suchen im Wörterbuch nach weiteren Verben mit den Vorsilben ver-, be- ...
2. Abschlusskontrolle im Plenum. *Lösung*: verloren; bekommen; versucht; passiert
3. Weisen Sie die TN auf den Grammatikspot hin. Erklären Sie, dass bei Verben mit den Vorsilben „ver-", „be-", „er-" im Perfekt kein „ge-" vorangestellt wird. Die Verben auf „-ieren" haben im Perfekt lediglich ein „-t". Machen Sie die TN darauf aufmerksam, dass die Vergangenheit von „passieren" mit „sein" gebildet wird. Die TN sollten diese Form als Ausnahme auswendig lernen.
4. Notieren Sie die Beispiele der schnellen TN an der Tafel und schreiben Sie das Partizip II daneben.

Arbeitsbuch 22: als Hausaufgabe

LERNTAGEBUCH **Arbeitsbuch 23:** im Kurs: Übertragen Sie die Tabelle aus dem Arbeitsbuch auf eine Folie. Sortieren Sie gemeinsam mit den TN einige Beispiele in die jeweils richtige Spalte. Erklären Sie den TN, dass das Sortieren hilft, unterschiedliche Formen zu strukturieren, um sie leichter erinnern und lernen zu können Danach arbeiten die TN selbstständig weiter. Wenn sie eine Perfektform nicht kennen, schlagen sie im Wörterbuch nach. Gehen Sie herum und zeigen Sie den TN, wo sie die entsprechende Information in ihrem Wörterbuch finden.

C3 Anwendungsaufgabe zum Perfekt der nicht-trennbaren Verben und der Verben auf *-ieren*

1. Klären Sie mit den TN die Bedeutung der Verben, wenn nötig.
2. Die TN lesen die E-Mail und ergänzen die passenden Partizipien.
3. Die TN vergleichen ihre Lösung mit der Partnerin / dem Partner.
4. *fakultativ:* Geübe TN bearbeiten zusätzlich die Rubrik „Schon fertig?" und schreiben eine kurze Antwort an Timo. Die TN können die Aufgabe auch als (freiwillige) Hausaufgabe machen.
5. Abschlusskontrolle im Plenum. *Lösung*: vergessen – erklärt – verstanden – besichtigt – diskutiert – passiert

PHONETIK **Arbeitsbuch 24:** im Kurs: Üben Sie mit den TN die Aussprache von „e" und „er" in Vorsilben (vgl. *Schritte plus 2*, Lektion 8).

Arbeitsbuch 25–26: in Stillarbeit oder als Hausaufgabe: Nicht so geübte TN lösen Übung 26 a, während die geübteren TN 26 b bearbeiten. Da es sich um einen freien Text handelt, sammeln Sie die Texte ein und korrigieren Sie sie. Schreiben Sie eine Musterlösung, in die Sie Fehler einbauen, die von den TN häufig gemacht worden sind. Lassen Sie den Mustertext von allen TN (auch den ungeübten) zunächst in Partnerarbeit korrigieren. Besprechen Sie anschließend die Fehler im Plenum.

C4 Aktivität im Kurs: Ein eigenes Erlebnis erzählen
1. Die TN lesen die Frage im Kursbuch. Geben Sie eine Zeit vor, vielleicht drei Minuten, in der die TN sich Notizen machen.
2. Die TN erzählen ihrer Partnerin / ihrem Partner von ihrem Erlebnis. Erinnern Sie die TN noch einmal an die Verbindungswörter aus B3.
Variante: Wenn Sie das flüssige Erzählen von kurzen Begebenheiten mehr üben möchten, lassen Sie die TN die Partner wechseln. Durch mehrmaliges Erzählen kann man seine Geschichte perfektionieren. Dazu eignet sich auch die Übungsform „Kugellager", die unter B4 als Tipp vorgestellt wurde. Die TN schreiben als Hausaufgabe ihr Erlebnis auf.

Materialien
D1 Folie des Stammbaums ohne die Bezeichnungen, leere Folie
D2 Kopiervorlage L1/D2
D3 Plakate und Filzstifte

Familie und Verwandtschaft

Das Wortfeld „Familienmitglieder"
Lernziel: Die TN können über ihre Familie berichten.

D **1**

D1 Wiederholung und Erweiterung des Wortfelds „Familienmitglieder"
1. Fertigen Sie von dem Stammbaum in D1 eine Folie an, auf der sie alle Familienbezeichnungen tilgen. Legen Sie die Folie auf und legen Sie darauf eine zweite leere Folie. Die Bücher bleiben zunächst geschlossen. Sagen Sie den TN, dass das Julias Familie ist. Erklären Sie auch, dass man ein solches Schema „Stammbaum" nennt. Fragen Sie die TN ggf. auch, wie das in ihren Herkunftsländern heißt, ob auch dort der Baum das Symbol der Familie ist.
2. Zeigen Sie auf Julias Eltern, schreiben Sie „die Eltern" über das Foto. Klären Sie mit den TN die Bezeichnungen, die im Buch bereits eingetragen sind („die Eltern", „die Großmutter/Oma", „der Cousin", „der Onkel", „der Neffe"). Lassen Sie sich dabei von den TN helfen.
3. Die TN öffnen ihr Buch und ergänzen die restlichen Bezeichnungen.
4. Die TN vergleichen ihre Lösung in Partnerarbeit. Währenddessen überträgt ein TN seine Lösung auf die Folie.
5. Der TN erläutert seine Lösung dem Plenum. Die anderen TN vergleichen und korrigieren ggf.
6. Geben Sie in einem weiteren Schritt die Artikel und die Pluralformen an.
7. Notieren Sie jetzt über dem Stammbaum auf der Folie: „Julias Familie = die Familie von Julia". Markieren Sie das „-s" und „von" und erklären Sie den TN, dass die Bedeutung der zwei Wendungen identisch ist. Weisen Sie auch auf den Grammatikspot im Kursbuch hin. Den Genitiv mit „-s" kennen die TN bereits aus *Schritte plus 1*, Lektion 2.
8. Zeigen Sie auf ein beliebiges Foto und fragen Sie: „Wer ist das?" Die TN antworten: „Das ist Julias Vater" oder „Das ist der Vater von Julia". Nachdem die TN das eine Weile geübt haben, entfernen Sie die Folie mit den Bezeichnungen, sodass nur noch die Folie mit den Fotos aufliegt. Die TN schließen ihre Bücher. Zeigen Sie wieder auf ein Foto und fragen Sie, wer das ist. Diese Übung setzen Sie fort, bis die TN Sicherheit in der Verwendung der neuen Bezeichnungen gewonnen haben.

Arbeitsbuch 27: in Stillarbeit oder als Hausaufgabe

D2 Erweiterung des Wortfelds „Familienmitglieder"
1. Die TN bearbeiten die Aufgabe und vergleichen ihre Lösungen in Partnerarbeit.
2. Abschlusskontrolle im Plenum. *Lösung:* a) Enkelkind; b) Schwägerin; c) Schwiegervater
3. Legen Sie noch einmal die Folie von D1 auf und ergänzen Sie mithilfe der TN die neuen Bezeichnungen. Führen Sie dabei auch „Schwiegermutter", „Schwiegereltern" und „Schwager" ein.
4. Fragen Sie: „Der Bruder von Julias Vater ist Julias ...?" Sie können auch die Perspektive wechseln. Erklären Sie den TN, sie seien jetzt Julias Großvater. „Was ist Julia für Sie?" – „Sie ist mein Enkelkind." Wenn die TN das Prinzip begriffen haben, befragen sie sich in Partnerarbeit weiter.
5. Die TN erhalten die Kopiervorlage L1/D2 und tragen die Namen ihrer Familienmitglieder in den Stammbaum ein. Gehen Sie herum und helfen Sie bei Schwierigkeiten.
6. Die TN berichten über ihre Familie. Schreiben Sie dazu einige Stichwörter an die Tafel: Wohnort? Alter? Verheiratet? Beruf? Kinder?

Arbeitsbuch 28–29: als Hausaufgabe

D3 Aktivität im Kurs: Kursstatistik
1. Teilen Sie die TN in gleich große Gruppen ein. Jede Gruppe erhält einen Filzstift und ein Plakat, auf dem sie eine Liste anlegt, wie im Buch vorgegeben. Die TN der Gruppe befragen sich gegenseitig nach dem Beispiel im Buch.
2. Wenn die Liste fertig ist, rechnet jede Gruppe zusammen: Wie viele Tanten, Onkel, Schwestern etc. hat die Gruppe insgesamt?
3. Die Gruppen nennen ihre Ergebnisse. Die Gruppe, die jeweils die meisten Tanten, Onkel etc. hat, bekommt einen Punkt. „Gewonnen" hat die Gruppe mit den meisten Punkten.

Arbeitsbuch 30–31: in Stillarbeit oder als Hausaufgabe

27 LEKTION 1

Wohn- und Lebensformen

1 **E**

Gespräche über Wohn- und Lebensformen
Lernziel: Die TN können über Wohn- und Lebensformen berichten.

Materialien
Test zu Lektion 1

E1 **Präsentation des Wortfelds „Lebensformen"**

1. Fragen Sie die TN, wie die Menschen heute zusammenleben. Machen Sie einen Wortigel an der Tafel. An den ersten Strich schreiben Sie „Familie = Mutter, Vater, Kinder". Fragen Sie die TN, welche Formen des Zusammenlebens sie noch kennen. Ergänzen Sie den Wortigel entsprechend.

2. *fakultativ:* Wenn die TN nur wenige Begriffe nennen, die in E1 gebraucht werden, lösen sie im Arbeitsbuch Übung 32.

3. Klären Sie anhand der Zeichnung die Begriffe „Erdgeschoss", „Stock" und „Dachwohnung".
   Hinweis: In einigen Sprachen ist der erste Stock gleichbedeutend mit dem Erdgeschoss! Weisen Sie auch auf den Infospot hin. Zur Einübung fragen Sie die TN: „Wo wohnt Familie Giachi?" etc. Fragen Sie auch, wo die TN selbst wohnen, in welchem Stock der Kursraum ist etc.

4. Die TN sehen sich in Partnerarbeit die Zeichnung an, lesen die Beispiele und überlegen gemeinsam, wer in welchem Stock lebt.

5. Die TN hören die Gespräche und tragen ihre Lösungen ins Kursbuch ein.

6. Abschlusskontrolle im Plenum. *Lösung (von oben nach unten):* der Single, die alleinerziehende Mutter, die Kleinfamilie

Arbeitsbuch 32: (wenn die TN sie nicht vor E1 gemacht haben) als Hausaufgabe

E2 **Hörverstehen: Kernaussagen verstehen**

1. Die TN lesen die Aufgabenstellung und die Beispielsätze. Klären Sie mit den TN, wenn nötig, unbekannten Wortschatz.

2. Die TN hören die Hörtexte. Stoppen Sie nach jedem Text und geben Sie den TN Zeit, ihre Lösung anzukreuzen. Wenn nötig, spielen Sie die Texte mehrmals vor.

3. Abschlusskontrolle im Plenum. *Lösung:* richtig: 2; 4

E3 **Aktivität im Kurs: Über die Lebensformen von Freunden, Bekannten, Verwandten berichten**

1. Die TN sitzen in Kleingruppen zusammen. Sie lesen die Aufgabenstellung und das Beispiel im Buch. Anschließend sprechen sie frei über ihre Freunde, Bekannten, Verwandten. Regen Sie die TN auch dazu an, Nachfragen zu stellen.
   Variante: Wenn Sie die Übung spielerischer gestalten wollen, können Sie auch dazu diese Übung als „Kugellager" (siehe B4, Tipp, Seite 25) durchführen. Geben Sie nach jeder Runde einen Verwandten vor, z.B. Onkel, Cousine etc., über den die TN mit der jeweiligen Partnerin / dem jeweiligen Partner sprechen sollen. Weil der Wortschatz für die ungeübten TN schwierig sein könnte, schreiben Sie die Redemittel aus E3 an die Tafel.

2. *fakultativ:* Als Hausaufgabe oder – wenn Sie genügend Zeit haben – im Kurs schreiben die TN einen kurzen Text über die „Lebensform" einer Person ihrer Wahl. Sammeln Sie die Texte ein und korrigieren Sie sie. Besprechen Sie Fehler, die häufig gemacht werden, im Plenum.

Arbeitsbuch 33: in Stillarbeit oder als Hausaufgabe

Einen Test zu Lektion 1 finden Sie auf den Seiten 134–135. Weisen Sie die TN auf die interaktiven Übungen auf ihrer Arbeitsbuch-CD hin. Die TN können mit diesen Übungen den Stoff der Lektion selbstständig wiederholen und sich ggf. auch auf den Test vorbereiten.

LEKTION 1

Materialien
2 Kopiervorlage „Zwischenspiel zu Lektion 1"

Zwischenspiel 1
Na? Singen wir was?
Ein Lied singen

1   **Vertiefung/Wiederholung des Perfekts**
1. Die TN sehen die Zeichnung an und lesen die erste Strophe im Präsens. Weisen Sie auf die rechte Spalte hin und auf die Transformation von Präsens in Perfekt. Fragen Sie, wie die zweite Zeile des Lieds in der Vergangenheit heißt. Machen Sie den TN bewusst, dass sich die Formen „funktioniert" und „repariert" reimen und dass Reime in Liedern oft vorkommen.
2. Die TN ergänzen den Liedtext in Partnerarbeit. Dabei sollte ihnen die Information helfen, dass sich jeweils zwei Zeilen am Ende reimen. Gehen Sie herum und helfen Sie ungeübten TN, falls diese das Prinzip nicht durchschauen.

2   **Ein einfaches Lied verstehen**
1. Spielen Sie das Lied nun vor. Die TN vergleichen mit ihren Lösungen und korrigieren diese, wenn nötig.
   Lösung: vgl. Hörtext
2. Die TN erhalten die Kopiervorlage „Zwischenspiel zu Lektion 1". Sie hören das Lied noch einmal und markieren im Liedtext den Wortakzent bei den Partizipien. Lernerfahrene TN lösen auch Übung 2 der Kopiervorlage.
   Lösung: a) letzte; b) erste; c) zweite

3   **Ein einfaches Lied singen**
Die TN hören das Lied noch einmal und singen mit. Wer keine Lust hat zu singen, klatscht oder stampft den Rhythmus mit.

TIPP   Lieder eignen sich häufig zum Training der Aussprache, insbesondere zum Üben von Wort- und Satzakzent. Melodie und Rhythmus werden sehr deutlich und prägen sich gut ein. Falsche Pausen sind nicht möglich. Allerdings muss man bei der Auswahl von Liedern für den Unterricht darauf achten, dass im Lied keine Akzentverschiebungen auftreten (vgl. z.B. Schneeflöckchen, Weißröckchen statt Schneeflöckchen, Weißröckchen). Lassen Sie vor dem Singen die phonetischen Besonderheiten, die Sie üben möchten, markieren und lassen Sie den Text auch mehrmals vorlesen, damit die TN ein Gefühl für Betonungen und schwierigere Laute bekommen. Gehen Sie melodiöse Lieder in einem Arbeitsschritt als Sprechgesang durch: Die TN sprechen den Liedtext und klatschen jede Silbe mit. Bei betonten Silben/Beim Satzakzent wird etwas lauter geklatscht. Erst dann wird das Lied gesungen. Das Lied in diesem Zwischenspiel eignet sich überdies für eine Verknüpfung mit Pantomime: Ein TN spielt Onkel Willi, ein TN Tante Hanne. Die beiden stellen pantomimisch die Aktivitäten von Onkel Willi und Tante Hanne dar und erzählen so eine Geschichte.

29   LEKTION 1

Fokus Alltag 1
Lerntipps

Die TN können individuelle Sprachlernbedürfnisse und Ziele äußern, z.B. Verbesserung des schriftlichen Ausdrucks.
Sie können Wünsche für den Unterricht und eine Meinung über den Unterricht äußern.

1   **Hörverstehen 1: Probleme verstehen**
1. Die TN lesen die Aufgabenstellung. Sagen Sie den TN, dass sie ein Gespräch zwischen Oscar, Rebecca und dem Deutschlehrer Markus hören.
2. Die TN hören das Gespräch so oft wie nötig und kreuzen ihre Lösungen an.
3. Abschlusskontrolle im Plenum. *Lösung:* Oscar: Hören; Rebecca: Sprechen

2   **Hörverstehen 2: Lerntipps verstehen**
1. Die TN lesen die Lerntipps. Geben Sie Gelegenheit zu Wortschatzfragen.
2. Die TN hören das Gespräch zwischen dem Lehrer und den Kursteilnehmern noch einmal und kreuzen an, welche Tipps der Lehrer gibt. Weisen Sie ggf. darauf hin, dass die Tipps nicht wortwörtlich im Hörtext vorkommen.
3. Abschlusskontrolle im Plenum.
Lösung: im Internet surfen; in der Freizeit mehr Deutsch sprechen; einen Konversationskurs besuchen; Radio hören; die Arbeitsbuch-CD hören

3   **Über Schwierigkeiten beim Deutschlernen sprechen und um Hilfe bitten**
1. Fragen Sie die TN, womit sie am meisten Schwierigkeiten haben, und verweisen Sie auf das Beispiel von Sylvia.
2. Die TN füllen den „Notizzettel" mit einem eigenen Problem und Lernbedürfnis aus.
3. Machen Sie ein Beispiel mit einem geübteren TN, indem Sie ihn fragen, was sein Problem ist und was er tun will. Geben Sie dem TN ein paar Tipps.
4. Die TN finden sich in Kleingruppen von vier TN zusammen. Sie nennen sich gegenseitig ihr Problemfeld beim Deutschlernen und ihr Lernbedürfnis. Die anderen TN der Gruppe geben Tipps. Gehen Sie herum und helfen Sie insbesondere ungeübteren TN bei der Formulierung von Tipps.
5. *fakultativ:* Die TN schreiben als Hausaufgabe einen kurzen Text über ihr Lernproblem, ihren Lernwunsch und die Tipps, die sie bekommen haben. Indem sie sich schreibend mit der Thematik auseinandersetzen, reflektieren sie noch einmal in Ruhe und können ggf. weitere Aspekte ergänzen. Die TN heften ihren Text im Lerntagebuch ab. Am Ende des Kurses lesen sie ihren Text noch einmal und überlegen, ob sich ihr Lernwunsch erfüllt hat und ob sie Fortschritte bei ihrem Lernproblem erzielt haben.

LEKTION 1   **30**

Fokus Alltag 1
Ein Kursprojekt

Die TN können innerhalb einer Gruppe mit Partnern die Arbeitsaufteilung aushandeln. Sie können Wünsche äußern, welche Aufgaben sie übernehmen möchten.

1 **Hörverstehen 1: Das Thema verstehen**
1. Die TN lesen die drei möglichen Namen für das Projekt und äußern eine Vermutung, wie das Projekt möglicherweise heißt. Bitten Sie um eine Begründung.
2. Die TN hören den Hörtext und kreuzen ihre Lösung an.
3. Abschlusskontrolle im Plenum. *Lösung:* Deutschlernen in unserer Stadt

2/3 **Hörverstehen 2: Eine Arbeitsaufteilung verstehen**
1. Machen Sie die TN darauf aufmerksam, dass die Deutschkursteilnehmer Paola, Barış, Lara und Serap in der Gruppe Aufgaben verteilen. Schreiben Sie die Aufgaben wie im Arbeitsbuch an die Tafel.
2. Die TN hören das Gespräch so oft wie nötig. Fragen Sie dann, wer welche Aufgabe übernimmt, und schreiben Sie die Lösungen der TN an die Tafel. Die TN übertragen die Lösung auch in ihr Buch.
Lösung: beim Ausländeramt anrufen: Lara; im Internet suchen: Serap; VHS-Programm mitbringen: Barış; in der Schule fragen: Paola
3. Die TN lesen den Gesprächsausschnitt und ergänzen ihn in Partnerarbeit.
4. Spielen Sie das Gespräch noch einmal vor. Die TN vergleichen ihre Lösungen mit dem Hörtext und korrigieren, wenn nötig. Geben Sie bei Bedarf Gelegenheit zu Wortschatzfragen.

LANDES KUNDE Gruppenarbeit ist eine häufig eingesetzte Sozialform im Sprachunterricht. Die TN sollten die Vorteile kennen und wissen, dass Kompromissfähigkeit bei der Gruppenarbeit positiv bewertet wird. Da Sie im Kurs sicher schon Gruppenarbeit eingesetzt haben, fragen Sie die TN nun nach ihren Erfahrungen damit. Geben Sie ggf. einige Redemittel an der Tafel vor: Gruppenarbeit macht mir Spaß, weil ... / Gruppenarbeit ist gut/wichtig, denn ...

4 **Ein Kursprojekt**
1. Sagen Sie den TN, dass sie sich nun selbst in einem Projekt über die Möglichkeiten des Deutschlernens an ihrem Ort informieren sollen. Schreiben Sie dazu vier Rubriken an die Tafel: Wünsche äußern, Aufträge erteilen, Aufträge ablehnen, Aufträge annehmen. Sammeln Sie mit den TN Redemittel zu den vier Rubriken.
2. Die TN finden sich in Kleingruppen von vier TN zusammen. Sie sammeln und verteilen Aufgaben. Gehen Sie herum und helfen Sie bei Bedarf bei der Einigung oder mit Ideen, wo es Kurse und Angebote für das Deutschlernen geben könnte.
3. Die Gruppen schreiben auf einen Zettel, wer welche Aufgaben übernimmt und bis wann.
4. In einer der folgenden Kursstunden, wenn die TN ausreichend Zeit hatten, ihre Aufgaben zu erledigen, finden sich die Gruppen wieder zusammen und sichten ihre Ergebnisse. Sie überlegen sich eine geeignete Form der Präsentation, z.B. Collage, Präsentation vor dem Plenum, „Ausstellung" mit den gesammelten Materialien etc.
5. Die Gruppen präsentieren ihre Ergebnisse.

PROJEKT In *Schritte plus* finden Sie und die TN zahlreiche Anregungen für Kursprojekte. Wenn Sie die TN mit einem Projekt beauftragen wollen, das sie während der gesamten Kursdauer nach und nach machen können, schlagen sie ihnen doch einmal eine Kurszeitung vor, die Anekdoten, besondere Ereignisse, Interviews mit Kursteilnehmern etc. festhält. Jede Gruppe erstellt ihre eigene Kurszeitung mit ihren individuellen Ideen. Andere Möglichkeiten sind ein Kochbuch, ein Fotoroman oder – sofern technisch möglich – kleine Videos.

2   ZU HAUSE

Folge 2: *Wieder was gelernt!*
Einstieg in das Thema: Mülltrennung

Materialien
1 leere Glasflasche, Plastikverpackung, leerer
  Joghurtbecher, Tetrapak, alte Zeitung, ...
  Poster zur Foto-Hörgeschichte
4 Lesetext auf Folie

---

1   **Vor dem Hören: Hinführung zum Thema; Schlüsselwörter verstehen**

1. Bereiten Sie vorab unterschiedliche Kartons oder Tüten als Müllbehälter für Plastik, Papier, Bioabfall etc. vor. Bringen Sie unterschiedlichen „Müll" mit in den Kurs und legen Sie diesen gut sichtbar aus.
2. Sammeln Sie zunächst mit den TN die Wörter zu den mitgebrachten Gegenständen an der Tafel und führen Sie ggf. den Begriff „Container" bzw. „Tonne" mithilfe der Fotos im Buch ein.
3. Sicher haben die TN schon festgestellt, dass der Müll in den deutschsprachigen Ländern getrennt wird. Stellen Sie daher Ihre vorbereiteten Müllbehälter auf. Einige TN werfen die kaputten Gegenstände und gebrauchten Verpackungsmaterialien in den jeweils passenden Müllbehälter.
4. Korrigieren Sie anschließend gemeinsam mit allen TN die Zuordnung, indem Sie die Gegenstände nach und nach wieder aus den Müllbehältern nehmen und die TN fragen: „Gehört das da rein?" Abschließend können Sie noch einmal alle Gegenstände benennen, die nun auf jeden Fall neben dem richtigen Müllbehälter liegen sollten. Sagen Sie: „Die gehören da rein."

   !   Verwenden Sie „reingehören" hier als Floskel. Die TN werden das Wort durch Ihr deutliches Zeigen auf den Müllbehälter verstehen. Die Direktionaladverbien „rein", „raus" etc. sind Thema von Lernschritt C in dieser Lektion.
5. Die TN sehen sich die Fotos im Buch an. Deuten Sie willkürlich auf einige Fotos und fragen Sie: „Wo sehen Sie Müll aus Plastik?", „Wo sehen Sie Müll aus Papier?", „Wo sehen Sie den Hausmeiser?" Die TN nennen die Fotonummer oder zeigen auf das entsprechende Foto im Kursbuch oder auf dem Poster zur Foto-Hörgeschichte. Wenn die TN eines der Wörter nicht kennen, helfen Sie.

LANDESKUNDE   Deutschland gilt als das Land mit den international strengsten Umweltauflagen. Daher wundert es kaum, dass der Müll getrennt wird und zwar nicht nur an öffentlichen Plätzen, sondern auch in privaten Haushalten. Am häufigsten gesammelt werden Altpapier, Altglas (z.T. unterteilt in Weiß- und Buntglas), Verpackungen (in vielen Haushalten Deutschlands ist das der „gelbe Sack"), Metalle und Bioabfall. Für Sondermüll (Batterien, Porzellan, Bauschutt etc.) gibt es Wertstoffhöfe, in denen Abfall auch in größeren Mengen entsorgt werden kann.

2   **Vor dem Hören: Worterklärungen**

1. Die TN lesen die Aussagen im Buch und kreuzen an, was richtig bzw. falsch ist.
2. Die TN vergleichen ihre Ergebnisse mit ihrer Partnerin / ihrem Partner. Vergleichen Sie die Antworten abschließend auch im Plenum. *Lösung (von oben nach unten):* a) richtig, falsch, richtig, richtig; b) richtig, falsch, richtig, richtig

3   **Beim ersten Hören**

1. Deuten Sie auf den Titel der Foto-Hörgeschichte und auf Foto 8 und fragen Sie: „Was haben Maria, Larissa und der Hausmeister an diesem Tag gelernt?"
2. Die TN hören die Foto-Hörgeschichte einmal durchgehend und verfolgen die Geschichte dabei auf den Fotos im Buch mit. *Lösungsvorschlag:* Maria: In Deutschland trennt man Müll; Larissa: Der Mann auf dem Bild in Marias Zimmer ist Mozart; der Hausmeister: Maria ist Au-pair-Mädchen und kommt aus Südamerika. Dort spricht man auch Spanisch.
3. Weitere Vorschläge zum Umgang mit der Foto-Hörgeschichte finden Sie auf Seite 12 f.

4   **Nach dem ersten Hören: Details der Geschichte verstehen**

1. Lesen Sie zusammen mit den TN den ersten Satz des Lesetextes und fragen Sie: „Was stimmt hier nicht?" und „Wie muss es richtig heißen?" Die TN korrigieren den Satz. Die vorgegebene Lösung neben dem Text hilft ihnen dabei.
2. Die TN lesen den Text in Stillarbeit und korrigieren die Fehler mit der Partnerin / dem Partner. Gehen Sie herum und helfen Sie bei Schwierigkeiten.
3. Die TN hören die Foto-Hörgeschichte noch einmal so oft wie nötig und korrigieren sich ggf. selbst.
4. Abschlusskontrolle im Plenum mithilfe der Folie. Tragen Sie die Ergebnisse der TN in den Text ein. *Lösung:* ~~das Bild~~ → den Müll; ~~Komponist~~ → Hausmeister; ~~in den Keller~~ → auf den Hof

5   **Nach dem Hören: Vergleich mit dem Heimatland**

1. Fragen Sie abschließend: „Was macht man in Ihrem Land mit dem Müll?" Einige TN erzählen exemplarisch, wie man bei ihnen zu Hause mit dem Müll umgeht.
2. Die TN finden sich in Kleingruppen von 3–4 TN zusammen und berichten, soweit sprachlich möglich, über den Umgang mit Müll in ihren Ländern, ggf. indem sie sich auf die Gemeinsamkeiten und Unterschiede zu Deutschland bzw. der Schweiz oder Österreich konzentrieren.

LEKTION 2   **32**

Materialien
A1 Bilderrahmen
A2 Zeichnung 1 auf Folie
A3 kleine Gegenstände (Stift, Brille ...)
A4 Kopiervorlage L2/A4

Die Müllcontainer **stehen** im Hof.

Positionsverben; Wiederholung der Wechselpräpositionen mit Dativ
Lernziel: Die TN können die Position von Gegenständen und Personen angeben.

A 2

A1 Präsentation: Ortsangaben mit den Positionsverben *stehen*, *liegen*, *hängen*, *stecken* und mit *sein*

1. Fragen Sie: „Wo stehen die Müllcontainer?" Deuten Sie dabei ggf. noch einmal auf die Fotos 3 bis 6 der Foto-Hörgeschichte. Warten Sie die Antwort der TN ab, bevor diese Beispiel a) lesen.
2. Fragen Sie weiter: „Wo hängt das Bild von Mozart?" Die TN lesen den Satzanfang b) und finden das passende Satzende. Ein TN liest den kompletten Satz vor.
3. Die TN lesen die übrigen Beispiele in Stillarbeit und ordnen die passenden Satzteile zu.
4. Abschlusskontrolle im Plenum. Schreiben Sie die vollständigen Sätze auf Zuruf an die Tafel und kreisen Sie die Positionsverben ein, um sie hervorzuheben.
Lösung: b) Das Bild von Mozart hängt an der Wand. c) Die Flaschen stehen auf dem Boden. d) Die Decke liegt auf dem Sofa. e) Das Handy steckt in der Jacke.
5. Verdeutlichen Sie die Bedeutung der Positionsverben, indem Sie einen Bilderrahmen aufstellen bzw. hinlegen oder in die Tasche stecken etc. und erklären Sie jeweils: „Das Bild steht auf dem Tisch." etc. Machen Sie die TN auch auf den Grammatikspot aufmerksam.
Hinweis: Die Unterscheidung der Positionsverben kann für die TN zunächst ungewohnt sein, da es in vielen Sprachen nicht für jedes dieser Verben eine Entsprechung gibt, sondern das Verb „sein" in viel stärkerem Ausmaß verwendet wird als im Deutschen. Es ist deshalb wichtig, die Bedeutungsunterschiede anhand eines konkreten Beispiels deutlich zu machen.

A2 Anwendungsaufgabe zu den Positionsverben

1. Sehen Sie sich zusammen mit den TN Zeichnung 1 auf einer Folie an. Fragen Sie: „Steht, liegt, steckt oder hängt die Vase auf dem Tisch?" Fragen Sie auch nach der Milch im Kühlschrank.
2. Die TN lösen die übrigen Beispiele in Stillarbeit.
3. Abschlusskontrolle im Plenum. *Lösung:* 2 liegen; 3 hängen; 4 stecken

Arbeitsbuch 1–2: in Stillarbeit; **3:** im Kurs als Vorentlastung zu A3 im Kursbuch; **4:** in Stillarbeit

A3 Wiederholung: Wechselpräpositionen mit Dativ; Anwendungsaufgabe zu den Positionsverben

1. Die Wechselpräpositionen mit Dativ wurden bereits in *Schritte plus 2*, Lektion 11, eingeführt, sie sollten also bekannt sein. Wenn Sie aber viele Quereinsteiger im Kurs haben, sollten Sie die Präpositionen noch einmal ausführlicher wiederholen. Schreiben Sie dazu die Frage „Wo liegt/steht/hängt/steckt ...?" an die Tafel.
2. Legen Sie einige Gegenstände an verschiedene Plätze im Kursraum und fragen Sie: „Wo liegt der Bleistift?", „Wo ist meine Tasche?" etc. Die TN lokalisieren die Gegenstände. Notieren Sie dabei sukzessive die verwendeten Präpositionen an der Tafel. Verweisen Sie auch auf den Wiederholungsspot im Buch.
3. Deuten Sie dann auf die Zeichnung im Buch und fragen Sie: „Wo liegt der Teppich?" und „Wo hängt die Hose?" Achten Sie darauf, dass die TN die richtigen Präpositionen und Artikel verwenden. Machen Sie, wenn nötig, weitere Beispiele im Plenum. Die TN stellen sich in Partnerarbeit gegenseitig Fragen. Die Grammatikspots helfen ihnen dabei. Gehen Sie herum, helfen und korrigieren Sie, wenn nötig. Achten Sie darauf, dass die TN auch die Positionsverben verwenden.

Arbeitsbuch 5–7: als Hausaufgabe: Übung 6 macht den Dativ bei Positionsangaben bewusst. **8:** im Kurs

A4 Aktivität im Kurs: Lebende Bilder

1. Die TN sehen sich die Beispiele im Buch an und finden sich in Kleingruppen von vier Personen zusammen. Sie beraten in der Gruppe, wie ihr „Bild" aussehen soll.
2. Die Gruppen stellen nacheinander ihr Bild, die anderen beschreiben dieses.
3. *fakultativ:* Wenn Sie den TN noch weitere Übungsmöglichkeiten anbieten möchten, kopieren Sie die Kopiervorlage L2/A4 und zerschneiden Sie sie. Die TN finden sich paarweise zusammen, ein TN erhält Zeichnung A, der andere Zeichnung B. Die TN halten ihre Zeichnung so, dass der andere sie nicht sehen kann. Ein TN beginnt und beschreibt der Partnerin / dem Partner seine Zeichnung, die Partnerin / der Partner zeichnet in die leere Vorlage. Abschließend werden Original und Zeichnung verglichen. Dann tauschen die TN. Wenn einige Paare schneller fertig sind als andere, können diese die beiden Bilder (schriftlich) vergleichen, z.B.: „Bei ... steht der Tisch in der Mitte, mein Tisch steht an der Wand." etc.

33 LEKTION 2

2 **B** ### Häng das Bild doch an die Wand!

Richtungsverben *stellen, legen, hängen, stecken;* Wechselpräpositionen mit Akkusativ
Lernziel: Die TN können Orts- und Richtungsangaben machen.

Materialien
B2 auf Folie
Projekt: Plakate, Stifte

B1 **Präsentation der Richtungsverben *stellen*, *legen*, *hängen* und *stecken* sowie der Wechselpräpositionen auf die Frage *Wohin?***

1. Deuten Sie auf Foto 1 der Foto-Hörgeschichte und fragen Sie: „Wohin soll Maria das Bild hängen?" und „Warum?". Die TN hören den ersten Abschnitt der Foto-Hörgeschichte noch einmal und beantworten die Fragen. Lesen Sie dann gemeinsam mit den TN Beispiel a) im Buch.
2. Die TN lesen die übrigen Sätze und entscheiden gemeinsam mit ihrer Partnerin / ihrem Partner, welche Sätze zusammenpassen.
3. Abschlusskontrolle mithilfe der CD im Plenum.
   Lösung: b) In dem Regal haben sie doch noch Platz, oder? c) Da kannst du sie immer anschauen. d) Und morgen kaufen wir noch ein kleines Bücherregal.
   Variante: Die TN hören sofort den Hörtext und ordnen dann die passenden Sätze zu, bevor sie ihre Ergebnisse beim zweiten Hören kontrollieren.
4. Schreiben Sie an die Tafel:

   > *Wohin* soll Maria das Bild **hängen?**
   > *Wohin* soll sie die CDs **stellen?**
   > *Wohin* soll sie die Fotos **stellen?**
   > *Wohin* soll sie die Bücher **legen?**

   Lesen Sie die Fragen einzeln vor. Die TN ergänzen die richtigen Antworten mithilfe des Buches. Notieren Sie die Antworten ebenfalls an der Tafel:

   > *Wohin* soll Maria das Bild **hängen?** **An die** Wand.
   > ...

5. Schreiben Sie dann auch passende Beispiele für die Frage „Wo?" an die Tafel. Notieren Sie die Fragen und Antworten möglichst so, dass der Unterschied zwischen Ort (Dativ) und Richtung (Akkusativ) sofort ersichtlich wird.

   > *Wohin →*
   > *Wohin* soll Maria das Bild **hängen?** **An die** Wand.   *Wo?●*
   > Wo **hängt** das Bild dann? **An der** Wand.

6. Weisen Sie die TN anhand des Tafelbildes explizit darauf hin, dass man für die Frage „Wohin" ggf. andere Verben benötigt als für die Frage „Wo". Deuten Sie dann auf die Antworten und lesen Sie die Fragen bzw. Antworten noch einmal kontrastiv, sodass die unterschiedlichen Kasus deutlich werden. Verweisen Sie die TN auch auf die Grammatikspots.

B2 **Anwendungsaufgabe zu den Richtungs- und Positionsverben sowie zu den Wechselpräpositionen**

1. Sehen Sie sich gemeinsam mit den TN Beispiel A auf der Folie an und fragen Sie: „Was ist richtig?" Umrahmen Sie zur Veranschaulichung das Verb und unterstreichen Sie die Präposition sowie den Artikel, um auf diese Weise noch einmal den Unterschied zwischen Richtungsverb und Positionsverb zu verdeutlichen.
2. Die TN sehen sich die übrigen Zeichnungen an und kreuzen ihre Lösungen an. Wer fertig ist, vergleicht mit seiner Partnerin / seinem Partner.
3. Abschlusskontrolle mithilfe der Folie im Plenum.
   Lösung: A Frau Rieder hängt die Lampe an die Decke. B Der Schlüssel steckt im Schloss. C Frau Rieder hängt die Kleider in den Schrank. D Die Blumen stehen auf dem Tisch.
4. *fakultativ:* Wenn Ihre TN gern zeichnen, können ungeübte TN zu dem jeweils anderen Beispiel in der Aufgabe ein passendes Bild zeichnen. Geübte TN zeichnen jeweils eine Situation zu den Verben „sich setzen" und „sitzen" sowie zu „legen" und „liegen". Wer will, kann sein Bild abschließend im Plenum präsentieren und dann im Kursraum aufhängen.

Arbeitsbuch 9–11: in Stillarbeit oder als Hausaufgabe; **12:** als Hausaufgabe: Die TN machen sich die formalen wie semantischen Unterschiede der Wechselpräpositionen bewusst.

B3 **Variation: Anwendungsaufgabe zu den Richtungs- und Positionsverben sowie zu den Wechselpräpositionen**
Gehen Sie vor wie auf Seite 14 beschrieben.

Arbeitsbuch 13–16: in Stillarbeit oder als Hausaufgabe

LEKTION 2 **34**

Materialien
B2 auf Folie
Projekt: Plakate, Stifte

Häng das Bild doch an die Wand!

Richtungsverben *stellen, legen, hängen, stecken*; Wechselpräpositionen mit Akkusativ
Lernziel: Die TN können Orts- und Richtungsangaben machen.

B **2**

B4   **Aktivität im Kurs: Ratespiel**
1. Teilen Sie den Kurs in zwei Gruppen. Erklären Sie dann anhand eines Beispiels den Spielverlauf. Fragen Sie dazu Gruppe 1: „Was verstecken wir?" Die TN wählen fünf beliebige Gegenstände aus. Halten Sie diese der Reihe nach hoch und fragen sie jeweils: „Wohin legen wir ...?" oder „Wohin stellen wir ...?". Legen Sie die Gegenstände an die genannten Orte. Fragen Sie dann Gruppe 2: „Wo liegt ...?" etc.
2. Bitten Sie Gruppe 1, vor die Tür zu gehen. Gruppe 2 wählt fünf Gegenstände aus, die sie verstecken will, und macht Notizen zu den Verstecken.
3. Gruppe 1 kommt zurück ins Zimmer und rät, wo sich die entsprechenden Gegenstände jetzt befinden.
4. Wenn alle Positionen erraten sind, wird gewechselt und Gruppe 2 verlässt das Zimmer.
Hinweis: Um den spielerischen Charakter der Aufgabe zu unterstreichen, können Sie ein Zeitlimit vorgeben, innerhalb dessen die Orte erraten werden sollen. Die Gruppe, die in der vorgegebenen Zeit die meisten Gegenstände lokalisiert hat, hat gewonnen.

PROJEKT   **Arbeitsbuch 17:** Sammeln Sie an der Tafel zunächst noch einmal Wortschatz zum Thema Mülltrennung. Fragen Sie dann: „Wie ist das in ...?" Die TN lesen die Fragen im Buch und notieren ggf. weitere Fragen, die ihnen zu diesem Thema einfallen.
Hinweis: Auch innerhalb Deutschlands unterscheiden sich Mülltrennungskonzepte in der Stadt oder auf dem Land oft erheblich. Die TN finden sich zu Projektgruppen zusammen und recherchieren jeweils zu allen Fragen. Ggf. teilen sich die Projektgruppen die Fragen auch untereinander auf. Geben sie den TN, wenn nötig, Hilfestellung, wo sie Informationen bzw. Auskünfte bekommen können. Fordern Sie die TN auf, Informationsmaterial mitzubringen und in ihre Präsentation einzubauen. Was die Zeitplanung betrifft, sollten Sie den TN für die Recherche ein paar Tage Zeit lassen, damit sie sich möglichst umfassend informieren und Informationsmaterial besorgen können. Für die Vorbereitung der Präsentation sollten die TN so viel Zeit haben, dass sie Plakate oder Ähnliches ansprechend gestalten und ihre Informationen gut strukturieren können. Für die Präsentationen selbst sollten Sie ein Limit von fünf bis maximal zehn Minuten pro Gruppe geben, damit alle Gruppen ihre Ergebnisse vorstellen und die anderen Verständnisfragen stellen können.

35 LEKTION 2

2 C Warten Sie einen Moment. Ich komme **raus**.

Direktional-Adverbien *raus, rein, rauf, runter* und *rüber*
Lernziel: Die TN können Richtungen angeben.

Materialien
C2 auf Folie

C1 Präsentation der Direktional-Adverbien
1. Spielen Sie die kurzen Sequenzen so oft wie nötig vor. Die TN lesen dabei im Buch mit und ergänzen die Lücken.
2. Abschlusskontrolle im Plenum. *Lösung:* 1 runter; 3 rein; 4 rein
3. Fragen Sie: „Wohin bringt Maria den Müll?" Wiederholen Sie dann noch einmal ganz betont: „Maria bringt den Müll runter" und verdeutlichen Sie die Bedeutung des Direktional-Adverbs, indem Sie mit der Hand eine Bewegung nach unten beschreiben. Mit den übrigen Direktional-Adverbien können Sie, wenn nötig, genauso verfahren. Sie können die TN aber auch direkt auf den Infospot verweisen. Die grafische Darstellung erleichtert das Verständnis.

C2 Anwendungsaufgabe zu den Direktional-Adverbien
1. Sehen Sie gemeinsam mit den TN Zeichnung A an. Ein TN liest die Sprechblase vor.
2. Die TN finden in Partnerarbeit passende Sätze zu den übrigen Beispielen.
3. Legen Sie dann abschließend eine Folie mit den richtigen Lösungen auf. Die TN korrigieren sich selbst.
   Lösung: B Komm doch raus! C Komm doch rauf! D Komm doch runter! E Kommen Sie doch rüber!
4. Machen Sie anhand von Beispiel A deutlich, dass die Direktional-Adverbien meist mit einem Verb verbunden sind und dann wie ein trennbares Verb behandelt werden.

! Trennbare Verben kennen die TN bereits aus *Schritte plus 1* und *2*, sodass Sie an dieser Stelle nicht zu ausführlich zurückgreifen sollten, auch um die TN nicht zu verwirren. Direktional-Adverbien müssen nicht bei einem Verb stehen, sie können auch allein benutzt werden (z.B. „Raus!").

Arbeitsbuch 18–20: in Stillarbeit oder als Hausaufgabe

C3 Aktivität im Kurs: Zimmer aufräumen

1. Die TN betrachten die Zeichnung. Fragen Sie: „Wohin kommt die Lampe?" Ein (geübterer) TN liest die Antwort in der Sprechblase vor. Machen Sie, wenn nötig, noch ein paar weitere Beispiele im Plenum.
2. Die TN überlegen zu zweit, wohin die einzelnen Gegenstände und Kleidungsstücke kommen sollen, damit es im Zimmer ordentlich aussieht. Gehen Sie herum und helfen Sie bei Schwierigkeiten. Geübte TN schreiben zusätzlich, wie in der Rubrik „Schon fertig?" vorgeschlagen, eine Beschreibung zum aufgeräumten Zimmer: Wo sind die Sachen jetzt?

LERN TAGEBUCH
Arbeitsbuch 21: im Kurs: Sammeln Sie gemeinsam mit den TN alle Wechselpräpositionen an der Tafel und zeigen Sie mithilfe der Beispiele im Lerntagebuch, wie man die Bedeutung der Präpositionen visuell darstellen kann. Die TN zeichnen zu den übrigen Präpositionen kleine Bilder.
Greifen Sie dann eine Präposition heraus und visualisieren Sie ihre unterschiedliche Verwendung (Wo?/Wohin?) exemplarisch an der Tafel. Sie können dabei auf das Beispiel im Buch zurückgreifen. Die TN zeichnen weitere Beispiele. Wenn Sie nicht viel Zeit haben, können die TN die Zeichnungen zu Hause anfertigen. Lassen Sie sich diese aber zeigen, um sicherzugehen, dass die TN die Übung gemacht haben und nun ein komplettes Schema der Wechselpräpositionen im Lerntagebuch haben. Zusätzlich können sich die TN auch eine visuelle Lernhilfe für die Direktional-Adverbien überlegen oder die Beispiele aus dem Infospot im Kursbuchteil ins Lerntagebuch übertragen.

PHONETIK
Arbeitsbuch 22–24: im Kurs: Diese Übungen brauchen Sie nur zu machen, wenn es TN im Kurs gibt, in deren Muttersprache die Laute „ü" und „ö" nicht vorhanden sind. Oft tun sich diese TN schwer, die Laute „ü" und „ö" überhaupt zu hören, geschweige denn zu artikulieren. Spielen Sie Übung 22 vor. Die TN kreuzen an, wo sie „ü" hören. Wiederholen Sie ggf. die Aussprache von „ü" (vgl. *Schritte plus 1*, Lehrerhandbuch, Seite 68). Spielen Sie Übung 23 vor, die TN hören und sprechen im Chor nach. Geben Sie ihnen auch Gelegenheit, in Partnerarbeit zu sprechen und zu üben. Gehen Sie genauso mit Übung 24 vor. Als Hausaufgabe können Sie die TN anregen, analog zu Übung 23 Sätze mit „e" und „ö" zu schreiben. Die TN können ihre Vorschläge dann untereinander austauschen und die Sätze üben.

LEKTION 2

Miteinander wohnen

Schriftliche Mitteilungen
Lernziel: Die TN können kurze Mitteilungen der Hausverwaltung und von Mitbewohnern verstehen.

D1 **Leseverstehen 1: Schriftliche Mitteilungen**
1. Fragen Sie zunächst: „Wer hat den Brief geschrieben?" und „An wen?" Deuten Sie ggf. auf die Anrede sowie die Unterschrift in Beispiel A, um deutlich zu machen, dass die TN zur Beantwortung der Frage noch nicht den ganzen Text lesen müssen. Die TN sehen sich die Briefe kurz an.
2. Fragen Sie weiter: „Wo findet man diese Mitteilungen?" Die TN lesen die drei Möglichkeiten im Buch und kreuzen an.
3. Abschlusskontrolle im Plenum. *Lösung:* In einem Mietshaus.

TIPP Die TN sind im Allgemeinen geneigt, jeden Text in der Fremdsprache Wort für Wort zu lesen und verstehen zu wollen. Aus diesem Grund sollten Sie die TN möglichst früh an authentische Texte heranführen und ihnen zeigen, dass sie zwar nicht jedes Detail verstehen können, dies aber oft auch gar nicht nötig ist. Bringen Sie dazu beispielsweise eine Hausordnung, eine Wurfsendung zur nächsten Altkleidersammlung u. Ä. mit. Bitten Sie die TN, den Text zu lesen und dabei auf das Wörterbuch zu verzichten. Fragen Sie anschließend, was die TN im Text verstanden haben, und lassen Sie die TN mit eigenen Worten berichten. Die TN sind oft selbst ganz erstaunt, was sie alles verstanden haben – im Allgemeinen nämlich mindestens das Wesentliche. Natürlich können Sie vor dem Lesen auch konkrete Fragen stellen, um die Aufmerksamkeit der TN beim Lesen auf die relevanten Informationen zu lenken und so den Leseprozess zu steuern. Besonders geeignet sind hierzu zunächst die W-Fragen: Wer? Wo? Wohin? Wann? Was? Wie? Warum? Auch die Leseaufgaben in *Schritte plus* üben sehr stark, auf das Wesentliche zu achten und andere Informationen erst einmal beiseite zu lassen. Geben Sie den TN beim Lesen von Texten im Kursbuch möglichst ein Zeitlimit. So kommen sie gar nicht in Versuchung, den Text Wort für Wort zu lesen.

D2 **Leseverstehen 2: Die Kernaussage verstehen**
1. Lesen und beantworten Sie die Aussage zu Text A mit den TN gemeinsam.
2. Die TN lösen die anderen Beispiele in Stillarbeit.
3. Abschlusskontrolle im Plenum. *Lösung:* A richtig; B falsch; C falsch; D falsch; E richtig; F falsch
Variante: Teilen Sie den Kurs in Gruppen ein. Jede Gruppe liest nur einen der Texte und entscheidet, ob die jeweilige Aussage richtig oder falsch ist. Die anderen Texte lesen die TN als Hausaufgabe.

TIPP Die TN können ihren Wortschatz selbstständig erweitern: Bitten Sie die TN, die für sie interessantesten neuen Wörter aus den Texten, die sie als Hausaufgabe lesen sollen, auf ein Kärtchen zu schreiben und die Bedeutung im Wörterbuch nachzuschlagen. Die TN stellen am nächsten Kurstag ihr neues Wort / ihre neuen Wörter vor. Vielleicht können die TN ja sogar begründen, warum sie gerade diese Wörter lernen möchten. Die Kärtchen bilden zusammen den Grundstock für eine Wortschatzkartei, mit der in Zukunft in Phasen, in denen einige früher fertig sind als andere, der neue Wortschatz wiederholt werden kann. Wenn einige Ihrer TN schneller arbeiten als die anderen, können sie die Wortschatzkartei weiterführen, indem sie die neuen Wörter der Lektion ebenfalls auf Kärtchen schreiben.

Arbeitsbuch 25–27: als Hausaufgabe

PHONETIK **Arbeitsbuch 28–29:** im Kurs: Die TN hören die Wörter und sprechen sie nach. Machen Sie deutlich, dass der Hauptakzent bei einem Kompositum auf dem Wortakzent des ersten Bestandteils liegt. Das Wort, das den zweiten Bestandteil bildet, erhält einen Nebenakzent. In Übung 29 bilden die TN in Partnerarbeit eigene Komposita und lesen sie abwechselnd vor. Gehen Sie herum und achten Sie darauf, dass die TN die Wörter richtig betonen.

Arbeitsbuch 30: in Stillarbeit; **31–32:** in Stillarbeit oder als Hausaufgabe

D3 **Aktivität im Kurs: Über Regeln in Mietshäusern sprechen**
1. Lesen Sie gemeinsam mit den TN die Fragen sowie die beiden Sprechblasen.
2. Fragen Sie exemplarisch einen geübteren TN: „Gibt es in Ihrer Heimat Hausmeister? Welche Aufgaben haben sie?"
3. Die TN finden sich in Kleingruppen von 3–4 TN zusammen und tauschen sich über das Thema aus. Gehen Sie herum und helfen Sie bei Schwierigkeiten. Gruppen, die ihr Gespräch beendet haben, schreiben allein oder in der Gruppe eine kurze Mitteilung für ihr Mietshaus / ihr Klassenzimmer.
Variante: Sie können auch Gruppen bilden, die sich je auf ein Thema (Hausmeister, Regeln, Nachbarn) konzentrieren.

37 LEKTION 2

2 E Nachbarschaftshilfe

Nachrichten auf dem Anrufbeantworter und als Notiz
Lernziel: Die TN können kurze Notizen an ihre Nachbarn schreiben.

Materialien
E1 auf Folie
E3 Kopiervorlage L2/E3
Test zu Lektion 2
Wiederholung zu Lektion 1 und Lektion 2 auf DIN A3 kopiert, Spielsteine oder Münzen

E1 **Lese- und Hörverstehen: Schriftliche und telefonische Nachrichten für die Nachbarn**
1. Notieren Sie an der Tafel das Stichwort „den Nachbarn helfen …" und sammeln Sie im Kurs, wobei sich Nachbarn in Deutschland und im Heimatland der TN helfen. Entwickeln Sie so zusammen mit den TN einen Wortigel zum Thema Nachbarschaftshilfe. Auf diese Weise wird Vorwissen aktiviert und die TN können die nachfolgenden Briefe besser situativ einordnen.
2. Zeigen Sie dann Brief A auf einer Folie und fragen Sie: „Wer hat das geschrieben?" und „Wer hat die Nachricht bekommen?" Die TN überfliegen Brief A.
3. Fragen Sie weiter: „Was möchte Frau Berger?"
   Lösung: Frau Ebert soll die Firma Therm-Messung in Inge Bergers Wohnung lassen.
4. Schreiben Sie an die Tafel: „Was möchten die beiden anderen Nachbarn?" Die TN lesen Brief B und C und markieren, worum die Absender ihre Nachbarn bitten. Vergleichen Sie die Ergebnisse im Plenum.
5. Spielen Sie dann die erste Nachricht vor. Die TN überlegen, zu welchem Brief die telefonische Nachricht passt. Spielen Sie die anderen beiden Nachrichten vor.
6. Abschlusskontrolle mithilfe der Folie im Plenum. *Lösung:* A 2; B 3; C 1

E2 **Leseverstehen: Wichtige Informationen in einem kurzen Text verstehen**
1. Legen Sie noch einmal die Folie mit den drei Briefen auf und zeigen Sie zunächst nur Brief A. Fragen Sie: „Warum kommt die Firma Therm-Messung?" und „Wo steht das im Text?" Verweisen Sie ggf. auf die schon vorgegebene Markierung im Text. Fragen Sie weiter: „Was soll Frau Ebert tun?" und „Wo kann Frau Ebert den Hausschlüssel von Frau Berger finden?" Die TN lesen den Brief noch einmal und markieren die relevanten Passagen im Brief.
2. Abschlusskontrolle mithilfe der Folie im Plenum. Die TN markieren dabei reihum die Schlüsselstellen im Text und vergleichen mit ihren eigenen Lösungen.
   Lösung: A a) Sie will den Warmwasserzähler und den Heizungsverbrauch ablesen. b) Frau Ebert soll die Firma in Frau Bergers Wohnung lassen. c) Frau Bergers Hausschlüssel liegt unter Frau Eberts Fußabstreifer. B a) Nach Paris. b) Petra soll seine Blumen gießen. c) Karsten wirft seinen Hausschlüssel in Petras Briefkasten. C a) Herr Neumann soll mit Frau Kloses Hund spazieren gehen. b) Frau Klose muss am Wochenende arbeiten.

E3 **Eine kurze Notiz schreiben**
1. Die TN lesen das Textgerüst im Buch. Anschließend finden sie sich paarweise zusammen und formulieren mithilfe des Textgerüsts einen kurzen Brief an Frau Haas. Geübte TN schreiben an Herrn Meyer. Wer fertig ist, spielt zu zweit eine persönliche Gesprächssituation.
2. Abschlusskontrolle im Plenum. Wer möchte, kann seinen Brief vorlesen.
3. *fakultativ:* Weitere Beispiele und Situationen für das Training des Briefeschreibens finden Sie auf der Kopiervorlage L2/E3. Die TN können hier entweder selbst wählen, für welche der Situationen sie einen Brief schreiben möchten, oder Sie teilen den Kurs in ungeübte und geübte TN auf: Brief 1 für ungeübte TN; Brief 2 für schon geübtere TN; Brief 3 für geübte TN.

PRÜFUNG **Arbeitsbuch 33:** Diese Übung entspricht dem Prüfungsteil Lesen 3 des *Deutsch-Tests für Zuwanderer*. Sie können die TN damit aber auch auf die Prüfung *Start Deutsch 2* vorbereiten. Dort kommen ebenfalls Richtig-/Falsch-Aufgaben beim Leseverstehen vor.

Arbeitsbuch 34: in Stillarbeit

PRÜFUNG **Arbeitsbuch 35:** Einen kurzen (halb-)formellen Brief zu schreiben, ist Aufgabe im Prüfungsteil Schreiben des *Deutsch-Tests für Zuwanderer*. Auch im Prüfungsteil Schreiben, Teil 2, der Prüfung *Start Deutsch 2* geht es um das Schreiben eines kurzen (Antwort-)Briefes.

Einen Test zu Lektion 2 finden Sie auf den Seiten 136–137. Weisen Sie die TN auf die interaktiven Übungen auf ihrer Arbeitsbuch-CD hin. Die TN können mit diesen Übungen den Stoff der Lektion selbstständig wiederholen und sich ggf. auch auf den Test vorbereiten. Wenn Sie mit den TN den Stoff von Lektion 1 und Lektion 2 wiederholen möchten, verteilen Sie die Kopiervorlage „Wiederholung zu Lektion 1 und Lektion 2" (Seiten 128–129): Kopieren Sie die Kopiervorlage auf DIN A3. Sie brauchen außerdem für jede Gruppe ausreichend gleiche Spielsteine oder Münzen. Die TN finden sich zu zwei Gruppen zusammen. Die Gruppen entscheiden abwechselnd, welches Spielfeld sie besetzen möchten, bilden den Satz mithilfe der Stichpunkte im Perfekt und legen einen Spielstein auf das Feld. Ziel ist, vier horizontal, vertikal oder diagonal zusammengehörige Felder mit eigenen Spielsteinen zu belegen. Macht die Gruppe beim Satzbilden einen Fehler, erhält sie erst in der nächsten Runde die Chance sich zu korrigieren. Wird das Feld inzwischen von der anderen Gruppe belegt, muss sie sich umorientieren. Die Gruppe, die am Ende die meisten Viererreihen gebildet hat, hat gewonnen.

LEKTION 2 38

Materialien
1 Kopiervorlage „Zwischenspiel zu Lektion 2"

Zwischenspiel 2
Danke für Ihr Verständnis!
Zusammenleben im Mietshaus

Dieses Zwischenspiel enthält prüfungsrelevanten Wortschatz und sollte daher unbedingt im Unterricht eingesetzt werden.

1 Hörverstehen: Gespräche im Mietshaus
1. Die TN betrachten die Fotos und stellen Vermutungen zu den dargestellten Situationen an: Wer sind die Personen? Worüber sprechen sie? Was ist das Problem? etc. Schreiben Sie ggf. einige Wörter als Hilfestellung an die Tafel, z.B.: Hausbewohner, Hausmeister, Nachbarin, Makler, Vermieter.
2. Spielen Sie Gespräch 1 vor und fragen Sie: „Welches Foto passt?" *Lösung:* C
3. Verfahren Sie mit den Gesprächen 2 bis 4 ebenso. *Lösung:* Gespräch 2: A; Gespräch 3: D; Gespräch 4: B
4. Die TN lesen die Probleme der Personen. Schnelle TN können womöglich schon jetzt ankreuzen, welches Gespräch zu wem gehört. Sie vergleichen ihre Lösungen beim zweiten Hören. Alle anderen hören die Gespräche noch einmal so oft wie nötig und kreuzen ihre Lösungen an.
5. Abschlusskontrolle im Plenum. *Lösung:* Herr Basso: Heizung funktioniert nicht; Herr Dolezal: Briefkasten kaputt; Frau Weiß: Schlüssel vergessen; Frau Budanow: Aufzug kommt nicht
6. Verteilen Sie die Kopiervorlage „Zwischenspiel zu Lektion 2". Die TN ergänzen die Gespräche und hören zur Kontrolle noch einmal die CD. *Lösung:* vgl. Hörtexte

2 Über Probleme im Mietshaus sprechen
1. Die TN lesen die Beispiele. Sie sprechen in Kleingruppen von vier TN über weitere Probleme und eigene Erfahrungen. Bitten Sie die TN auch, sich die „gesammelten" Probleme zu notieren.
2. Die Gruppen tragen im Plenum ihre Probleme vor.

3 Rollenspiel: Probleme oder Konfliktsituationen im Mietshaus lösen
1. Wählen Sie ein Problem aus, das die TN in Übung 2 besonders häufig genannt haben, und entwickeln Sie mit den TN gemeinsam ein Mustergespräch. Erinnern Sie die TN daran, dass Sie auf die Redehilfen aus den Gesprächen der Hörtexte zurückgreifen können (vgl. Kopiervorlage „Zwischenspiel zu Lektion 2").
2. Die TN entscheiden sich in Partnerarbeit für eine weitere Situation und schreiben ein Gespräch dazu. Die Kopiervorlage hilft ihnen dabei mit typischen Wendungen.
3. Die Paare spielen ihr Gespräch im Plenum vor.
fakultativ: Die Zuhörer sollen bei den Gesprächen, die vorgespielt werden, darauf achten, ob die Leute höflich, durchsetzungsstark, angemessen etc. das Problem ansprechen und lösen. Gemeinsam wird ggf. überlegt, wie jemand höflicher, durchsetzungsstärker etc. sein Problem lösen könnte.

39 LEKTION 2

2 Fokus Alltag 2
Wohnungsanzeigen im Internet

Materialien
Projekt: Wohnungsanzeigen aus Zeitungen

Die TN können relevante Informationen in Wohnungsanzeigen verstehen. Sie können einem Makler Auskunft geben bezüglich der gesuchten Wohnung und telefonisch einen Besichtigungstermin vereinbaren.

1 Leseverstehen 1: Die wesentliche Information verstehen
1. Ein TN liest die Aufgabe vor. Fragen Sie zur Verständnissicherung: „Was sucht Alba? Wie viele Zimmer braucht sie? Was möchte sie noch?"
2. Die TN lesen die beiden Wohnungsangebote und kreuzen ihre Lösung an.
3. Abschlusskontrolle im Plenum. Bitten Sie die TN, ihren Lösungsvorschlag zu begründen. *Lösung:* B
4. *fakultativ:* Geben Sie Gelegenheit zu Wortschatzfragen und erklären Sie ggf. die Begriffe „Kochnische", „EBK" und „im Grünen".

2 Leseverstehen 2: Bestimmte Informationen suchen und finden
1. *fakultativ:* Erklären Sie, dass Alba Wohnung 2 angeklickt hat und nun mehr Informationen über die Wohnung findet. Wiederholen Sie, wenn nötig, wesentliche Begriffe und Abkürzungen wie Kaltmiete (KM), Nebenkosten (vgl. *Schritte plus 1*, Lektion 4), etc.
2. Die TN lesen und ergänzen die Informationen zur Wohnung.
3. Abschlusskontrolle im Plenum. *Lösung:* a) 40,00; b) 500; c) 3, 960; d) 640; e) 1. April

LANDES KUNDE Die TN sollten wissen, dass etliche Wohnungsanzeigen nur noch im Internet veröffentlicht werden und nur an bestimmten Tagen in den Tageszeitungen zu finden sind. Sie sollten auch wissen, dass Makler eine Vermittlungspauschale verlangen und dass in der Regel eine Kaution zu hinterlegen ist.

3 Hörverstehen: Ein Telefongespräch
1. Die TN lesen das Gespräch in Stillarbeit oder Partnerarbeit und ergänzen die Lücken. Gehen Sie herum und helfen Sie individuell bei Wortschatzfragen.
2. Die TN hören das Telefongespräch und korrigieren sich selbstständig. *Lösung:* vgl. Hörtext

LANDES KUNDE Erklären Sie den TN, dass Wohnungsbesichtigungen oft für mehrere Interessenten auf einmal vereinbart werden, besonders in Großstädten.

4 Rollenspiel
1. Die TN lesen das Telefongespräch zwischen Alba und dem Makler in Partnerarbeit, um sich die wesentlichen Redemittel einzuprägen.
2. Sie schreiben ein Gespräch zur Situation. Gehen Sie herum und helfen Sie bei Schwierigkeiten.
3. Die TN sprechen ihr Gespräch in Partnerarbeit. Paare, die Lust haben, können ihr Gespräch dem Plenum vorspielen.
4. *fakultativ:* Sammeln Sie die schriftlichen Gespräche der TN zur Korrektur ein.

PROJEKT
1. Teilen Sie den Kurs in zwei Gruppen: TN mit Internetzugang recherchieren in bekannten Immobilienportalen wie www.immobilienscout24.de oder www.immowelt.de nach einer Wohnung, TN ohne Internetzugang oder Internetkenntnisse suchen in den kostenlosen Lokalzeitungen, die sich wöchentlich im Briefkasten finden. Geben Sie eine klare Aufgabe vor, wonach gesucht werden soll, z.B. eine 2-Zimmer-Wohnung im Stadtteil, in dem der TN wohnt, mit Balkon und Küche. Sagen Sie auch, welche Informationen zur Wohnung die TN herausfinden sollen: Größe, Mietpreis, Kaution etc.
2. Die TN haben einige Tage Zeit für die Recherche.
3. Die TN stellen im Kurs in Kleingruppen von 5–6 TN ihre Wohnungsanzeige vor.
4. *fakultativ:* Die Gruppen erstellen mit ihren Wohnungsanzeigen eine Collage, die im Kursraum aufgehängt wird.

LEKTION 2 40

Materialien
2 weitere Musterbriefe

Fokus Alltag 2
Zur Miete wohnen

Die TN können die wichtigsten Informationen in einem Schreiben des Vermieters verstehen, z.B. die Ankündigung einer Mieterhöhung. Sie können ein einfaches fristgerechtes Kündigungsschreiben verfassen.

1 Leseverstehen 1: Den Betreff verstehen

1. Schreiben Sie die Begriffe „Adressänderung", „Eigenbedarf", „Kündigung" und „Mieterhöhung" an die Tafel und klären Sie sie gemeinsam mit den TN. Vielleicht kann der eine oder andere aus eigener Erfahrung berichten und kennt die Begriffe bzw. kann erklären, in welchen Situationen gekündigt wird (Wohnung, Job, Abonnement etc.).
2. Sagen Sie den TN, dass sie vier Briefe zu diesen Themen lesen und dass sie nicht alles verstehen müssen. Es geht nur darum, das passende Thema zuzuordnen. Erlauben Sie keine Wörterbücher! Die TN überfliegen die vier Briefe und ergänzen das jeweils passende Thema in der Betreffzeile.
3. Abschlusskontrolle im Plenum. *Lösung:* A Mieterhöhung; B Kündigung; C Adressänderung
4. Wenn nicht schon vor dem Lesen geschehen, fragen Sie die TN, wen sie alles nach einem Umzug über die neue Adresse informieren müssen (Ämter, z.B. Finanzamt, Agentur für Arbeit, Banken, Schule, Versicherungen, z.B. Krankenkasse).

2 Leseverstehen 2: Die Kernaussagen verstehen

1. Die TN lesen die Aussagen zu Brief A und dann den Brief. Geben Sie Gelegenheit zu Wortschatzfragen oder bitten Sie die TN, im Wörterbuch nachzuschlagen.
2. Fragen Sie die TN, welche Aussage richtig ist: 1 oder 2? *Lösung:* A 1
3. Verfahren Sie mit den Briefen B bis C genauso. *Lösung:* B 1; C 2; D 2
4. *fakultativ:* In den Briefen kommen typische Begriffe und Ausdrücke für Schreiben von Mietern und Vermietern vor (Mietvertrag, Übergabetermin, Widerspruch einlegen etc.). Suchen Sie im Internet nach ähnlichen Musterbriefen oder erstellen Sie eigene Briefvorlagen, tilgen Sie die zu übenden Wörter und lassen Sie die TN die Briefe selbstständig ergänzen.

3 Eine einfache Wohnungskündigung schreiben

1. Die TN ergänzen das Kündigungsschreiben in Stillarbeit.
2. Abschlusskontrolle im Plenum. *Lösung (von oben nach unten):* ziehen; kündigen; Wohnung; Übergabetermin
3. Machen Sie die TN darauf aufmerksam, dass die Kündigungsfrist für eine Mietwohnung drei Monate beträgt. Man muss also rechtzeitig kündigen, wenn man nicht einen zusätzlichen Monat Miete bezahlen möchte. Bitten Sie die TN, sich vorzustellen, dass sie in drei Monaten ausziehen wollen und nun eine Kündigung für ihren Vermieter schreiben sollen. Die TN schreiben einen kurzen Brief. Sammeln Sie die Briefe zur Korrektur ein.

LEKTION 2

ESSEN UND TRINKEN

Folge 3: *Tee oder Kaffee?*
Einstieg in das Thema: Ess- und Trinkgewohnheiten

Materialien
1 Arbeitsblatt mit Wortigel
5 Plakate

1   **Vor dem Hören: Vorwissen aktivieren**

1. Fertigen Sie vorab ein Arbeitsblatt mit einem Wortigel zum Thema „Am Sonntag …" an und kopieren Sie dieses für Kleingruppen von jeweils 3–4 TN. Die TN sammeln, was ihnen zum Thema einfällt. Gehen Sie herum und helfen Sie bei Schwierigkeiten.
2. Die TN präsentieren ihre Ergebnisse im Plenum. Achten Sie darauf, dass die erste Gruppe alles nennt, was sie zum Thema notiert hat, die anderen Gruppen dann aber nur noch ergänzen. Neuen Wortschatz können Sie während der Präsentation an der Tafel notieren. Jede Gruppe erklärt dann „ihre Wörter", soweit möglich, mit einfachen Worten selbst. Die TN schreiben den neuen Wortschatz von der Tafel ab.
3. Die TN sehen sich Foto 2 im Buch an und besprechen die Lösungen mit der Partnerin / dem Partner.
4. Abschlusskontrolle im Plenum.
   Lösung: a) Maria ist schon wach. / Sie schläft noch. b) Sie ist noch sehr müde. c) Sie möchte am Wochenende ausschlafen.

2   **Vor dem Hören: Das Wortfeld „Lebensmittel" wiederholen**

1. Deuten Sie auf Foto 6 und lesen Sie die Fragen im Buch vor. Sammeln Sie den Wortschatz an der Tafel. An dieser Stelle sollten Sie auch das Wort „Nussschnecke" einführen. Verweisen Sie zur Erklärung ggf. auf Foto 4.
2. *fakultativ:* Wenn einige TN bereits über weiteren Wortschatz zum Thema „Frühstück" verfügen, können Sie ihr Vorwissen einbeziehen und weitere Wörter an der Tafel notieren.
3. Fragen Sie außerdem, was Maria wohl denkt und was sie sagen könnte. Die TN stellen Vermutungen an. Zeigen Sie dann auf Foto 7 und fragen Sie, ob Maria Kaffee mag.
   Lösungsvorschlag: a) Die Familie wartet auf Maria. Sie wollen zusammen frühstücken. b) Es gibt Nussschnecken, Brezeln, Brötchen, Marmelade, Erdnussbutter, Eier, Käse, Wurst, Obst, Tee und Orangensaft.

3   **Beim ersten Hören**

1. Deuten Sie noch einmal auf die Fotos 6 bis 8 und fragen Sie: „Wie findet Maria das Frühstück bei der Familie?" Die TN hören die Foto-Hörgeschichte ein erstes Mal und verfolgen die Geschichte auf den Fotos mit.
2. Wiederholen Sie Ihre Frage ggf. noch einmal. Es sollte klar geworden sein, dass Maria ein so üppiges Frühstück wie das Sonntagsfrühstück bei der Familie Braun-Weniger nicht kennt und dass sie anderen Kaffee gewohnt ist und daher deutschen Filterkaffee nicht mag. Zur Verdeutlichung können Sie noch einmal auf die Fotos 7 und 8 verweisen.

4   **Nach dem ersten Hören: Details der Foto-Hörgeschichte verstehen**

1. Lesen Sie den Anfang des Lückentextes mit den TN gemeinsam. Anhand des Beispiels sollte klar werden, dass es jeweils zwei Möglichkeiten gibt, aber nur eine passt. Ergänzen Sie, wenn nötig, auch die zweite Lücke mit den TN gemeinsam.
2. Die TN lesen den Text und ergänzen die Lücken zusammen mit ihrer Partnerin / ihrem Partner. Geübte TN können versuchen, eine eigene Zusammenfassung der Foto-Hörgeschichte zu schreiben.
3. Abschlusskontrolle im Plenum. *Lösung*: ausschlafen; im Restaurant; geöffnet; früh; viel; gar nicht

5   **Nach dem Hören: Sich über Frühstücksgewohnheiten austauschen**

1. Die TN lesen die Aufgabenstellung und die Beispiele im Buch. Sagen Sie: „Der Kaffee in Deutschland ist sehr gut, finde ich." und fragen Sie dann einige TN: „Und was denken Sie?"
2. Notieren Sie an der Tafel: „Frühstück in …" und fordern Sie die TN auf, sich nach Nationalitäten/Region zusammenzufinden. Ggf. können Sie TN aus ähnlichen Ländern in einer Gruppe zusammenfassen, sodass nach Möglichkeit niemand allein arbeiten muss, die Gruppen aber auch nicht zu groß werden. Ergänzen Sie die Tafelanschrift um folgende Fragen: „Was isst man in Ihrem Land zum Frühstück?" und „Wann frühstückt man bei Ihnen?" Jede Gruppe fertigt ein Plakat über die Frühstücksgewohnheiten in ihrem Land / ihren Ländern an, das sie anschließend im Plenum präsentiert und ggf. im Kursraum aufhängt.
   Variante: Bilden Sie Gruppen mit TN aus möglichst verschiedenen Ländern. Die TN tauschen sich über das Frühstück in ihren Ländern aus.

LEKTION 3   **42**

Materialien
A1 auf Folie
A2 auf Folie; ein roter, grüner und blauer Folienstift

Ich trinke **meistens** Kaffee zum Frühstück.

Häufigkeitsangaben
Lernziel: Die TN können über ihre Essgewohnheiten sprechen.

A 3

A1 Präsentation der Häufigkeitsangaben

1. Legen Sie eine Folie von A1 auf, decken Sie zunächst nur die Häufigkeitsangaben auf und fragen Sie: „Wie oft trinkt Maria Kaffee? Immer, meistens, oft oder nie?" Die TN hören den ersten Hörtext. Die Bücher bleiben dabei geschlossen. Decken Sie dann die schon vorgegebene Lösung in der Tabelle auf.
2. Decken Sie nun die Tabelle komplett auf und fragen Sie weiter: „Wie oft trinken Larissa, Kurt und die anderen Kaffee?" Die TN hören die Aussagen der übrigen Personen so oft wie nötig und kreuzen die Antwort im Buch an.
3. Abschlusskontrolle im Plenum.
   Lösung: Larissa – manchmal; Kurt – immer; Simon – nie; Susanne früher – oft; Susanne heute – selten

Arbeitsbuch 1–2: in Stillarbeit oder als Hausaufgabe

A2 Leseverstehen/Lesestrategie: Kernaussagen markieren

1. Decken Sie auf der Folie zunächst nur die Überschrift auf. Die TN lesen das Sprichwort. Fragen Sie: „Isst ein Kaiser am Morgen viel oder wenig? Was denken Sie?" Die TN stellen Vermutungen an. Fragen Sie weiter: „Und ein König? Isst er genauso viel wie ein Kaiser?" Die TN setzen König und Kaiser miteinander in Beziehung. Verfahren Sie mit dem Bettelmann ebenso. Hier sollte klar werden, dass ein Kaiser am meisten, ein Bettelmann am wenigsten isst. Lesen Sie dann das Sprichwort noch einmal vor und fragen Sie: „Was bedeutet das?" Erklären Sie ggf., dass das Sprichwort bedeutet, dass man morgens sehr ausgiebig frühstücken soll, mittags aber nicht zu viel und abends nur ganz wenig essen soll.
2. Weisen Sie anschließend auf die Bedeutung von „morgens", „mittags" und „abends" hin: Die TN kennen aus *Schritte plus 1*, Lektion 5, bereits den Ausdruck „jeden Morgen". Machen Sie anhand eines Beispiels deutlich, dass „morgens" dieselbe Bedeutung hat wie „jeden Morgen". Verfahren Sie mit „mittags" und „abends" ebenso.
3. Deuten Sie auf die farbigen Markierungen im Buch und verdeutlichen Sie anhand der Beispiele, mit welcher Farbe was markiert werden soll. Zeigen Sie z.B. exemplarisch auf „Blau" und die zugehörige Frage: „Welche Mahlzeit?" Die TN suchen die Markierung im Text. Markieren Sie dann das Beispiel auf der Folie ebenfalls blau. Mit den anderen Beispielen können Sie ggf. ebenso verfahren.
4. Teilen Sie den Kurs in zwei Gruppen (A und B). Jede Gruppe liest nur einen Text und markiert die Informationen mithilfe von Farbstiften. So geht es schneller und die Texte sind bei der Präsentation der Ergebnisse für alle noch interessant.
   Lösung: siehe Aufgabe A3

TIPP Durch die verschiedenfarbigen Markierungen von Informationen im Text werden die TN zum einen dazu angehalten, beim Lesen gezielt nach bestimmten Informationen zu suchen und sich so auf das Wesentliche zu konzentrieren. Zum anderen werden sie dazu angeleitet, die Informationen während des Lesens mithilfe von Farben zu kategorisieren. Die farbigen Markierungen ermöglichen ihnen dann nach dem Lesen einen raschen Überblick über die Hauptinformationen im Text.

A3 Leseverstehen/Lesestrategie: Notizen machen

1. Sehen Sie sich gemeinsam mit den TN die Tabelle im Buch an und fragen Sie die TN aus Gruppe A: „Was isst Hermann in der Frühstückspause?" Die farbigen Markierungen in A2 helfen den TN, die relevanten Textstellen schnell wiederzufinden. Fragen Sie dann weiter: „Wie oft isst Hermann in der Frühstückspause ein Brot?" Die TN sehen im Text nach und vergleichen dann mit der angegebenen Lösung.
2. Bitten Sie die TN, die Tabelle für Hermann bzw. eine Tabelle für So Hyung in ihrem Heft anzulegen. Die TN aus Gruppe A vervollständigen die Tabelle für Hermann, die TN aus Gruppe B füllen die Tabelle für So Hyung aus.
3. Abschlusskontrolle im Plenum. Ggf. können Sie während der Stillarbeit beide Tabellen an die Tafel zeichnen. Besonders schnelle TN können ihre Ergebnisse dann an der Tafel notieren.
   Lösung:

Hermann			So Hyung		
Welche Mahlzeit?	Wie oft?	Was?	Welche Mahlzeit?	Wie oft?	Was?
zum Frühstück / in der Frühstückspause	oft	Brot mit Wurst oder Käse, Bier	zum Frühstück	immer (nie)	Reis oder Suppe (Brot)
zum Mittagessen	fast immer selten	Hähnchen mit Pommes; Salat	zum Mittagessen	immer	Reis und Gemüse
zum Abendessen	sehr oft manchmal	Gemüse und Reis, Kartoffeln oder Nudeln; Fleisch	zum Abendessen	immer	Reis

43 LEKTION 3

A Ich trinke **meistens** Kaffee zum Frühstück.

Häufigkeitsangaben
Lernziel: Die TN können über ihre Essgewohnheiten sprechen.

4. Verweisen Sie die TN auf den Infospot. Die Angaben „zum Frühstück", „zum Mittagessen" und „zum Abendessen" sollten die TN als feste Formeln lernen.
5. Notieren Sie folgende Aussage aus Hermanns Text an der Tafel: „Ich hole mir fast immer ein Hähnchen mit Pommes." Verweisen Sie auf den Infospot, um die abschwächende Wirkung von „fast" deutlich zu machen.

Arbeitsbuch 3: in Stillarbeit oder als Hausaufgabe; **4a:** in Stillarbeit; **4b:** in Partnerarbeit

TIPP Viele TN tendieren dazu, Lesetexte beim ersten Lesen zu genau zu lesen, das heißt in der Regel, dass sie versuchen, Wort für Wort zu übersetzen. Das hat nicht nur zur Folge, dass die Textrezeption sehr lange dauert, sondern auch, dass das verstehende Lesen dabei auf der Strecke bleibt und die TN womöglich sogar frustriert aufgeben, da sie an den fremden Wörtern hängen bleiben. Da die meisten dieser Wörter aber oft für das Textverständnis nicht relevant sind, sollten Sie mit den TN strukturiertes Lesen trainieren, indem Sie den TN kurze authentische Texte geben, in denen neben bekanntem Wortschatz auch immer fremde Wörter vorkommen. Die Kernaussage(n) des Textes sollten die TN aber auch mit ihren bisherigen Deutschkenntnissen erfassen können. Stellen Sie den TN <u>vor</u> der Textrezeption ein paar allgemeine Fragen zum Text, die verstehendes Lesen erfordern, aber keine Details abfragen. Begrenzen Sie die Lesezeit oder machen Sie eine Art Wettspiel daraus, wer als Erster die Antwort geben kann, um die TN dazu anzuhalten, den Text zunächst einmal komplett zu lesen, ohne im Wörterbuch nachzuschlagen. Die TN werden dabei feststellen, dass sie vieles aus dem Kontext verstehen bzw. herleiten können.

A4 **Aktivität im Kurs: Partnerinterview**
1. Die TN sehen sich die Notiz im Buch an. Fordern Sie zwei TN auf, das Beispiel vorzulesen.
2. Die TN finden sich paarweise zusammen und befragen sich gegenseitig zu ihren Essgewohnheiten. Achten Sie darauf, dass sie sich Notizen zu ihrer Partnerin / ihrem Partner machen. Gehen Sie herum und helfen Sie bei Schwierigkeiten.
3. Die TN erzählen in 1–2 Gruppen je nach Kursgröße über ihre Partnerin / ihren Partner. Geübte TN schreiben einen kurzen Steckbrief über die Essgewohnheiten ihrer Partnerin / ihres Partners, der dann an die Pinnwand geheftet wird. In den Pausen können die TN die Texte über ihre Kurskollegen lesen. So erfährt jeder etwas über den anderen, was Spaß macht und den Kurszusammenhalt fördert.

LEKTION 3

Materialien	Aber hier: Ich habe noch **welche** bekommen.	B 3
B3 Kopiervorlage L3/B3 Lerntagebuch: Karteikarten, Farbstifte	Indefinitpronomen *einer, eins, eine, welche* im Nominativ und Akkusativ **Lernziel:** Die TN können auf Bekanntes Bezug nehmen.	

B1 **Präsentation der Indefinitpronomen im Akkusativ**
1. Sehen Sie sich mit den TN noch einmal die Foto-Hörgeschichte an, deuten Sie auf Foto 4 und fragen Sie: „Erinnern Sie sich? Was hat Kurt gesagt? Warum lacht er?" Die TN versuchen, sich zu erinnern, worum es in dem Gespräch zwischen Maria und Kurt ging. Die anderen Fotos helfen ihnen dabei.
2. Fragen Sie: „Was hat Kurt genau gesagt?" Die TN hören das Beispiel und lesen im Buch mit.
3. Die TN hören und ergänzen die übrigen Zitate.
4. Abschlusskontrolle im Plenum. *Lösung*: B eine; C eins, einen
5. Notieren Sie an der Tafel:

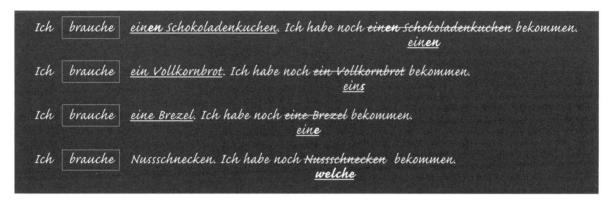

6. Machen Sie anhand des Tafelbilds deutlich, dass die Indefinitpronomen anstelle von einem bereits genannten Nomen stehen können und die Pronomen teilweise mit den unbestimmten Artikeln identisch sind. Zeigen Sie, dass man durch die Verwendung von Indefinitpronomen Wiederholungen vermeiden kann.

! Die TN haben bereits in *Schritte plus 1*, Lektion 3, gelernt, dass es keinen unbestimmten Artikel im Plural gibt. Weisen Sie die TN nun darauf hin, dass man zwar sagt: „Ich habe noch Nussschnecken bekommen", aber Nussschnecken auch ersetzen kann, indem man sagt: „Ich habe noch welche bekommen", sofern aufgrund des Kontexts klar ist, worauf sich „welche" bezieht. „Welche" muss als Form neu gelernt werden.

7. Machen Sie anhand eines Beispiels deutlich, dass auch die Negativartikel als Indefinitpronomen verwendet werden können.

Arbeitsbuch 5: in Stillarbeit oder Partnerarbeit

B2 **Präsentation der Indefinitpronomen im Nominativ; Anwendungsaufgabe zu den Indefinitpronomen im Akkusativ**
1. Zeigen Sie auf die Zeichnung und fragen Sie: „Wo sind die Personen?", „Was machen sie?" und „Was brauchen sie dazu?" Notieren Sie an der Tafel den unvollständigen Satz: „Sie brauchen ..." und ergänzen Sie gemeinsam mit den TN einige Antworten an der Tafel.
2. Die TN lesen das Beispielgespräch. Verweisen Sie die TN dann auf den Grammatikspot im Buch und sagen Sie zu einem schon geübten TN: „Ich brauche ein Messer. Bringst du mir bitte eins?" Der TN antwortet wie im Beispiel, variiert aber selbstständig das Indefinitpronomen. Der Grammatikspot im Buch hilft ihr/ihm dabei. Wiederholen Sie die korrekte Lösung noch einmal.
3. Die TN finden sich paarweise zusammen und variieren das Gespräch. Die Tafelanschrift und der Grammatikspot helfen ihnen dabei. Gehen Sie herum und helfen Sie bei Schwierigkeiten.

Arbeitsbuch 6–7: als Hausaufgabe: Die TN erstellen selbstständig eine Tabelle zu den Indefinitpronomen und machen sich so die Analogien im Paradigma bewusst. **8–10:** als Hausaufgabe

45 LEKTION 3

3 B Aber hier: Ich habe noch **welche** bekommen.

Indefinitpronomen *einer, eins, eine, welche* im Nominativ und Akkusativ
Lernziel: Die TN können auf Bekanntes Bezug nehmen.

Materialien
B3 Kopiervorlage L3/B3
Lerntagebuch: Karteikarten, Farbstifte

B3 **Aktivität im Kurs: Küchen-Quartett**
1. Die TN finden sich zu Kleingruppen von je drei TN zusammen und fertigen aus festem Papier selbst Karten zu den 16 Gegenständen an. Achten Sie darauf, dass immer nur vier Karten zusammenpassen. Die unterschiedlichen Schriftfarben im Buch helfen den TN bei der Gruppierung der Karten. Wenn Sie nicht viel Zeit haben, die Karten im Kurs selbst basteln zu lassen, oder Ihre TN nicht gern malen, können Sie die Kopiervorlage L3/B3 so oft wie nötig auf festes Papier kopieren. Die TN können dann die Kärtchen ausschneiden.
2. Die TN mischen die Karten und verteilen sie untereinander. Erklären Sie das Quartettspiel anhand des Beispiels im Buch: Ziel eines jeden TN sollte sein, so viele passende Quartette wie möglich zu ergattern. Die TN spielen so lange, bis alle Quartette gefunden sind. Die Spielerin / Der Spieler mit den meisten Quartetten hat gewonnen.

TIPP Wenn Sie wie hier Spielkarten mit dem Kurs oder für den Kurs anfertigen, können Sie diese vor dem Zerschneiden laminieren. Dasselbe gilt für Spielbretter. Durch das Laminieren werden die Karten stabiler und halten über Jahre hinweg. So können Sie die Spielkarten oder -bretter immer wieder verwenden. Der Aufwand lohnt sich, denn letztendlich sparen Sie Zeit und Geld.

Arbeitsbuch 11: als Hausaufgabe

LERN TAGEBUCH **Arbeitsbuch 12:** im Kurs: Fertigen Sie exemplarisch einige Karteikarten zu den neuen Nomen der Lektion an. Schreiben Sie je ein Kärtchen zu „die Spülmaschine" (rot), „das Messer" (blau) und „der Teller" (grün) sowie jeweils einen passenden Beispielsatz auf die Vorderseite. Zeigen Sie die drei Lernkarten im Kurs und fragen Sie einen TN: „Was heißt Spülmaschine in Ihrer Sprache?" Der TN übersetzt und schreibt die Übersetzung auf die Rückseite. Mit den anderen beiden Karten verfahren Sie ebenso. Halten Sie dann noch einmal alle drei Karten hoch und verdeutlichen Sie, welche Farben Sie für „der", „die" und „das" gewählt haben.
Die TN erhalten Karteikarten sowie ggf. Farbstifte und schreiben selbst einige Lernkarten zu den neuen Wörtern in Lernschritt B. Gehen Sie herum und achten Sie auf die korrekte Verwendung der Farben.
Hinweis: Nach Möglichkeit sollten die TN dieses Verfahren im Verlauf des Kurses wiederholt anwenden, um herauszufinden, ob es ihnen beim Lernen der Artikel hilft. Ggf. können Sie die TN in den folgenden Kursstunden explizit dazu auffordern, zu neuen Nomen Lernkarten zu erstellen.

LEKTION 3

Materialien
C3 Requisiten: z.B. Kellnerschürze, Speisekarte, Bestellblock etc.

Gespräche im Restaurant

Gespräche im Restaurant führen
Lernziel: Die TN können im Restaurant einen Sitzplatz suchen, etwas bestellen, reklamieren und bezahlen.

C1 Präsentation: Redemittel im Restaurant
1. Die TN betrachten nur die Fotos und äußern Vermutungen über die Situationen und darüber, was die Person sagen könnten. Notieren Sie Wörter und Sätze, die die TN nennen, an der Tafel.
2. Die TN hören die kurzen Gespräche und lesen im Buch mit.
3. Fragen Sie anschließend: „Was sagen die Personen auf Foto A?" Die TN hören die Gespräche noch einmal und ordnen das passende Foto zu.
   Variante: Die TN lesen zuerst die kurzen Gespräche und ordnen das jeweils passende Foto zu. Dann hören sie die Texte.
4. Abschlusskontrolle im Plenum. Klären Sie an dieser Stelle ggf. neuen Wortschatz.
   Lösung: A Hallo, zahlen, bitte! ...; B Kann ich bitte bestellen? ...; C Entschuldigung, ist der Platz noch frei? ...; D Verzeihen Sie, der Salat ist nicht frisch. ...

C2 Systematisierung: Redemittel im Restaurant
1. Die TN sehen sich die vier Rubriken der Tabelle an und legen dieselbe Tabelle in ihrem Heft oder Ordner an. Klären Sie, wenn nötig, den Begriff „reklamieren" anhand eines einfachen Beispiels („reklamieren" = mit dem Essen nicht zufrieden sein und das dem Kellner sagen).
2. Die TN sehen sich die eingetragenen Beispiele an. Ggf. können Sie ein weiteres Beispiel im Plenum machen.
3. Die TN ordnen die übrigen Redemittel in Partnerarbeit zu. Übertragen Sie währenddessen die Tabelle sowie die bereits besprochenen Beispiele an die Tafel. Gehen Sie herum und helfen Sie bei Schwierigkeiten.
4. Abschlusskontrolle an der Tafel im Plenum. Klären Sie mit den TN ggf. unbekannte Wörter.
   Lösung:

bestellen	bezahlen	reklamieren	einen Sitzplatz suchen
(Haben Sie schon bestellt? Nein, noch nicht.) Die Karte, bitte. Ich möchte bestellen, bitte. Ich nehme/möchte einen Schweinebraten. Eine Gemüsesuppe, bitte.	(Zahlen, bitte.) Die Rechnung, bitte. Ich möchte bitte bezahlen. Zusammen oder getrennt? Getrennt, bitte. Das macht 19,20 Euro. Zusammen. Hier bitte. Stimmt so.	Der Salat ist nicht mehr frisch. Oh, das tut mir leid. Ich bringe einen neuen. Die Suppe ist zu kalt.	Ist hier noch frei? Nein, tut mir leid. Der Platz ist besetzt. Aber sicher. Nehmen Sie doch Platz.

Arbeitsbuch 13: im Kurs; **14-15:** in Stillarbeit oder als Hausaufgabe

PHONETIK **Arbeitsbuch 16-19:** im Kurs: Das Hochdeutsche kennt zwei „s"-Laute: stimmlos und stimmhaft. Sensibilisieren Sie die TN für diesen Unterschied, indem Sie Übung 16 vorspielen. Die TN sprechen nach. Üben Sie mit den TN und sagen Sie „süße Sahne". Die TN sprechen mehrfach nach und versuchen dabei, immer schneller zu sprechen. Die TN hören in Übung 17 jeweils zwei Wörter und kreuzen an, ob die zwei Wörter den gleichen „s"-Laut haben. Die TN hören die Sätze von Übung 18 und sprechen nach. Sie schreiben selbst Sätze mit möglichst vielen „s"-Lauten und lassen diese von der Partnerin / vom Partner lesen. Mit Übung 19 können Sie den TN die verschiedenen Schreibweisen des stimmlosen „s" bewusst machen: Lassen Sie sie die Sätze zunächst ohne Hören ergänzen, spielen Sie dann die CD vor. Die TN achten auf die Aussprache von „s".
Hinweis: In vielen Regionen des deutschsprachigen Raums (z. B. Österreich, Bayern) wird ausschließlich das stimmlose „s" realisiert. Wie intensiv Sie den Unterschied stimmhaft-stimmlos üben, kann daher auch je nach Kursort individuell bestimmt werden.

C3 Aktivität im Kurs: Rollenspiel

1. Die TN finden sich paarweise zusammen und wählen eine der Situationen aus. Die TN formulieren ihr Gespräch zunächst schriftlich. Dabei können Sie auf die Muster in C1 zurückgreifen und diese mithilfe der angegebenen Redemittel variieren. Bereits geübte TN formulieren ihr Gespräch frei. Gehen Sie herum und helfen Sie bei Schwierigkeiten.
2. Die TN spielen ihr Gespräch, wenn möglich, mit den passenden Requisiten vor.
3. *fakultativ:* Spielen Sie gemeinsam mit den TN Restaurant. Dazu stellen Sie die Tische zu Tischinseln zusammen. An jeder Tischinsel finden sich 4-6 TN zusammen. Jede Gruppe überlegt sich zunächst einen Namen für ihr Restaurant und erstellt eine Speisekarte. Gehen Sie herum und helfen Sie bei Schwierigkeiten. Die Gruppe wählt einen TN als Kellnerin/Kellner, die anderen sind die Gäste. Jede Gruppe spielt frei für sich verschiedene Situationen im Restaurant. Die TN wählen selbst aus, welche Rollen sie übernehmen wollen.

3 D Imbiss

Landeskunde: Imbiss-Spezialitäten in Deutschland und anderswo
Lernziel: Die TN können einen längeren Text lesen.

D1 **Präsentation eines Lesetexts: Lied von Herbert Grönemeyer**
1. Fragen Sie: „Was meinen Sie? Wie heißt das Lied?" Die TN lesen die beiden Vorschläge und hören dann den ersten Abschnitt des Liedes „Currywurst" von Herbert Grönemeyer. Bitten Sie die TN, ihren Lösungsvorschlag auch zu begründen.
Lösung: Currywurst
2. TN, die schon einmal eine Currywurst probiert haben, berichten, wo sie sie gegessen haben und wie sie ihnen geschmeckt hat.

D2 **Leseverstehen/Lesestrategie: Einen längeren Text abschnittsweise erfassen**
1. Notieren Sie an der Tafel den Begriff „Imbiss" und fragen Sie, was ein Imbiss ist. Wenn die TN die Frage nicht beantworten können, lesen sie zunächst die Zeilen 1–5 des Lesetextes und versuchen dann mit eigenen Worten zu erklären, was „Imbiss" bedeutet.
2. TN, die schon länger in Deutschland leben, überlegen kurz, was man insbesondere in Deutschland als Imbiss isst. TN, die noch nicht so viele Erfahrungen mit deutschen Speisen sammeln konnten, lesen zuerst die drei Vorschläge in Aufgabe a) und stellen Vermutungen an. Wenn die TN aufgrund der Vorbereitung in D1 auf „Wurst" tippen, lassen Sie die Vermutung zunächst so im Raum stehen und bitten Sie die TN, diese anhand des Textes zu überprüfen. Die TN lesen die Zeile 1–21.
3. *fakultativ:* Weisen Sie die TN hier noch einmal explizit darauf hin, dass sie den Text nicht Wort für Wort lesen. Die TN haben bereits in Lernschritt A und in Lektion 2 erste Erfahrungen mit einem längerem Lesetext gemacht und das Markieren wichtiger Textstellen als Lesehilfe kennengelernt. Erinnern Sie die TN an diese Technik und fordern Sie sie auf zu markieren, in welchen Zeilen man die Antwort auf die Frage a) findet. Machen Sie deutlich, dass die TN die Lösung in den angegebenen Zeilen finden und noch nicht weiterlesen sollen. Durch das stückweise Erschließen längerer Texte wird vermieden, dass die TN von der Textmenge eingeschüchtert werden.
4. Fragen Sie weiter: „Wie kann man Wurst essen?" und „Was für ein Gericht ist Currywurst?" Die TN stellen erneut Vermutungen an und überprüfen diese anhand des Lesetextes. Sie lesen die Zeilen 22–36 und lösen die Aufgabe in Partnerarbeit.

5. Die TN lesen die Aufgabe c) und den Text bis zum Ende. TN, die schnell fertig sind, unterstreichen noch alle Wörter zum Thema „Essen". Vergleichen Sie die Lösungen im Plenum.
Lösung: a) eine Wurst; b) Wurst kann man gekocht, gebraten, mit Ketchup oder mit scharfem Senf essen. Currywurst ist eine weiße oder rote Bratwurst mit Ketchup und Currypulver. c) Der Bundeskanzler ist der Regierungschef. „Konnopke" ist eine berühmte Imbissbude in Berlin.

Arbeitsbuch 20: in Stillarbeit oder als Hausaufgabe

D3 **Aktivität im Kurs: Über Fast Food und über persönliche Vorlieben und Abneigungen sprechen**
1. Sehen Sie sich mit den TN die Fotos an. Die TN benennen die Lebensmittel und Gewürze und benutzen dabei die angegebenen Adjektive.
2. Die TN lesen die Redebeispiele. Fragen Sie dann einen TN: „Haben Sie in Ihrem Land auch Fast Food? Was isst man bei Ihnen so?" Der TN nennt einen landestypischen Imbiss. Haken Sie ggf. nach und fragen Sie, was das ist und wie es schmeckt. Sie können auch in die Runde fragen, wer das Gericht kennt und ob sie/er es mag.
3. Die TN finden sich in Kleingruppen von 3–4 TN zusammen und tauschen sich darüber aus, was man in ihren Ländern isst, wenn man wenig Zeit hat. Sie äußern persönliche Vorlieben und Abneigungen.

Arbeitsbuch 21: in Stillarbeit oder als Hausaufgabe

PROJEKT **Arbeitsbuch 22:** Die TN finden sich in Kleingruppen von 3–4 TN zusammen und überlegen, wo es am Kursort eine Imbissbude gibt. Sie gehen gemeinsam dorthin. Wenn es in der Nähe Ihrer Institution keine Imbissbuden gibt, lösen die TN die Aufgabe nach dem Kurs. Die TN notieren, was man dort essen und trinken kann und wie viel es kostet. Wenn sie etwas nicht kennen, fragen sie nach, um es später im Kurs erklären zu können.
Die Ergebnisse der Recherche werden im Kurs gesammelt und in Form einer selbst gemachten Speisekarte präsentiert. Vergleichen Sie doch mal, wo es bei Ihnen die günstigste Currywurst gibt!
Hinweis: Sollte es in Ihrer Stadt keine „richtigen" Imbissbuden geben, können die TN auch zu einer Metzgerei oder in ein Stehcafé gehen. Auch dort werden häufig Imbisse angeboten.

LEKTION 3   **48**

Materialien
E4 ggf. Plakate
E5 Kopiervorlage L3/E5 auf festen Karton
E6 Kopiervorlage L3/E6; Requisiten
Test zu Lektion 3

Private Einladungen

Landeskunde: Jemanden zu sich einladen
Lernziel: Die TN können einfache Tischgespräche führen.

E1 **Präsentation des Themas: Einladung zum Abendessen**
1. Die TN betrachten das Foto und lesen die Stichpunkte. Teilen Sie den Kurs in zwei Gruppen. Je nach Neigung versuchen die TN zu zweit, die Situation mithilfe der Stichpunkte zu beschreiben oder als Gespräch zu schreiben.
2. Einige Paare beschreiben die Situation im Plenum. Paare, die ein Gespräch geschrieben haben, können dieses vortragen.

E2 **Hörverstehen 1: Themen einer Radiosendung**
1. Die TN lesen die Fragen. Fragen Sie sie, was ihre persönlichen Antworten auf diese Fragen wären. Wie sollten sich Besucher ihrer Meinung nach verhalten?
2. Die TN hören die Radiosendung einmal komplett und dann abschnittsweise. Sie kreuzen ihre Lösungen an.
3. Abschlusskontrolle im Plenum. *Lösung:* Wie pünktlich muss man kommen? Was soll man mitbringen? Wie viel kann oder muss man essen? Wann kann oder muss man nach Hause gehen?

E3 **Hörverstehen 2: Wichtige Aussagen genau verstehen**
1. Die TN lesen die Aussagen. Sie hören die Radiosendung noch einmal und so oft wie nötig und kreuzen an.
2. Abschlusskontrolle im Plenum. *Lösung:* richtig: a, d

E4 **Kursgespräch über das korrekte Verhalten bei Einladungen**
1. Die TN sprechen über die deutschen Benimm-Regeln bei Einladungen. Was fällt ihnen auf? Gibt es Ähnlichkeiten oder Unterschiede?
2. *fakultativ:* Die TN erstellen in Gruppen nach Nationalität einen Regelkatalog mit Benimm-Regeln für ihr Land und stellen diesem die deutschen Regeln gegenüber. Sie hängen ihr Plakat an die Wand.

E5 **Anwendungsaufgabe: Redemittel für Einladungen**
1. Kopieren Sie die Kopiervorlage L3/E5 auf festen Karton und zerschneiden Sie diese. Jeweils zwei TN erhalten einen Kärtchensatz aus Zeichnungen und Dialogstreifen.
2. Die TN sehen sich die Kärtchen an und ordnen den Zeichnungen zuerst die passenden Gesprächsteile in Partnerarbeit zu. Gehen Sie herum und geben Sie ggf. Hinweise zur Selbstkorrektur. In einem zweiten Schritt legen die TN die Gesprächsteile und Zeichnungen in die passende Reihenfolge.
3. Die TN tragen mithilfe ihrer Kärtchen-Modelle die richtigen Buchstaben im Buch ein.
4. Abschlusskontrolle im Plenum. Die TN lesen die Gespräche zu den Zeichnungen A bis D vor.
   Lösung: A Hallo, da seid ihr ja. ... B Hm, das sieht aber lecker aus. ... C Möchtest du noch, Renate? ... D So, jetzt müssen wir aber gehen. ...

Arbeitsbuch 23–25: als Hausaufgabe; **26:** in Stillarbeit oder als Hausaufgabe

E6 **Aktivität im Kurs: Rollenspiel**
1. Die TN finden sich paarweise zusammen. Weniger geübte TN erhalten eine der beiden Situationen der Kopiervorlage L3/E6 in Teile zerschnitten und ordnen sie zu einem Gespräch. Weisen Sie die TN darauf hin, dass sie nicht alle Dialogstreifen verwenden müssen. Einige sind als Alternativen gedacht. Es kann aber auch ein langes Gespräch von der Begrüßung bis zur Verabschiedung entstehen. Abschließend sollten die TN ihr Gespräch abschreiben. Geübte TN wählen eine der beiden Situationen aus dem Kursbuch und formulieren frei ein Gespräch. Die Beispiele in E5 helfen ihnen dabei. Gehen Sie herum und helfen Sie bei Bedarf.
2. Die Paare üben ihr Gespräch ein und spielen es anschließend dem Plenum vor. Wenn Sie den TN einige Requisiten (Geschirr, Servietten, Kerzen ...) zur Verfügung stellen, wird die Situation authentischer und das Rollenspiel macht noch mehr Spaß.

Einen Test zu Lektion 3 finden Sie auf den Seiten 138–139. Weisen Sie die TN auf die interaktiven Übungen auf ihrer Arbeitsbuch-CD hin. Die TN können mit diesen Übungen den Stoff der Lektion selbstständig wiederholen und sich ggf. auch auf den Test vorbereiten.

3

Zwischenspiel 3
Gefährlich süß!

Landeskunde: Süße Spezialitäten aus den deutschsprachigen Ländern

Materialien
1 *Variante:* Spielfiguren oder Münzen, Würfel
  Kopiervorlage „Zwischenspiel zu Lektion 3"
2 Zutaten für Salzburger Nockerln und
  Küchenutensilien

---

1 **Landeskunde: Informationen zu süßen Spezialitäten aus den deutschsprachigen Ländern**

1. Die TN betrachten die Fotos und lesen die Namen der süßen Spezialitäten. Fragen Sie die TN, welche davon sie kennen oder gar schon einmal probiert haben. Vielleicht kennen sie noch andere süße Spezialitäten? Lassen Sie die TN, die schon einmal etwas probiert haben, berichten, wie es ihnen geschmeckt hat.
   Variante: Wenn die TN noch keine Erfahrungen mit einer der Spezialitäten haben, können sie erzählen, welche Spezialität im Buch sie gern einmal probieren würden und warum.

2. Die TN finden sich zu dritt zusammen. Sie lesen abwechselnd die Informationen zu den Städten und den süßen Spezialitäten von Norden nach Süden auf Kursbuchseite 37 vor und zählen dabei die Kalorien zusammen. Wie viele Kalorien hätte man am Ende gegessen? *Lösung:* 3890 kcal
   Variante: Die TN erhalten Spielfiguren und Würfel. Sie spielen zu viert. Jeder setzt seine Figur auf den Einführungstext auf Seite 37 oben. Der erste TN würfelt und zieht seine Figur je nach Augenzahl auf der „Reiseroute der süßen Spezialitäten". Er liest die Information des Feldes vor und notiert „seine" Kalorien. Dann ist der nächste Spieler an der Reihe. Am Ende vergleichen die Spieler, wer auf der Reise von Norden nach Süden die meisten Kalorien gegessen hat.

3. Verteilen Sie die Kopiervorlage „Zwischenspiel zu Lektion 3". Die TN lösen Übung 1.
   Lösung: b) Wien; c) Frankfurt am Main; d) Aachen; e) Nürnberg; f) Berlin; g) Lübeck; h) Basel

---

2 **Landeskunde: Rezepte zu süßen Spezialitäten**

1. Bearbeiten Sie mit den TN als Vorübung zu Aufgabe 2 im Kursbuch die Übung 2 der Kopiervorlage „Zwischenspiel zu Lektion 3". Bringen Sie dazu alle Zutaten für Salzburger Nockerln (siehe Kopiervorlage) und Küchenutensilien (elektrisches Rührgerät, Schüssel, Rührlöffel, Sieb, Pfanne) mit. Ein TN liest das Rezept Satz für Satz vor. Machen Sie mithilfe der Zutaten und Küchenutensilien die Tätigkeit pantomimisch vor, z.B. indem Sie für „Butter zerlassen" ein Stück Butter in die Pfanne geben und diese vor den TN hin und her schwenken, ggf. sogar Geräusche von zischendem Fett nachmachen. Diese pantomimischen Hilfen sind wichtig, da die TN das Rezept sonst nicht verstehen können.

2. Die TN lesen auch die Informationen zur Stadt und raten, um welche Spezialität und welche Stadt es sich handelt.
   Lösung: Salzburger Nockerln

3. Die TN finden sich in Kleingruppen von 2–3 TN zusammen und entscheiden sich für eine Leckerei, die sie gern probieren würden. Sie suchen als Hausaufgabe im Internet nach einem Rezept dazu sowie nach weiteren Informationen zu der betreffenden Stadt und schreiben einen Text analog zum Muster der Kopiervorlage.

4. Die Gruppen stellen im Kurs ihr Ergebnis vor. Regen Sie sie dazu an, die Zutaten und die notwendigen Küchengeräte, soweit möglich, mitzubringen, um ihr Rezept anschaulich vorzustellen. Vielleicht verraten sie ja auch nicht, um welche Leckerei es sich handelt. Die anderen Gruppen raten.

5. *fakultativ:* Was man selbst tut, behält man besser! Regen Sie die TN dazu an, sich einmal im Backen zu versuchen. Nicht nur der Küchen-Wortschatz bleibt dabei besser im Gedächtnis, sondern die TN können die Spezialitäten auch wirklich kennenlernen und probieren. Wer etwas gebacken hat, sollte es in den Kurs zum Probieren für alle mitbringen. Später können die TN darüber diskutieren, welche Süßigkeit ihnen besonders gut geschmeckt hat.

---

3 **Kursgespräch über süße Spezialitäten**

Die TN erzählen, welche süßen Speisen es in ihrem Land gibt und welche Zutaten darin enthalten sind. Vielleicht haben einige TN die Möglichkeit, eine süße Speise aus ihrem Heimatland mitzubringen?

LEKTION 3   **50**

Materialien
Projekt: Formulare vom Arzt oder Krankenhaus

Fokus Alltag 3
Ein Formular beim Arzt

Die TN können Formulare ausfüllen und darin bisherige Erkrankungen, Allergien etc. eintragen, z.B. im Aufnahmeformular im Krankenhaus.

1 **Präsentation des Wortfelds „gesundheitliche Beschwerden"**
1. Hier werden häufige Erkrankungen und Allergien eingeführt, nach denen auf Formularen beim Arzt oder im Krankenhaus üblicherweise gefragt wird. Die TN sehen sich zunächst nur die Zeichnungen an. Fragen Sie sie, was sie dazu sagen können, und lassen Sie sie ihrem Vorwissen gemäß bekannte Begriffe oder Erfahrungen nennen. Der eine oder andere kennt bereits das Wort „Herz" oder hat mit Allergien zu tun und kann dazu schon auf Deutsch etwas sagen. Notieren Sie weitere wichtige Wörter und Ausdrücke, die die TN möglicherweise nennen, wie „Blutdruck messen" oder „Asthmaspray" etc.
2. Die TN lesen die Auswahlbegriffe im Arbeitsbuch. Fragen Sie, welche Zeichnung zu „hoher Blutdruck" passt.
3. Verfahren Sie mit den weiteren Begriffen und Zeichnungen ebenso. *Lösung:* 1 Herz und Kreislauf; 2 hoher Blutdruck; 3 Allergie gegen Tierhaare; 4 Heuschnupfen (Pollenallergie)

2 **Ein Formular beim Arzt verstehen**
1. Gehen Sie das Formular Schritt für Schritt mit den TN durch, indem Sie zuerst fragen, bei welchem Arzt Frau Pendic ist. Die TN suchen die Information im Formular: *Lösung:* Zahnarzt Dr. Schallenberger
2. Die TN lesen den Kasten. Geben Sie Gelegenheit zu Wortschatzfragen oder stellen Sie Verständnisfragen, z.B. „Wo wohnt Frau Pendic? Bei welcher Krankenkasse ist sie?" etc.
3. Fragen Sie nach Erkrankungen von Frau Pendic. Die TN suchen die Informationen im Formular. Vielleicht erkennt der eine oder andere anhand des genannten Medikaments Allergodoos, dass Frau Pendic vermutlich auch an einer Allergie leidet. Wenn nicht, akzeptieren Sie zunächst die *Lösung:* hoher Blutdruck.
4. Erklären Sie unbekannte Wörter.

3 **Hörverstehen: Ein Formular beim Arzt ausfüllen**
1. Sagen Sie den TN, dass sie ein Gespräch zwischen dem Zahnarzt und Frau Pendic hören. Sie hat nicht alles im Formular ausgefüllt. Spielen Sie das Gespräch einmal ohne Unterbrechung vor. Die TN hören nur zu.
2. Die TN hören das Gespräch ein zweites Mal – wenn nötig in Abschnitten – und ergänzen die fehlenden Informationen im Formular.
3. Abschlusskontrolle im Plenum. *Lösung:* Infektionskrankheiten: nein; Innere Krankheiten: nein; Allergien: Heuschnupfen, Tierhaarallergie

PROJEKT
1. Die TN sollen Aufnahmeformulare vom Arzt oder Krankenhaus mitbringen. Sammeln Sie vorab mit den TN an der Tafel einige Redebeispiele, wie sie z.B. ihren Hausarzt um so ein Formular für den Deutschkurs bitten können. Es müssen nicht alle ein Formular mitbringen. Bitten Sie Freiwillige, die Zeit, Lust und Mut haben, ein Formular zu besorgen und in der nächsten Unterrichtsstunde mitzubringen.
2. Die TN bilden so viele Kleingruppen wie möglich. Jede Gruppe sollte ein oder mehrere Formulare haben.
3. Die Gruppen schlagen im Wörterbuch unbekannte Wörter nach und schreiben eine deutsche Erklärung dazu: Wie könnten sie das Wort einer Partnergruppe auf Deutsch erklären? Außerdem prüfen sie, was der Arzt oder das Krankenhaus alles wissen möchte, z.B. nach welchen Erkrankungen gefragt wird. Gibt es Unterschiede zum Formular im Arbeitsbuch?
4. Zwei Gruppen finden sich zusammen und tauschen sich über die Formulare und die neu gelernten Wörter aus. Gehen Sie herum und helfen Sie individuell.

51 LEKTION 3

3

Fokus Alltag 3
Eine Broschüre von der Krankenkasse

Die TN können Broschüren von Krankenkassen relevante Informationen zum Thema Gesundheit entnehmen, z.B. zu Ernährung oder Bonusprogrammen.

1   **Das Vorwissen aktivieren: Gesund leben**

Schreiben Sie einen Wortigel „Gesund leben" an die Tafel. Die TN nennen ihre Assoziationen dazu.

2   **Sprechen: Was man für seine Gesundheit tut**

1. Die TN lesen die Beispiele in den Sprechblasen. Fragen Sie exemplarisch zwei, drei TN, was sie für ihre Gesundheit tun.
2. Die TN sprechen mit der Partnerin / dem Partner darüber, wie gesund sie leben.

3   **Leseverstehen: Eine Broschüre von der Krankenkasse verstehen**

1. Die TN sehen die Zeichnung an. Stellen Sie Fragen zur Situation: Was ist passiert? Warum? etc.
2. Erklären Sie kurz, dass Krankenkassen oft Gesundheitskurse anbieten.
3. Die TN lesen den ersten Abschnitt und markieren in Rot alle Angebote der Krankenkasse und in Grün, was man bekommt, wenn man die Angebote nutzt.
4. Abschlusskontrolle im Plenum: *Lösung:* Angebote: Ernährungs- und Fitnesskurse, Gesundheits-Check beim Arzt; Man bekommt: Punkte, Sachprämien
5. Geben Sie Gelegenheit zu Wortschatzfragen.
6. Die TN lesen den Text zu Ende und ordnen in Partnerarbeit die Kurse zu. Gehen Sie herum und helfen Sie bei Wortschatzfragen.
7. Abschlusskontrolle im Plenum. *Lösung (von oben nach unten):* Ernährungskurse, Bewegungskurse, Raucherentwöhnungs-kurse, Arztbesuche

LANDES
KUNDE

Die TN sollten wissen, dass die Krankenkassen kostenfreie Kurse und Aktivitäten wie Rückengymnastik anbieten. Informieren Sie die TN auch darüber, dass man sich von der Praxisgebühr befreien lassen kann und dass man der Krankenkasse alle Änderungen der Familiensituation (z.B. durch Heirat, Geburt eines Kindes) mitteilen muss.

4   **Über ein sinnvolles Bonusprogramm sprechen**

1. Die TN sprechen in Kleingruppen von vier TN über ein passendes Bonusprogramm für Bert. Sie entscheiden sich schließlich gemeinsam für Kurse, die Bert machen soll und mit denen er 500 Punkte bekommt.
2. *fakultativ:* Die Gruppen stellen ihr Ergebnis im Plenum vor.

PROJEKT

1. Die TN sollen sich bei einer Krankenkasse über Bonusprogramme informieren. Bereiten Sie das Projekt sprachlich vor, indem Sie mit den TN Redemittel sammeln, wonach und wie sie sich erkundigen können (z.B.: „Welche Gesundheitskurse bieten Sie an?").
2. Die TN entscheiden im Kurs, ob einige sprechfreudige TN bei ihrer Krankenkasse anrufen und um Informationen bitten oder ob alle gemeinsam zu einer Krankenkasse in der Nähe der Institution fahren möchten. Im zweiten Fall sollten Sie die Krankenkasse vorab über den Besuch mit dem Kurs informieren und um einen Ansprechpartner bitten.
3. Die TN holen die Informationen entweder per Telefon oder bei einem persönlichen Besuch ein.
4. Im Kurs berichten entweder die TN, die sich um Informationen gekümmert haben, von ihren Ergebnissen oder Sie führen mit dem ganzen Kurs ein nachbereitendes Gespräch. Fragen Sie die TN z.B., welche Kurse sie gern einmal in Anspruch nehmen würden.

LEKTION 3   **52**

Materialien
1 Lohnsteuerkarte, Formular zur Steuererklärung
2 Kopiervorlage L4/2

ARBEITSWELT

Folge 4: *Lohnsteuerkarte*
Einstieg in das Thema: Arbeit und Arbeitsorganisation in Deutschland

1 Vor dem Hören: Schlüsselwörter verstehen

1. Die TN sehen sich die Abbildungen an und lesen die Worterklärungen in Stillarbeit. Dann versuchen sie, diese in Partnerarbeit den Abbildungen zuzuordnen.
2. Veranschaulichen Sie diese neuen und vielleicht nicht gerade einfachen Wörter nach Möglichkeit mithilfe einer echten Lohnsteuerkarte und einem Formular zur Steuererklärung.
   Lösung (von links nach rechts): 2, (4), 1, 5, 3
3. *fakultativ:* Stellen Sie den TN Fragen rund ums Thema Lohn und Steuern, z.B. „Wer von Ihnen hat so eine Lohnsteuerkarte?", „Wozu braucht man sie?" oder „Wo ist in unserer Stadt das Finanzamt?" Die TN berichten aus eigener Erfahrung oder stellen Vermutungen an. Dabei helfen ihnen ggf. ihre eigenen Arbeitserfahrungen, die sie entweder bereits hier oder im Heimatland sammeln konnten.

2 Beim ersten Hören

1. Kopieren Sie vorab die Kopiervorlage L4/2, kleben Sie sie auf dünne Pappe und zerschneiden Sie sie. Die TN erhalten paarweise einen Kartensatz und ordnen jedem Foto oder Foto-Hörgeschichte eine Satzkarte zu. Auf der Satzkarte finden die TN eine zentrale Aussage zu der jeweiligen Szene.
2. Vergleichen Sie die Zuordnungen im Plenum und klären Sie mit den TN weiteren Wortschatz. Auf diese Weise wird die Foto-Hörgeschichte vorentlastet und das anschließende Hörverstehen erleichtert.
   Lösung: Foto 1–2: Wo ist meine Lohnsteuerkarte? Du hast versprochen, dass du sie suchst. Ich hab's vergessen. Wenn ich nachts Taxi fahren muss, dann bin ich tagsüber eben müde. Foto 3: Susanne, ich muss mal kurz mit dir reden. Foto 4: Sankt-Martins-Apotheke, guten Morgen. … Ja, ich richte es dem Chef aus. Foto 5: Könnten Sie mich bitte mit meinem zuständigen Sachbearbeiter verbinden? Foto 6: Maria, entschuldige. Kann ich mal deinen Kugelschreiber haben? Foto 7: Susanne, hast du jetzt Zeit? Ich habe eine Information für dich. Foto 8: Ich werd' verrückt! Die Lohnsteuerkarte habe ich die ganze Zeit gesucht.
3. Fragen Sie: „Was ist das Problem?" und „Mit wem telefoniert Susanne?" Die TN hören die Foto-Hörgeschichte und verfolgen sie auf den Fotos mit.
4. Wiederholen Sie Ihre Fragen noch einmal. Die TN sagen, was sie verstanden haben.
   Lösungsvorschlag: Susanne sucht die Lohnsteuerkarte, weil der Steuerberater sie braucht. Kurt hat sie nicht gesucht. Das Finanzamt wartet auf die Steuererklärung. Susanne telefoniert mit Kurt, Frau Zimmermann (Kollegin in der Apotheke), Sekretärin (Finanzamt).
5. Weitere Vorschläge zum Umgang mit der Foto-Hörgeschichte finden Sie auf Seite 12 f.

3 Nach dem ersten Hören: Wichtige Informationen verstehen

1. Fragen Sie: „Was sucht Susanne?" Die TN antworten spontan oder lesen die Lösung im Buch ab. Fragen Sie weiter: „Warum?" Die TN lesen die beiden Möglichkeiten still für sich und kreuzen die richtige Lösung an. Vergleichen Sie die Lösung im Plenum.
2. Die TN bearbeiten die übrigen Beispiele allein oder in Partnerarbeit. Wenn nötig, können Sie die Foto-Hörgeschichte noch einmal vorspielen.
3. Abschlusskontrolle im Plenum. Klären Sie ggf. den Begriff „Frist verlängern" anhand eines einfachen Beispiels. Geben Sie den TN auch Gelegenheit zu weiteren Wortschatzfragen.
   Lösung: b) Weil sie sie beim Steuerberater abgeben muss. c) Er hat versprochen: „Ich suche die Lohnsteuerkarte." d) Sie kann erst später zur Arbeit kommen. e) Weil sie die Frist für die Steuererklärung verlängern möchte. f) Die Lohnsteuerkarte ist schon beim Steuerberater.
4. *fakultativ:* Fragen Sie: „Gibt es so etwas wie eine Lohnsteuerkarte auch in Ihrem Land?" und „Haben alle Leute eine Lohnsteuerkarte?" Sammeln Sie im Plenum, in welchen Ländern es etwas Vergleichbares wie eine Lohnsteuerkarte gibt und welche Berufsgruppen diese brauchen bzw. nicht brauchen. Erklären Sie ggf., dass ein deutscher Arzt im Krankenhaus eine braucht, ein Arzt mit eigener Praxis aber nicht. Erklären Sie den Unterschied zwischen „selbstständig sein/arbeiten" und „angestellt sein".

53 LEKTION 4

| 4 | A | **Wenn** ich nachts Taxi fahren muss, **dann** bin ich tagsüber eben müde. | **Materialien**
A1 Kopiervorlage L4/A1
Lerntagebuch: ggf. Plakate
A4 Papierstreifen, Scheren, Filzstifte |

Nebensätze mit *wenn*
Lernziel: Die TN können Bedingungen ausdrücken.

A1   **Präsentation der Nebensätze mit *wenn ..., dann ...***
1. Sehen Sie sich zusammen mit den TN das erste Beispiel an. Die TN ordnen die Satzteile in den Beispielen b) bis d) einander zu.
2. Die TN hören die Beispiele von der CD und vergleichen mit ihren Lösungen.
3. Abschlusskontrolle im Plenum. Die TN lesen die Sätze einzeln vor.
   Lösung: b) Wenn man etwas verspricht, dann muss man es auch halten. c) Wenn ich die Lohnsteuerkarte nicht finde, dann gibt es Ärger mit dem Finanzamt. d) Wenn Herr Obermeier die Lohnsteuerkarte nicht hat, kann er die Steuererklärung nicht machen.
4. Vergrößern Sie die Kopiervorlage L4/A1, schneiden Sie die Wortkarten aus und verteilen Sie diese im Kurs. Behalten Sie die Karte „Wenn" vorerst. Alle TN, die eine Wortkarte erhalten haben, stehen auf und versuchen, aus den Karten zwei korrekte Sätze zu bilden. Die Karten halten sie dabei so, dass alle anderen TN im Plenum den „lebenden Satz" gut sehen können (vgl. *Schritte plus 1,* Lektion 7). Die sitzenden TN können ggf. bei der Wortstellung bzw. Abfolge der beiden Sätze behilflich sein.
5. Lassen Sie die TN die beiden Sätze einmal laut vorlesen und sagen Sie: „Wir wollen jetzt einen Satz machen. Hier haben wir noch ‚wenn'. Das kommt an Position 1. Wie ist der neue Satz richtig?" Ein neuer TN erhält die Wortkarte „Wenn" und stellt sich an Position 1. Nun stellen die TN ohne Wortkarte den Satz um, indem sie die TN mit Karte ggf. neu positionieren. Abschließend liest ein TN den vollständigen Satz vor.
6. Fragen Sie: „Was hat sich geändert?" Ggf. können Sie die TN mit den Karten „Wenn" und „muss" bitten, sich noch einmal an die vorherige Position zu stellen. Mithilfe des „lebenden Satzes" sollte deutlich werden, dass in Sätzen mit „Wenn" das Verb ebenso am Ende stehen muss wie bei Sätzen mit „weil", die die TN bereits aus Lektion 1 kennen.
7. Notieren Sie einen Beispielsatz aus A1 an der Tafel und veranschaulichen Sie noch einmal die Struktur, indem Sie die Verben in Haupt- und Nebensatz farbig markieren. Die TN schreiben die übrigen Sätze ins Heft und markieren die Verben selbstständig.
8. Stellen Sie sicher, dass die TN die Bedeutung der „wenn"-Sätze verstanden haben, indem Sie z.B. sagen: „Sie telefonieren gerade. Ihr Mann möchte mit Ihnen sprechen. Sie sind gleich fertig und haben dann für ihn Zeit. Was sagen Sie?" Schreiben Sie ggf. den Satzanfang „Wenn ich fertig bin, ..." an die Tafel. Die TN sollten eine logische Fortsetzung des Satzes mit „dann ..." finden. Hier geht es weniger um die formale als um die semantische Korrektheit.
9. Weisen Sie die TN auch auf den Grammatikspot hin und erinnern Sie sie an die Nebensätze mit „weil" (*Schritte plus 3,* Lektion 1).

TIPP   Sogenannte „Lebende Sätze" eignen sich hervorragend, um Wortpositionen bzw. Positionswechsel zu veranschaulichen, sei es, um wie hier die Endposition der Verben in Nebensätzen der Verbposition im Hauptsatz gegenüberzustellen, oder aber auch, um beispielsweise die Verbklammer bewusst zu machen wie in *Schritte plus 1,* Lektion 7.

Arbeitsbuch 1: in Stillarbeit

A2   **Hörverstehen: Wesentliche Informationen verstehen**
1. TN lesen Aussage a) und hören dann den Anfang der Hörübung. Stoppen Sie die CD, sobald die TN die entscheidende Information zu Aussage a) gehört haben, und fragen Sie: „Ist das richtig oder falsch?" Die TN kreuzen ihre Lösung an und beantworten dann Ihre Frage.
2. Die TN lesen die übrigen Aussagen und hören dann die beiden Hörtexte so oft wie nötig und kreuzen „richtig" oder „falsch" an.
3. Abschlusskontrolle im Plenum. Klären Sie mit den TN ggf. unbekannten Wortschatz.
   Lösung: a) richtig; b) falsch; c) richtig; d) falsch; e) richtig; f) richtig; g) richtig; h) falsch
4. Notieren Sie an der Tafel folgende Beispiele:

LEKTION 4

Materialien
A1 Kopiervorlage L4/A1
Lerntagebuch: Plakate
A4 Papierstreifen, Scheren, Filzstifte

Wenn ich nachts Taxi fahren muss, **dann** bin ich tagsüber eben müde.

Nebensätze mit *wenn*
Lernziel: Die TN können Bedingungen ausdrücken.

Anhand des Tafelbildes sollte deutlich werden, dass die Satzstellung im „wenn"-Satz immer gleich bleibt, im Hauptsatz aber das Subjekt und das konjugierte Verb ihre Position tauschen (Inversion), wenn der Nebensatz vorangestellt wird. Um dies zu erklären, können Sie noch einmal daran erinnern, dass das Verb stets an Position 2 steht, was auch im nachgestellten „dann"-Satz der Fall ist. Weisen Sie die TN aber darauf hin, dass die Verwendung von „dann" optional ist, die Reihenfolge Verb – Subjekt im nachgestellten Hauptsatz aber unabhängig davon gleich bleibt. Verweisen Sie auch auf den Grammatikspot im Buch.

Arbeitsbuch 2–4: als Hausaufgabe: Mit Übung 2 und 3 können die TN „wenn"-Sätze systematisieren.

A3 **Anwendungsaufgabe: Bedingungssätze formulieren**
1. Sehen Sie sich mit den TN die Zeichnung an und klären Sie die Situation, indem Sie fragen: „Wo sind die Personen?" und „Wer sind die Personen?" Die TN sehen sich die ersten Stichpunkte in der Tabelle an, bevor sie zu zweit die ersten beiden Sprechblasen lesen.
2. Verfahren Sie mit dem zweiten Beispiel analog.
3. Ein TN liest die nächsten Stichpunkte vor und formuliert dann einen Bedingungssatz nach demselben Muster etc.
4. Die TN bilden die übrigen Sätze in Partnerarbeit. Gehen Sie herum und helfen Sie bei Schwierigkeiten. Wer fertig ist, ergänzt die Liste für seinen Arbeitsplatz.
5. Abschlusskontrolle im Plenum. Ein TN übernimmt dabei die Rolle des Chefs, ein anderer die des neuen Angestellten.
Lösung: Wenn Sie abends nach Hause gehen, räumen Sie alle Werkzeuge weg. / schließen Sie bitte die Fenster. Räumen Sie alle Werkzeuge weg / Schließen Sie bitte die Fenster, wenn Sie abends nach Hause gehen. Wenn Sie Material brauchen, können Sie mich fragen. / Sie können mich fragen, wenn Sie Material brauchen. Wenn Sie zum Arzt gehen müssen, machen Sie das bitte außerhalb der Arbeitszeit. / Machen Sie das bitte außerhalb der Arbeitszeit, wenn Sie zum Arzt gehen müssen. Wenn Sie krank sind, rufen Sie bitte die Sekretärin an. / Rufen Sie bitte die Sekretärin an, wenn Sie krank sind. Wenn Sie Fragen oder Probleme haben, können Sie immer zu mir kommen. / Sie können immer zu mir kommen, wenn Sie Fragen oder Probleme haben. Wenn Sie zu viele Überstunden haben, informieren Sie bitte den Chef. / Informieren Sie bitte den Chef, wenn Sie zu viele Überstunden haben.

Arbeitsbuch 5–7: in Stillarbeit; **8:** als Hausaufgabe

LERN TAGEBUCH

Arbeitsbuch 9: im Kurs: Sehen Sie sich gemeinsam mit den TN die Beispiele im Buch an und ergänzen Sie sie im Kurs. Fordern Sie die TN auf, sich paarweise weitere Beispiele zu überlegen. Gehen Sie herum und helfen Sie bei Schwierigkeiten.
fakultativ: Wenn Sie genügend Zeit haben, können die TN ihre Beispiele auf ein Plakat übertragen und im Kursraum aufhängen. Diese Wandzeitung dient dann in den folgenden Tagen als Merkhilfe. Wer will, kann seine Sätze auch im Plenum vorstellen.

A4 **Aktivität im Kurs: Satzpuzzle**
1. Die TN bilden Gruppen von 4–5 TN. Sie schreiben auf große Papierstreifen zehn Bedingungssätze zum Thema „Arbeit und Beruf". Gehen Sie herum und helfen Sie bei Schwierigkeiten.
2. Die Gruppen schneiden ihre Sätze in zwei Teile und geben sie einer anderen Gruppe. Sie muss die Sätze wieder zusammensetzen.
3. Die TN gehen herum und lesen die zusammengesetzten Sätze der anderen Gruppen. Wenn sie einen Fehler entdecken, korrigieren sie ihn selbstständig.

4 B Du **solltest** nicht immer gleich so ein Theater machen.

Konjunktiv II: *sollte*; Possessivpronomen im Nominativ und Akkusativ
Lernziel: Die TN können anderen Ratschläge geben.

Materialien
B4 Wecker oder Stoppuhr, Süßigkeiten, Plakate, Kopiervorlage L4/B4

B1 Präsentation des Konjunktiv II: *sollte*

1. Die TN sehen sich die Fotos an. Stellen Sie Fragen, um jeweils die Situation zu klären: „Mit wem spricht Kurt?", „Was trägt Simon unter dem Arm? Was möchte er jetzt machen?" oder „Was machen Simon und Larissa?", „Was sucht Susanne? Mit wem telefoniert sie?" etc.
2. Die TN lesen die Aussagen. Fragen Sie dann: „Was passt zu Bild A?" Die TN ordnen die übrigen Beispiele in Partnerarbeit zu.
3. Abschlusskontrolle im Plenum. *Lösung:* A Sie sollten …; B Du solltest lieber …; C Ihr solltet …; D Du solltest nicht …
4. Notieren Sie die Sätze zu den Fotos A bis C an der Tafel. Markieren Sie die Verben und veranschaulichen Sie anhand des Tafelbildes noch einmal die Satzklammer bei Modalverben, die die TN bereits aus *Schritte plus 1*, Lektion 7, bzw. aus *Schritte plus 2*, Lektion 9 und Lektion 10, kennen.
5. Um die Bedeutung von „sollte" zu verdeutlichen, können Sie folgendes Beispiel an der Tafel notieren:

Machen Sie deutlich, dass „sollte" einen Rat, eine Empfehlung oder einen Hinweis freundlicher macht als z.B. der Imperativ, der den TN bereits aus *Schritte plus 2*, Lektion 9, bekannt ist.

Arbeitsbuch 10: in Stillarbeit oder als Hausaufgabe

B2 Anwendungsaufgabe zum Konjunktiv II: *sollte*

1. Die TN lesen die Checkliste. Geben Sie, wenn nötig, Gelegenheit zu Wortschatzfragen.
2. Fragen Sie einen geübten TN: „Ich suche Arbeit. Was soll ich tun?" Der TN liest den Ratschlag aus der Sprechblase und vervollständigt den Satz.
3. Die TN finden sich paarweise zusammen und geben abwechselnd Tipps. Ungeübte TN konzentrieren sich darauf, Sätze mit „Du solltest …" zu bilden. Geübte TN bilden auch die passenden „wenn"-Sätze dazu wie in der ersten Sprechblase. Wer fertig ist, findet weitere Tipps.

LANDES KUNDE Die TN sollten Beratungsstellen und -möglichkeiten für die Arbeitssuche kennen und sie in Anspruch nehmen.

Arbeitsbuch 11: in Stillarbeit oder in Partnerarbeit

B3 Variation: Präsentation der Possessivpronomen

1. Machen Sie die TN vorab darauf aufmerksam, dass bei den Varianten nur die Grundform des Wortes angegeben ist, diese aber bei der Variation noch geändert werden muss. Weisen Sie die TN auf den Grammatikspot hin. Die Angaben helfen ihnen, die richtigen Varianten zu bilden.
2. Gehen Sie weiter vor wie auf Seite 14 beschrieben.
3. Die TN finden sich paarweise zusammen und variieren das Mini-Gespräch. Da die TN erst in Lektion 3 die Indefinitpronomen beim unbestimmten Artikel geübt haben, sollte ihnen die Analogie bei den Possessivpronomen nicht schwerfallen. Machen Sie, wenn nötig, noch einmal ein Beispiel an der Tafel.

Arbeitsbuch 12–14: in Stillarbeit: Mit Übung 14 erhalten die TN eine Übersicht über die Formen der Possessivpronomen im Nominativ und Akkusativ. **15–16:** als Hausaufgabe

B4 Aktivität im Kurs: Ratschläge geben als Wettspiel

1. Die TN finden sich in Gruppen von 3–4 TN zusammen und sammeln auf einem Plakat Ratschläge für die beiden Herren. Wenn Sie den TN mehr Situationen als Variante anbieten möchten, verteilen Sie die Kopiervorlage L4/B4. Stellen Sie einen Wecker oder eine Stoppuhr. Die Gruppen haben fünf Minuten Zeit, Ratschläge für „ihre" Situation zu finden.
2. Die Gruppen hängen ihre Plakate auf. Die Menge der Tipps wird gezählt, die Gruppe mit den meisten Tipps hat gewonnen. Halten Sie als Preis Süßigkeiten bereit!
3. *fakultativ:* Wenn Sie die Kopiervorlage L4/B4 noch nicht verwendet haben, können Sie sie jetzt als Hausaufgabe verteilen. Die TN sollen sich eine oder zwei Situationen aussuchen und dazu so viele Ratschläge wie möglich schreiben. Sammeln Sie die Sätze zur Korrektur ein.

LEKTION 4

**Ist der Chef schon im Haus? –
Nein, der ist noch nicht da.**

Negationen: *schon – noch nicht, jemand – niemand, etwas – nichts*
Lernziel: Die TN können einfache Telefongespräche am Arbeitsplatz führen.

C **4**

C1   **Hörverstehen: Ein Telefongespräch**
1. Die TN lesen die Sätze jeder für sich und bringen sie dann in eine sinnvolle Reihenfolge.
2. Die TN hören das Telefongespräch so oft wie nötig und korrigieren ggf. die Reihenfolge. *Lösung:* 5–(1)–2–4–3
3. Schreiben Sie die ersten beiden Sätze sowie einige weitere Beispiele mit „schon" bzw. „noch nicht" an die Tafel, um die Bedeutung deutlich zu machen. Verweisen Sie die TN auch auf den Infospot im Buch.

Arbeitsbuch 17: in Stillarbeit

C2   **Anwendungsaufgabe: Ein Telefongespräch**

1. Die TN finden sich paarweise zusammen und schreiben ein Telefongespräch. C1 dient ihnen dabei als Vorlage. Gehen Sie herum und helfen Sie bei Schwierigkeiten. Wer fertig ist, spielt das Gespräch mit der Partnerin / dem Partner durch.
2. Abschlusskontrolle im Plenum. Wer möchte, kann sein Telefonat szenisch vorspielen.

C3   **Hörverstehen: Telefongespräche**
1. Die TN hören die Telefongespräche so oft wie nötig und lesen dabei im Buch mit. Im Anschluss an die Hörübung oder auch bereits während des Hörens ergänzen sie die Gespräche.
2. Abschlusskontrolle im Plenum. Die TN lesen die Telefonate dialogisch vor.
   Lösung: 1 verbinden; ausrichten; 2 sprechen; außer Haus; später noch einmal; 3 noch nicht; Durchwahl; auf Wiederhören
3. Offene Fragen zum Wortschatz können an dieser Stelle geklärt werden. Hier sollten Sie auch auf die beiden Gegensatzpaare „jemand – niemand" und „etwas – nichts" eingehen. Notieren Sie an der Tafel:

> *jemand* = <u>eine Person, egal wer / unbekannt</u>
> Heute nachmittag hat **jemand** angerufen. Ich habe seinen Namen vergessen.
>
> *niemand* = <u>keine einzige Person</u>
> Hat heute jemand angerufen? – Nein, heute hat **niemand** angerufen.
>
> *etwas* = <u>eine Sache, egal was</u>
> Was war das? Ich habe **etwas** gehört.
>
> *nichts* = <u>keine einzige Sache</u>
> Hast du auch etwas gehört? – Nein, ich habe **nichts** gehört.

Weisen Sie die TN auch auf die Infospots im Buch hin.

Arbeitsbuch 18: in Stillarbeit; **19:** in Stillarbeit oder Partnerarbeit: Ungeübte TN beginnen mit Übungsteil a), geübte TN können a) überspringen und direkt mit Übungsteil b) einsteigen. Ggf. bearbeiten sie zusätzlich Übungsteil c). **20:** in Stillarbeit

PHONETIK   **Arbeitsbuch 21–23:** im Kurs: Übung 21 ist eine Vertiefung zum Satzakzent, der in *Schritte plus 1* und *2* bereits ausführlich behandelt wurde. Hier soll den TN bewusst gemacht werden, dass normalerweise die neue oder wichtigste Information im Satz betont ist. Bei neutralen Aussagen ist das meist das letzte Wort im Satz. Spielen Sie die CD vor. Die TN markieren die Betonung. Die TN sprechen die Gespräche in Partnerarbeit. Lesen Sie sie zur Verdeutlichung auch mit anderer Betonung vor, z.B. in Gespräch b) statt Betonung auf „Nadja" mit Betonung auf „Morgen".
Im Deutschen gibt es zwei „ch"-Laute. TN mit einer Muttersprache, die diese Laute nicht unterscheidet, nehmen diesen nicht wahr. Spielen Sie daher Übung 22 mehrmals vor und bitten Sie die TN, genau auf die „ch"-Laute zu achten. Hören sie einen Unterschied? Nach einer Weile können die TN dazu übergehen, die „ch"-Laute mit zwei verschiedenen Farben zu markieren, und so herausfinden, nach welchen Vokalen „ch" wie in „ich" (nach e, i, ä, ö, ü) bzw. wie in „ach" (nach a, o, u, au) gesprochen wird. Für „ich" sollten sich die TN vorstellen, „i" zu sagen, „i" aber nicht zu artikulieren, sondern nur die Luft aus dem Mund zu stoßen. Die Zunge stößt dabei an den Gaumen. Bei „ach" ist die Zunge vom Gaumen gelöst. Der Laut wird hinten im Rachen gesprochen. Die TN üben in Partnerarbeit kurze Sätze wie: „Ich liebe dich.", „Ich dich auch.", „Ach nein.", „Ach doch.". Abschließend tragen die TN die Wörter aus Übung 22 in zwei Spalten ein (vgl. Übung 23).

C4   **Aktivität im Kurs: Rollenspiel**
Die TN finden sich paarweise zusammen. Jedes Paar entscheidet sich zunächst für eine der drei Gesprächssituationen und entwickelt anhand der Vorgaben ein Telefongespräch. Die Telefonate in C3 helfen ihnen dabei.

TIPP   Bitten Sie die TN, eines der Mustertelefonate in C3 oder ein eigenständig entwickeltes Telefonat auswendig zu lernen und dann mit der Partnerin / dem Partner vorzutragen. Dadurch prägen sich die Redemittel für Telefongespräche besser ein und die TN haben sie bei ihrem nächsten „echten" Telefonat parat.

57   LEKTION 4

4 D Mitteilungen am Arbeitsplatz

Texte am Schwarzen Brett
Lernziel: Die TN können kurze schriftliche Nachrichten aus der Arbeitswelt sowie Stellenausschreibungen oder Mitarbeiterinformationen lesen.

Materialien
D1 ggf. Folie
D2 Kopiervorlage L4/D2, Mitteilungen vom Arbeitsplatz

D1 **Leseverstehen 1: Das Thema erfassen**

1. Die Bücher bleiben noch geschlossen. Schreiben Sie die Betreff-Zeilen der Texte an die Tafel oder auf eine Folie. Stellen Sie durch gezielte Fragen („Was ist/macht eine Gewerkschaft?") das Verständnis sicher bzw. erklären Sie den TN unbekannte Begriffe. Halten Sie die Erklärung möglichst kurz! Es geht an dieser Stelle nicht um eine Lerneinheit zu Gewerkschaft oder Betriebsrat.
2. Die TN öffnen ihr Buch. Geben Sie drei Minuten als Zeitvorgabe für das Lesen der Texte. Schnelle TN, die über Lesestrategien verfügen, werden die Aufgabe in dieser Zeit bewältigen. Wer noch ungeübt im effizienten Lesen ist, liest nur die Texte, die er in diesem Zeitraum bewältigen kann. Die TN ordnen die Betreff-Zeilen dem jeweils passenden Text zu.
3. Abschlusskontrolle im Plenum. Gehen Sie kurz darauf ein, woran die TN erkannt haben, welcher Text passt. Die TN nennen die Schlüsselinformation aus dem Text. *Lösung:* 1 E; 2 C; 3 B; 4 D; 5 A

D2 **Leseverstehen 2: Die wichtigste Information verstehen**

1. Die TN lesen die Mitteilungen nun genau und kreuzen ihre Lösungen an. Lassen Sie mehr Zeit zum Lesen. Schnelle TN können zusätzlich einen kurzen Antwortbrief an Herrn Sauter (Brief B) schreiben. Sammeln Sie diese Briefe zur Korrektur ein.
Variante: Wenn Sie wenig Zeit im Kurs haben, verteilen Sie je einen Text an eine Kleingruppe. Die TN können die übrigen Texte als Hausaufgabe lesen.
2. Abschlusskontrolle im Plenum. *Lösung:* A richtig; B falsch; C falsch; D richtig; E falsch
3. Die Texte enthalten zum Teil Spezialwortschatz wie „Tarifrecht" etc., der über die Anforderungen auf dieser Stufe hinausgeht. Vermeiden Sie nach Möglichkeit, auf jede Einzelheit einzugehen. Generell sollten die TN dazu ermutigt werden, auch komplexere Texte zu lesen, ohne jedes Wort verstanden zu haben. Lediglich auf prüfungsrelevante Wörter wie „Gewerkschaft", „Lager", „Vollzeit", „Aushilfe", „Bewerbung", „Kündigung", „Tarif" und „Betriebsrat" sollten Sie an dieser Stelle näher eingehen. Zur Verständnissicherung der neuen Wörter können Sie die Kopiervorlage L4/D2 auf festen Karton kopieren und mehrere Kartensätze herstellen. Die TN finden sich paarweise zusammen, lesen die Begriffe sowie die Umschreibungen und ordnen zu. Die Texte in D1 und die Verwendung im Kontext helfen ihnen dabei. Gehen Sie herum und geben Sie Hinweise zur Selbstkorrektur. Die TN können die Wörter üben, indem sie Kärtchen selbst schreiben und auf der Vorderseite das neue Wort und auf der Rückseite die Umschreibung notieren.
4. *fakultativ:* Wenn Sie TN mit einem Arbeitsplatz in einer größeren Firma haben, können Sie diese bitten, ähnliche Mitteilungen – ggf. in Kopie – von der eigenen Arbeitsstelle mitzubringen. Die Texte können Sie dann gemeinsam im Kurs besprechen. Achten Sie aber auch hier darauf, dass sich die TN auf das Wesentliche konzentrieren und nicht Wort für Wort übersetzen.

! Die TN sollten natürlich ihren Vorgesetzten fragen, ob sie die Mitteilung in den Kurs mitnehmen dürfen. Vertrauliche Mitteilungen haben hier nichts zu suchen!

Arbeitsbuch 24–26: als Hausaufgabe

PRÜFUNG **Arbeitsbuch 27:** Diese Übung dient zur Vorbereitung der TN auf den Prüfungsteil Hören, Teil 1 der Prüfung *Start Deutsch 2*. Die TN sollten zunächst die kurzen Notizen zu den drei Telefonansagen lesen. Anschließend hören sie jeden Text zweimal und ergänzen die Telefonnotizen.

LEKTION 4

Materialien
E4 ggf. Plakate
Test zu Lektion 4
Wiederholung zu Lektion 3 und Lektion 4

Arbeit und Freizeit

Landeskunde: Urlaubs- und Feiertagsregelungen
Lernziel: Die TN können über Urlaubs- und Feiertage sprechen.

E

4

E1 **Vorwissen aktivieren: Urlaubs- und Feiertagsregelungen in Deutschland**
1. Fragen Sie die TN, wie viele Urlaubstage deutsche Arbeitnehmer ihrer Meinung nach haben. Die TN stellen Vermutungen an. *Hinweis:* Passen Sie die Aufgabe ggf. an die Regelungen in Österreich bzw. in der Schweiz an, wenn Sie dort unterrichten.
2. Fragen Sie weiter, wie viele Feiertage es in Deutschland schätzungsweise gibt und welche die TN kennen. *Variante:* Die TN stellen zunächst in Kleingruppen Vermutungen an bzw. sammeln ihr Vorwissen in der Gruppe. *Lösung:* Lassen Sie die Vermutungen zunächst unkorrigiert im Raum stehen. Ggf. können Sie die Schätzungen der TN an der Tafel festhalten. Nach Lesen des Textes in E2 können sich die TN zunächst selbst korrigieren, bevor Sie die Zahlen korrigieren, wenn nötig.

E2 **Leseverstehen 1: Schlüsselinformationen entnehmen; Eigene Vermutungen verifizieren oder korrigieren**
1. Schreiben Sie die Überschrift des Zeitungsartikels an die Tafel. Die TN stellen Vermutungen über die Informationen an, die sie aus dem Text erhalten könnten.
2. Die TN lesen den Text in Stillarbeit und überprüfen dabei ihre Vermutungen zu Aufgabe E1.
3. Abschlusskontrolle im Plenum. *Lösung: zu E1:* a) 28 Tage; b) 11–13 Tage

E3 **Leseverstehen 2: Informationen in einem Text suchen**
1. Fragen Sie: „Wie viele freie Tage haben deutsche Arbeitnehmer im Durchschnitt?" Deuten Sie dann auf die Zahlen in E3. Dort ist Deutschland bereits an der Spitze eingetragen.
2. Bitten Sie die TN, den Text aus E2 noch einmal zu lesen und herauszufinden, wie viele Urlaubs-/Feiertage es in welchem Land gibt. Die TN notieren die Länder unter den Zahlen. *Lösung:* 23: in den USA; 29: in Irland; 31: in Japan; 37: in Österreich und Spanien; 38: in Luxemburg

E4 **Aktivität im Kurs: Vergleiche mit dem Heimatland**
Fragen Sie exemplarisch einige TN: „Wie viele Tage Urlaub hat man in Ihrem Land?" und „Gibt es in Ihrem Land viele Feiertage?" Die TN berichten von den Urlaubs- und Feiertagsregelungen in ihren Ländern.
Variante: Wenn Sie Zeit haben, können Sie dieses Thema vertiefen, indem Sie zunächst möglichst international zusammengesetzte Kleingruppen von 3–4 TN bilden. Die TN tauschen sich nicht nur über die Urlaubs- und Feiertagsregelungen in ihren Heimatländern aus, sondern erklären auch – soweit dies auf diesem Sprachniveau bereits möglich ist –, was an den jeweiligen Feiertagen gefeiert wird bzw. ob es sich dabei um einen religiösen oder staatlichen Feiertag handelt und wie gefeiert wird. Jede Kleingruppe erstellt ein Plakat mit den wichtigsten Informationen zum Thema aus den jeweiligen Herkunftsländern. Abschließend werden die Plakate im Plenum vorgestellt bzw. im Kursraum aufgehängt, damit man die eine oder andere Information in den folgenden Tagen noch einmal nachlesen bzw. als Anlass zu Pausengesprächen nehmen kann.

PRÜFUNG **Arbeitsbuch 28:** Diese Übung kann zur Vorbereitung auf alle gängigen Prüfungen genutzt werden, z.B. für den *Deutsch-Test für Zuwanderer*, Lesen, Teil 3 und 4.

PROJEKT **Arbeitsbuch 29:** Sammeln Sie mit den TN, wo es Stellenanzeigen gibt und welche Möglichkeiten es gibt, eine Arbeit zu finden. Vielleicht können einige TN auch schon von eigenen Erfahrungen der Jobsuche berichten. Gehen Sie gemeinsam mit den TN zur Agentur für Arbeit an Ihrem Kursort. Sicher ist ein Mitarbeiter des Amtes so nett, die Organisation des Amtes und Möglichkeiten, an Stellenangebote zu kommen, zu erklären, wenn Sie vorher einen Termin vereinbaren.

Einen Test zu Lektion 4 finden Sie auf den Seiten 140–141. Weisen Sie die TN auf die interaktiven Übungen auf ihrer Arbeitsbuch-CD hin. Die TN können mit diesen Übungen den Stoff der Lektion selbstständig wiederholen und sich ggf. auch auf den Test vorbereiten. Wenn Sie mit den TN den Stoff von Lektion 3 und Lektion 4 wiederholen möchten, verteilen Sie die Kopiervorlage „Wiederholung zu Lektion 3 und Lektion 4" (Seiten 130–131).

59 LEKTION 4

4 Zwischenspiel 4
Das Ding
Landeskunde: Taschenmesser

Materialien
1 Kopiervorlage „Zwischenspiel zu Lektion 4";
 ggf. Taschenmesser der TN
2 *fakultativ:* Fischer-Dübel, Gummibärchen ...

1 Vor dem Lesen: Wortschatz rund um das Taschenmesser
1. Die TN betrachten das Foto. Halten Sie Ihr Buch hoch und zeigen Sie auf die Zahlen im Bild. Lesen Sie die Begriffe aus Aufgabe a) vor. Fragen Sie die TN, welcher Begriff zu welcher Zahl passt. Die TN kennen bereits die Wörter „Messer", „Dose", „öffnen" und können so das Messer und den Dosenöffner ohne Schwierigkeiten zuordnen. Helfen Sie bei den anderen Begriffen, wenn nötig.
2. Abschlusskontrolle im Plenum. *Lösung:* Dosenöffner: 2; Korkenzieher: 3; Messer: 1; Säge: 5; Schraubenzieher: 4
3. Fragen Sie, was man mit diesem Taschenmesser alles machen kann. Die TN erzählen, soweit sprachlich möglich.
   Variante: Wenn TN wenig Ideen zu den Funktionen des Taschenmessers haben oder sprachlich Schwierigkeiten haben, verteilen Sie die Kopiervorlage „Zwischenspiel zu Lektion 4" und lassen Sie die ersten beiden Abschnitte des Textes im Kursbuch lesen. Die TN lösen Übung 1.
   Lösung: a) Messer, schneiden; b) Dosenöffner, aufmachen/öffnen; c) Korkenzieher, aufmachen/öffnen; d) reparieren; e) Säge
4. Wer ein Taschenmesser hat, kann erzählen, welche Funktionen es hat. Vielleicht möchten manche ihr Taschenmesser mitbringen und zeigen. Sicher ergeben sich dadurch noch weitere Funktionen (z.B. Nagelfeile, Pinzette etc.).

2 Leseverstehen: Zahlen und Fakten zum Taschenmesser
1. Die TN lesen die Aussagen a) bis f). Dann lesen sie die kurzen Texte in Stillarbeit und ergänzen die Zahlen. Gehen Sie herum und helfen Sie individuell bei Wortschatzfragen.
2. Abschlusskontrolle im Plenum. Lassen Sie dabei ggf. auch die Textstellen vorlesen, die die Lösung enthalten.
   Lösung: a) 1884; b) 1600; c) 25 Millionen; d) 100; e) 33; f) 120

3. Schnelle TN können zusätzlich Übung 2 der Kopiervorlage „Zwischenspiel zu Lektion 4" lösen. Die anderen machen die Übung als Hausaufgabe.
   Lösung: a) richtig; b) falsch; c) falsch; d) richtig; e) richtig; f) falsch
4. *fakultativ:* Wenn Sie das Thema vertiefen möchten, besorgen Sie weitere Produkte, die aus den deutschsprachigen Ländern sind bzw. von hier aus in die Welt gegangen sind, wie die Fischer-Dübel, Gummibärchen von Haribo, Birkenstock-Sandalen oder Kuckucksuhren. Lassen Sie die TN die Übung 3 auf der Kopiervorlage lösen. Wenn die TN Medienerfahrung haben, können sie selbstständig im Internet Informationen zusammentragen und im Kurs vorstellen. Oder Sie bringen vereinfachte Infotexte zu den Firmen und zum Produkt analog zum Muster im Buch mit.
   Lösung: A Dübel; B Schwarzbrot; C Gummibärchen; D Kuckucksuhr

LEKTION 4   60

Fokus Beruf 4
Ein schriftlicher Arbeitsauftrag

Die TN können einfache schriftliche Arbeitsaufträge erteilen. Sie können in schriftlicher Form mitteilen, dass sie einen Auftrag verstanden haben und annehmen oder dass sie einen Auftrag in der vorgesehenen Zeit nicht erledigen können.

Da dieser Fokus möglicherweise nur für einen Teil der TN von Interesse ist, können die Übungen auch als Hausaufgabe gegeben werden.

1 **Das Vorwissen aktivieren: Auftrag und Vertretung**
Die TN lesen die Begriffe a) bis c). Vielleicht kennt jemand die Begriffe und kann sie in eigenen Worten erklären? Die TN lesen erst dann die Worterklärungen in der rechten Spalte und ordnen zu.
Variante: Wenn die TN die Begriffe nicht kennen, lassen Sie sie die Worterklärungen in der rechten Spalte lesen und Vermutungen anstellen, was zusammenpasst. Helfen Sie bei Schwierigkeiten. *Lösung:* a) 3; b) 1; c) 2

2 **Schreiben: Ein schriftlicher Arbeitsauftrag**
1. Schreiben Sie die drei Auswahlmöglichkeiten zur besseren Übersicht auch an die Tafel. Ein TN liest die Notiz bis zur ersten Lücke vor. Die TN lesen still mit und überlegen, was passt. *Lösung:* Könnten Sie bitte …
2. Verfahren Sie mit dem Text weiter so. *Lösung:* Geht das? – Geben Sie mir bitte …

3 **Leseverstehen: Ein schriftlicher Arbeitsauftrag**
1. Die TN lesen die drei Aussagen. Wenn nötig, lesen sie die Notiz aus Übung 2 noch einmal.
2. Abschlusskontrolle im Plenum. *Lösung:* Frau Wilabi ist heute und morgen krank. Frau Sanchez und Frau Nokic sollen Frau Wilabi vertreten.

4 **Redemittel: Einen Auftrag annehmen oder ablehnen**
1. Ein TN liest die Aufgabenstellung a) vor. Weisen Sie auf das bereits markierte Beispiel hin und fragen Sie, zum wem der Satz gehört (Frau Sanchez).
2. Die TN bearbeiten die Übung in Stillarbeit oder Partnerarbeit.
3. Abschlusskontrolle im Plenum.
   Lösung: Frau Sanchez: Kein Problem. Ich …; Selbstverständlich erledige ich das. Ich kann Frau/Herrn … gern vertreten. Frau Nokic: Tut mir leid, aber ich habe heute/morgen keine Zeit. Leider kann ich nicht …, weil … Leider muss ich … Deshalb kann ich nicht …

4. Teilen Sie den Kurs in zwei Gruppen. Eine Gruppe schreibt den Antwortbrief von Frau Sanchez, die andere Gruppe den von Frau Nokic. Die Gruppen arbeiten zusammen oder in kleinen Untergruppen von 2–3 TN.
5. Die (Klein-)Gruppen tauschen die Briefe untereinander aus und korrigieren sie. Gehen Sie herum und helfen Sie bei (Korrektur-)Fragen.
6. Legen Sie eine leere Folie auf den Tageslichtprojektor. Die TN diktieren Ihnen Satz für Satz die beiden Briefe. Korrigieren Sie noch, wenn nötig. Die TN schreiben die beiden Briefe als Muster in ihr Heft oder Lerntagebuch.

5 **Eine Notiz schreiben**
1. Die TN schreiben einen Brief mit der Bitte um Vertretung. Gehen Sie herum und helfen Sie bei Schwierigkeiten.
2. Die TN tauschen ihre Notiz mit ihrer Partnerin / ihrem Partner. Sie lesen die Notiz und schreiben einen Antwortbrief. Gehen Sie herum und helfen Sie bei Schwierigkeiten.
3. *fakultativ:* Wer Lust hat, liest seinen Brief vor.
4. Sammeln Sie die Briefe zur Korrektur ein.

Fokus Beruf 4

Bewerbungsschreiben ...

Die TN können ein einfaches Bewerbungsschreiben oder eine Einladung zum Vorstellungsgespräch verstehen.

Materialien
Projekt: Stellenanzeigen

Da dieser Fokus möglicherweise nur für einen Teil der TN von Interesse ist, können die Übungen auch als Hausaufgabe gegeben werden.

1 Leseverstehen 1: Ein Bewerbungsschreiben verstehen

1. Die TN lesen die Stellenanzeige. Stellen Sie Fragen zur Verständnissicherung, z.B: Wer sucht einen Mitarbeiter? Wie sind die Arbeitszeiten? Welche Arbeit bietet die Firma an? etc.
2. Die TN lesen das Bewerbungsschreiben von Hicran Selcuk und ergänzen die Informationen. Gehen Sie herum und helfen Sie bei Schwierigkeiten.
3. Abschlusskontrolle im Plenum. *Lösung:* a) 24 Jahre; b) seit vier Jahren; Zertifikat Deutsch mit Note „gut"; drei Jahre Restaurant in der Türkei

LANDES KUNDE
Informieren Sie die TN darüber, dass man nicht nur auf Stellenanzeigen antworten kann, sondern auch eine Initiativbewerbung an eine interessante Firma schicken kann, also eine Bewerbung, obwohl offiziell gerade keine Stelle zu besetzen ist.

2 Leseverstehen 2: Einladung und Absage

1. Die TN lesen die beiden Schreiben von den „Unternehmen", bei denen sich Hicran Selcuk beworben hat.
2. Fragen Sie, wer Hicran zu einem persönlichen Gespräch einlädt. *Lösung:* Frau Bauer (Restaurant Zur Post)

3 Eine Antwort auf eine Einladung zum Vorstellungsgespräch schreiben

1. Die TN verfassen mithilfe der Satzteile einen Antwortbrief.
2. Abschlusskontrolle im Plenum. Fragen Sie ggf. nach, ob Hicran zu dem Vorstellungsgespräch gehen kann/will oder nicht.
Lösung: Sehr geehrte Frau Bauer, vielen Dank für Ihren Brief. Sehr gern komme ich am 28.2. um 17 Uhr zu dem Gespräch. Besten Dank für die Einladung! Ich freue mich auf unser Gespräch. Mit freundlichen Grüßen

PROJEKT

1. Sammeln Sie mit den TN zur Wiederholung Möglichkeiten, Stellen zu finden (Zeitung, Internet etc.).
Bitten Sie die TN, Zeitungen mit Stellenanzeigen mitzubringen. Besonders gut eignen sich Lokalblätter mit Stellenanzeigen für einfachere Tätigkeiten.
2. Die TN lesen einige Stellenanzeigen und schneiden die aus, die für ihre Qualifikation und ihre Interessen in Frage kommen.
3. Die TN schreiben in kleinen Gruppen ein Bewerbungsschreiben nach dem Muster in Übung 1. Dabei sollen sie ganz eng an der Vorlage bleiben und nur ihre persönlichen Angaben ersetzen. Gehen Sie herum und helfen Sie bei der Formulierung von Berufserfahrungen.
4. Die Bewerbungsschreiben werden als Muster im Lerntagebuch abgelegt.
Variante: Gibt es TN, die tatsächlich gerade auf Jobsuche sind? Dann können sie Stellenanzeigen, auf die sie sich bewerben wollen, mitbringen. Schreiben Sie mit dem Kurs zusammen eine Bewerbung an die Tafel, die für einen dieser TN passt. Alle helfen mit!

LEKTION 4

Materialien
5 ein Tuch oder ein weicher Ball

SPORT UND FITNESS

Folge 5: *Gymnastik*
Einstieg in das Thema: Sport machen, fit bleiben

1 Vor dem Hören: Über Musik sprechen
1. Teilen Sie die TN in zwei Gruppen. Jede Gruppe steht vor einem Flügel der Tafel. Geben Sie den TN drei Minuten Zeit, um zu notieren, welche Musik es gibt (Rockmusik, Popmusik, Reggae, Klassische Musik etc.). So wird das Vorwissen der TN aktiviert. Musik hört fast jeder und viele werden die Musik, die sie gern hören, schon auf Deutsch benennen können, vor allem, da die Begriffe oft international sind.
2. Die Gruppen vergleichen ihre Listen miteinander, die Artikel werden ergänzt oder korrigiert, wenn nötig. Hier sollten Sie darauf achten, dass alle TN die notierten Wörter verstehen.
3. Bitten Sie die TN, sich in der Mitte des Raumes zu verteilen. Sagen Sie, dass Sie eine Musik vorspielen. Die TN dürfen sich zu dieser Musik frei im Raum bewegen. Spielen Sie die Musik zu Aufgabe 1 vor. Gehen Sie, während die Musik läuft, ebenfalls mit beschwingten Schritten herum. Möglicherweise haben manche TN Hemmungen, nach der Musik zu tanzen oder sich zu bewegen. Bitten Sie diese TN, wenigstens im Raum umherzugehen, während die Musik läuft.
4. Die Musik ist zu Ende. Die TN bilden einen Kreis. Eröffnen Sie das Gespräch. Fragen Sie: „Woran denken Sie?", „Gefällt Ihnen die Musik?", „Wann hören Sie Musik?" Bei Gesprächsbedarf der TN kann der Bezug zur Eingangsübung hergestellt werden, indem Sie fragen: „Welche Musik hören Sie gern?"

2 Vor dem Hören: Handlungen erkennen und der Person zuordnen
1. Deuten Sie auf die ersten drei Fotos und fragen Sie: „Sie macht Gymnastik mit Musik. Wer ist das?"
2. Die TN sehen sich die Fotos an und entscheiden, welches Foto zur Handlung passt, und kreuzen im Buch den richtigen Namen an. Verfahren Sie genauso mit den anderen beiden Sätzen aus 2 a). Anschließend vergleichen Sie die Lösungen im Plenum.
Lösung: Sie macht Gymnastik mit Musik: Maria; Sie muss sich konzentrieren, weil sie ihre Hausaufgaben machen muss: Larissa; Sie muss bügeln: Susanne
3. Die TN sehen sich Foto 7 an. Fragen Sie: „Wie finden Sie Kurt? Ist er wirklich zu dick?" Sammeln Sie ggf. weitere Adjektive mit den TN und ermuntern Sie sie, ihre eigene Meinung zu äußern.

3 Beim ersten Hören

1. Fordern Sie die TN auf, sich beim Hören darauf zu konzentrieren, was Susanne über Kurt sagt. Wenn Sie besonders geübte TN haben, die Sie zusätzlich fordern wollen, bitten Sie diese, auch darauf zu achten, was Simon über Kurt sagt und was Kurt selbst über sich denkt.
2. Die TN hören die Foto-Hörgeschichte und sehen sich dabei die Fotos an.
Lösungsvorschlag: Susanne findet, Kurt hat einen Bauch. Simon findet, Kurt hat in letzter Zeit einen Bauch bekommen. Kurt geht joggen, er findet vielleicht auch, dass er zu dick ist.

4 Nach dem ersten Hören: Kernaussage verstehen
1. Die TN lesen die Aussagen und schreiben ihre Lösungen ins Buch.
2. Abschlusskontrolle im Plenum. Die TN verbessern falsche Lösungen und hören die Foto-Hörgeschichte ggf. noch einmal. Stoppen Sie die CD an den problematischen Stellen.
Lösung: b) Larissa zu Susanne; c) Kurt zu Susanne; d) Susanne zu Kurt; e) Kurt zu Simon; f) Simon zu Kurt

5 Nach dem Hören: Kursgespräch über das Thema „Sport"
1. Bei einem Kurs mit überwiegend ungeübten TN kann durch einen Wortigel zum Thema „Welche Sportarten kennen Sie?" der nötige Wortschatz aktiviert werden. In einem zweiten Schritt fragen Sie: „Wo macht man das?" Wenn nötig, können die Orte im Wortigel ergänzt werden.
Variante: Haben Sie einen Kurs mit überwiegend geübten TN, lassen Sie diesen Schritt weg und beginnen Sie mit 2.
2. Fragen Sie die TN: „Machen Sie auch Sport?", „Was machen Sie und wie oft?" Um die Atmosphäre etwas aufzulockern, kann diese Übung mit einem Ball oder Tuch durchgeführt werden, den oder das sich die TN zuwerfen, wobei sie sich gegenseitig befragen. Lassen Sie hier auch andere Nachfragen zu. Achten Sie darauf, dass alle TN die Sportarten kennen, die angesprochen werden.

5 A Du isst zu viel und du **bewegst dich** zu wenig.

Reflexive Verben
Lernziel: Die TN können Unwohlsein formulieren und Ratschläge geben.

Materialien
A3 Folie der Zeichnungen
Lerntagebuch: zwei Folien
A5 Plakate, Filzstifte; Kopiervorlage L5/A5

A1 Präsentation der reflexiven Verben

1. Die TN hören die Beispiele von der CD und ergänzen die Reflexivpronomen im Kursbuch.
2. Abschlusskontrolle im Plenum. *Lösung:* a) sich; b) mich; c) dich; d) uns
3. Notieren Sie Satz c) an der Tafel. Erklären Sie den TN, dass das „du" etwas mit sich selbst macht, was im Deutschen durch das Reflexivpronomen ausgedrückt wird.

! Gehen Sie hier noch nicht auf den Unterschied „sich bewegen" und „etwas bewegen" ein.

Deuten Sie auf sich und sagen Sie: „Ich bewege mich zu wenig." Notieren Sie den Satz an der Tafel. Fragen Sie einen Teilnehmer: „Und Sie? Bewegen Sie sich zu wenig?" Der TN sollte mit der bereits an der Tafel stehenden Struktur antworten. Zeigen Sie auf den TN: „Er bewegt sich zu wenig." Dann fragen Sie nach dem gleichen Muster eine Teilnehmerin. Vervollständigen Sie so das Tafelbild. Bei ungeübten TN kann nach dem gleichen Verfahren auch Satz d) erarbeitet werden. Weisen Sie die TN auch auf den Grammatikspot im Kursbuch hin.

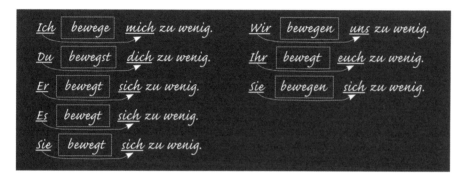

Arbeitsbuch 1–2: in Stillarbeit

A2 Variation: Anwendungsaufgabe zu den reflexiven Verben

1. Gehen Sie vor wie auf Seite 14 beschrieben.
2. *fakultativ:* Die beiden Situationen eignen sich zum Nachspielen. Die TN finden weitere Beispiele zu beiden Situationen. (Freiwillige) Paare können dann die Szenen im Kurs nachstellen.

A3 Leseverstehen: Gesundheitstipps

1. Ziehen Sie von den Zeichnungen aus A3 eine Folie. Achten Sie darauf, dass die TN ihre Bücher geschlossen haben. Präsentieren Sie zuerst Bild B. Fragen Sie: „Was sehen Sie auf dem Bild? Was macht die Frau?" Nachdem die TN das Bild beschrieben haben, fragen Sie weiter: „Was glauben Sie? Warum macht sie das?" Akzeptieren Sie auch lustige Antworten, es geht hier nicht um richtig oder falsch.
2. Die TN sehen sich die Zeichnungen an und lesen die Texte. Sie ordnen jeder Zeichnung einen Text zu.
3. Abschlusskontrolle im Plenum. *Lösung:* B 1; C 2; D 3
4. Schreiben Sie die Beispiele aus dem Grammatikspot an die Tafel und erläutern Sie den TN, dass der Imperativ und das Modalverb „müssen" auch für Ratschläge benutzt werden. Zeigen Sie die Position von „mich", „dich", … bei Modalsätzen und in Imperativsätzen auf: Das Reflexivpronomen steht direkt hinter dem Modalverb bzw. nach dem Imperativ. Das Modalverb „müssen" und den Imperativ haben die TN in *Schritte plus 2*, Lektion 9, kennengelernt.

A4 Anwendungsaufgabe zu den Reflexivpronomen

1. Die TN lesen noch einmal die Texte aus A3 und erstellen eine Tabelle wie im Buch. Achten Sie darauf, dass die TN nur Stichwörter notieren und nicht komplette Sätze abschreiben.
Hinweis: Um mit den TN das Notieren von Stichwörtern zu üben, sehen Sie sich mit den TN noch einmal das erste Beispiel an. Fragen Sie: „Was ist mein Problem?" Die TN werden vermutlich mit dem kompletten Satz „Sie können sich nicht konzentrieren" antworten. Zeigen Sie an der Tafel, wie man diese Antwort kurz in Stichwörtern notiert: Problem: sich nicht konzentrieren können. Erklären Sie den TN, dass Stichwörter nur die wichtigste Information enthalten. Im Deutschen benutzt man dafür die Infinitivform, der Infinitiv steht am Ende. Wenn nötig, machen Sie weitere Beispiele an der Tafel. Die TN notieren zunächst nur die Stichwörter zum ersten Beispiel. Gehen Sie herum und helfen Sie bei Schwierigkeiten. Besprechen Sie dann das erste Beispiel komplett im Plenum.
2. Die TN vergleichen ihre Notizen in Partnerarbeit. Gehen Sie herum und helfen Sie bei Schwierigkeiten. Wenn die TN gut klarkommen, erübrigt es sich, die Tabelle im Plenum zu besprechen. Andernfalls schieben Sie hier noch eine Plenumsphase zur Besprechung an der Tafel ein.
3. Weisen Sie auf die Sprechblasen im Kursbuch hin. Sagen Sie zu einem TN: „Ich kann mich nicht konzentrieren." Sie/Er gibt Ihnen einen Gesundheitstipp. Bitten Sie einen anderen TN, ein Problem zu äußern. Nach einigen Beispielen können die TN die Übung in Partnerarbeit fortsetzen.

LEKTION 5   64

Materialien
A3 Folie der Zeichnungen
Lerntagebuch: zwei Folien
A5 Plakate, Filzstifte; Kopiervorlage L5/A5

Du isst zu viel und du **bewegst dich** zu wenig.

Reflexive Verben
Lernziel: Die TN können Unwohlsein formulieren und Ratschläge geben.

Hinweis: Um ein bisschen Abwechslung in diese Übung zu bringen und die TN mit möglichst vielen anderen TN sprechen zu lassen, bitten Sie die TN doch, aufzustehen und mit ihren Notizen im Kursraum herumzugehen. Sie suchen sich eine Partnerin / einen Partner und sprechen kurz miteinander. Danach trennen sie sich und suchen einen neuen Partner. Wenn Sie auch mitspielen, können Sie gleichzeitig Fehler korrigieren. Gehen Sie möglichst auf schwächere TN zu. So können Sie gezielt Hilfestellung geben.

Arbeitsbuch 3: im Kurs: Die TN sehen sich die Beispiele A und B an. Zeigen Sie mithilfe der Zeichnungen, dass im Beispiel B jemand etwas selbst macht oder etwas <u>mit sich</u> selbst macht, wohingegen die Person in Beispiel A dies bei oder für jemand anderen tut. Die TN bearbeiten die Übung in Stillarbeit. Abschlusskontrolle im Plenum.

LERN
TAGEBUCH

Arbeitsbuch 4: im Kurs: Schreiben Sie die Sätze aus Übung 3 auf eine Folie und schneiden Sie die Sätze aus. Bereiten Sie eine zweite Folie mit der Tabelle aus Übung 4 vor. Verteilen Sie die ausgeschnittenen Sätze an die TN und lassen Sie sie auf der zweiten Folie zuordnen. Hier wird den TN noch einmal kontrastiv bewusst gemacht, dass Reflexivpronomen sich auf ein und dieselbe Person beziehen, während das gleiche Verb mit dem Akkusativ verwendet eine zweite Person oder Gruppe meint. Anschließend notieren die TN die Sätze in ihrem Lerntagebuch.

fakultativ: TN, die noch etwas mehr tun möchten oder auch andere reflexiv verwendbare Verben kennen, können weitere Sätze kontrastiv notieren. Ermuntern Sie die TN, sich bei Schwierigkeiten an Sie zu wenden. Legen Sie mit den TN auch eine weitere Spalte an, in der sie die echten reflexiven Verben notieren, also Verben, die <u>immer</u> ein Reflexivpronomen bei sich haben („sich konzentrieren", „sich ausruhen" ...).

Arbeitsbuch 5–12: in Stillarbeit oder als Hausaufgabe: Übung 10 und 11 machen die Position des Reflexivpronomens in Haupt- und Nebensatz bewusst.

Aktivität im Kurs: Ein Gesundheitsplakat erstellen

1. Teilen Sie den Kurs in Gruppen ein. Jede Gruppe erhält ein Plakat und einen dicken Filzstift. Bitten Sie die Gruppen, zu den im Buch vorgegebenen Problemen Ratschläge zu notieren. Ermuntern Sie die TN, auch eigene Probleme und Ratschläge aufzuschreiben. Geübte TN erstellen ihr Plakat mit kleinen Texten wie in A3. Gehen Sie herum und helfen Sie bei Schwierigkeiten.
2. Wenn die Plakate fertig sind, hängen die TN sie im Kursraum auf. Die Gruppen stellen sich nacheinander vor ihr Plakat und stellen dem Kurs ihre Tipps vor.

3. Im Kurs oder als Hausaufgabe erhalten die TN die Kopiervorlage L5/A5. Das ist eine Transferaufgabe. Die TN sollen anhand von Stichwörtern ihren Tagesablauf beschreiben. Zusätzlich zu den reflexiven Verben wird auch das Perfekt noch einmal geübt. Bei geübten TN können die Perfektformen der Verben im Schüttelkasten weggelassen werden. Bereiten Sie beide Kopien vor und lassen Sie jeden TN wählen, ob er die „schwerere" oder die „leichtere" Version nehmen möchte. Weisen Sie geübte TN, die die leichtere Version bearbeiten möchten, darauf hin, dass sie es zunächst mit der „schwereren" versuchen sollten. Kommen die TN nicht klar, dürfen sie tauschen. Gehen Sie herum und helfen Sie bei Schwierigkeiten. Sammeln Sie die Texte ein und korrigieren Sie sie.

B Wir Männer **interessieren uns** nicht **für** Gymnastik!
Verben mit Präposition
Lernziel: Die TN können Interessen ausdrücken und nach Interessen fragen.

B1 Präsentation eines Verbs mit fester Präposition
1. Weisen Sie auf das Foto von Kurt im Buch hin. Sagen Sie: „Wir Männer interessieren uns nicht für Gymnastik." Fragen Sie einen TN: „Interessieren <u>Sie</u> sich für Gymnastik?" Notieren Sie die Antwort des TN an der Tafel: „… interessiert sich (nicht) für Gymnastik." Erklären Sie den TN, dass „sich interessieren" immer mit der Präposition „für" verwendet wird. Aus *Schritte plus 2,* Lektion 8 und Lektion 14, kennen die TN die Präposition und wissen, dass sie mit dem Akkusativ verwendet wird. Verweisen Sie auf den Grammatikspot. Erweitern Sie dann das Tafelbild mit weiteren Beispielen:

2. Zwei TN lesen das Gespräch im Kursbuch vor und führen es mit einem Beispiel aus dem Kasten weiter. Notieren Sie die verschiedenen Antwortmöglichkeiten an der Tafel und erläutern Sie, dass sie einen abnehmenden Grad des Interesses darstellen.

3. Die TN befragen sich in Partnerarbeit. Ermuntern Sie die TN, auch nach eigenen Themen zu fragen.

Arbeitsbuch 13–14: in Stillarbeit

B2 Erweiterung: Präsentation weiterer Verben mit Präposition

1. Die TN lesen die Aussagen zum Text. Geben Sie, wenn nötig, Gelegenheit zu Verständnisfragen.
2. Die TN lesen die E-Mail und kreuzen ihre Lösungen an.
3. Abschlusskontrolle im Plenum. *Lösung:* 1 falsch; 2 falsch; 3 richtig; 4 falsch; 5 richtig
4. Die TN lesen die Sätze in Aufgabe b) und suchen in der E-Mail nach der passenden Präposition. Gehen Sie herum und helfen Sie bei Schwierigkeiten. Schnelle TN schreiben einen Antwortbrief an Jana.
5. Abschlusskontrolle in Partnerarbeit. *Lösung:* 2 über; 3 auf; 4 an; 5 um; 6 über; 7 von; 8 mit; 9 mit; 10 mit; 11 mit
6. Gehen Sie mit den TN die Beispiele durch und sammeln Sie die Verben mit Präposition an der Tafel. Machen Sie zwei Spalten: eine für Verben mit Präposition und Akkusativ und eine für Verben mit Präposition und Dativ. Helfen Sie bei Nomen-Verb-Konstruktionen (Lust haben auf) und Verbindungen mit Adjektiv (zufrieden sein mit). Ergänzen Sie auch „sich interessieren für" aus B1. Erklären Sie den TN, dass sie bei diesen Verben das dazugehörende Wort (= die Präposition) mitlernen sollten. Sie sind Teil des Verbs.

Arbeitsbuch 15–21: in Stillarbeit oder als Hausaufgabe: In Übung 16 erstellen sich die TN selbstständig eine Übersicht von Verben mit fester Präposition.

B3 Aktivität im Kurs: Lustige Sätze

1. Die TN sehen sich die Zeichnung und die Beispiele im Buch an. Erklären Sie das Spiel: Die TN sollen in Stillarbeit oder in Kleingruppen von vier TN in fünf Minuten möglichst viele lustige oder unsinnige Sätze finden, die die Struktur der Spalten im Buch haben. Ungeübte TN nutzen die Vorgaben/Beispiele im Buch, geübtere TN können natürlich auch eigene Beispiele finden.
2. Fragen Sie, wie viele Sätze die TN gefunden haben. Wer die meisten Sätze gefunden hat, darf sie vorlesen. Die anderen hängen ihre Zettel im Kursraum auf. Die Sätze können dann in den Pausen gelesen werden. Nutzen Sie selbst auch die Pausen, um Fehler bei den Verben mit Präposition auf den Zetteln der TN zu korrigieren.

TIPP Die TN lernen viel, wenn sie selbst korrigieren. Nutzen Sie Sätze und Texte, die im Kursraum aufgehängt werden dazu, den TN die Korrektur zu übertragen: Die TN gehen mit einem Farbstift umher und lesen die Sätze und Texte der anderen. Wenn sie einen Fehler entdecken, korrigieren sie ihn. Die TN können diesen Korrekturrundgang auch in Partnerarbeit machen und so über vermeintliche und echte Fehler diskutieren, bevor sie sich gemeinsam für oder gegen eine Korrektur entscheiden. Ermuntern Sie die TN, auch Sätze und Texte zu lesen, die andere schon korrigiert haben. Es werden sicher noch Fehler entdeckt oder es können falsche Korrekturen rückgängig gemacht werden.

LEKTION 5   66

Wir Männer **interessieren uns** nicht **für** Gymnastik!

B   **5**

Verben mit Präpositionen
Lernziel: Die TN können Interessen ausdrücken und nach Interessen fragen.

LERN TAGEBUCH

Arbeitsbuch 22: im Kurs: Die Verben mit Präposition lernen sich leichter, wenn man sie als feste Wendungen lernt und mit einem Beispielsatz. Sammeln Sie mit den TN alle bekannten Verben mit Präpositionen an der Tafel. Die TN finden zu jedem Verb einen Beispielsatz und notieren in ihrem Lerntagebuch zuerst das Verb mit Präposition, darunter den Beispielsatz. Daneben schreiben sie das Verb mit der Präposition und dem Beispiel in ihrer Muttersprache.
Hinweis: Die TN haben häufig das Gefühl, dass Deutsch sehr schwierig ist, weil man vieles auswendig lernen muss. Indem die TN die Verben mit Präpositionen in ihre Muttersprache übertragen, können sie sehen, dass es dieses Phänomen durchaus auch in ihrer Sprache gibt, auch wenn die Präposition nicht unbedingt der Präposition im Deutschen entspricht. Aber: Bei agglutinierenden Sprachen wie dem Türkischen oder Ungarischen werden statt Präpositionen im Allgemeinen Kasus verwendet.

PHONETIK

Arbeitsbuch 23–26: im Kurs: Üben Sie mit den TN die Aussprache von „r", wenn nötig. Im Allgemeinen wird das hinten am Zäpfchen gesprochene „r" als das korrekte „r" im Deutschen betrachtet. In vielen Regionen wird das „r" aber gerollt oder als Reibelaut am Gaumen gesprochen. Lassen Sie alle drei Varianten gelten, wenn Sie mit den TN die Übungen durchgehen. Nur für Lernende aus asiatischen Ländern, die „r" und „l" nicht unterscheiden können, ist es wichtig, den Laut „r" möglichst am Zäpfchen – also hinten – zu realisieren, damit er möglichst weit weg von „l" ist, das vorne artikuliert wird. Die Verwechslungsgefahr wird geringer, wenn die Laute im Mund als weit auseinanderliegend empfunden werden.

67 LEKTION 5

5 C Gymnastik! **Darauf** habe ich keine Lust!

Fragewörter und Präpositionaladverbien
Lernziel: Die TN können nach Interessen fragen und darauf reagieren.

Materialien
C1 Kopiervorlage L5/C1, Würfel, Spielfiguren
C4 ggf. Sportbilder aus der Zeitung
C5 ggf. Kopiervorlage L5/C1

C1 **Variation: Präsentation der Fragewörter und Präpositionaladverbien**
1. Um die Präpositionaladverbien im Folgenden korrekt bilden zu können, ist die Kenntnis der richtigen Präposition zum jeweiligen Verb sehr wichtig. Es empfiehlt sich deshalb, diese mit den TN vorab noch einmal kurz zu wiederholen. Teilen Sie die TN in Dreiergruppen. Jede Gruppe erhält eine Kopie der Kopiervorlage L5/C1, einen Würfel und drei Spielfiguren. Das Spiel ist ein Rundlauf ohne Gewinner und Verlierer. Die TN stellen ihre Figur auf irgendein Feld des Spielplans. Achten Sie darauf, dass jeder TN auf einem anderen Feld beginnt. So wiederholen sich die Verben in größeren Abständen. Der erste TN würfelt, zieht seine Spielfigur um die Würfelpunkte vor und nennt das Verb mit der richtigen Präposition. Ist die Antwort falsch, muss er auf sein letztes Feld zurück. Dann würfelt der nächste TN. Achten Sie auf einen zügigen Spielverlauf, da es hier nur um eine kurze Wiederholung gehen soll.
2. Gehen Sie vor wie auf Seite 14 beschrieben.
3. Entwickeln Sie ein Tafelbild:

> *Ich habe keine Lust **auf** Gymnastik.*   *D**arauf** habe ich keine Lust.*
> *W**orauf** hast du dann Lust?*

Markieren Sie die Präposition und die Präpositionaladverbien. Die TN werden erkennen, dass diese aus der Präposition des Ausdrucks „Lust haben auf" gebildet werden.

C2 **Hörverstehen 1: Das Thema eines Gesprächs erfassen**
1. Bitten Sie die TN darum, sich auf die Frage zu konzentrieren: „Worum geht es in dem Gespräch?" Das Verstehen von Einzelheiten ist hier nicht nötig, denn die Aufgabe dient der Vorentlastung von C3. Spielen Sie dann das erste Mini-Gespräch vor. Die TN ordnen das Thema dem Gespräch zu.
2. Die TN hören die anderen Gespräche und ordnen zu. Wenn nötig, spielen Sie die Gespräche mehrmals vor.
3. Abschlusskontrolle im Plenum. *Lösung:* Tennis: 3; Eishockey: 2; Handball: 1

C3 **Hörverstehen 2: Präpositionaladverbien ergänzen**
1. Die TN hören die Gespräche noch einmal und ergänzen die Lücken. Spielen Sie zuerst jedes Gespräch komplett vor. Beim zweiten Hören machen Sie kleine Pausen, um den TN Zeit zum Schreiben zu geben.
2. Die TN vergleichen ihre Ergebnisse zunächst in Partnerarbeit.
3. Abschlusskontrolle im Plenum. *Lösung:* 1 Wofür, Dafür; 2 Darauf; 3 Daran; 4 darüber, darüber, worüber
4. Ergänzen Sie mit Gespräch 1 das Tafelbild aus C1 und markieren Sie jeweils die Präposition und die Präpositionaladverbien:

> *Ich habe keine Lust **auf** Gymnastik.*   *D**arauf** habe ich keine Lust.*
> *W**orauf** hast du dann Lust?*
>
> *Interessierst du dich jetzt auch **für** Frauenfußball?*   *W**ofür** interessierst du dich eigentlich nicht?*
> *D**afür** interessiere ich mich schon.*

5. Deuten Sie auf die Präpositionen und Adverbien und fragen Sie: „Wo gibt es solche Wörter in Gespräch 2?" Ergänzen Sie das Tafelbild. Fragen Sie die TN auch nach Beispielen für das passende Fragewort und die allgemeine Aussage. Nehmen Sie diese ebenfalls in das Tafelbild auf (siehe oben). Verfahren Sie ebenso für die Beispiele 3 und 4.
6. Die TN betrachten das komplette Tafelbild und erkennen, dass die Präpositionaladverbien aus „da" + Präposition und „wo" + Präposition gebildet werden. Erläutern Sie den TN, dass die Adverbien zusätzlich ein „r" bekommen, wenn die Präposition mit einem Vokal beginnt: wor*auf*, dar*auf*, wor*an*, dar*an* etc. Machen Sie die TN auf die Funktion der Präpositionaladverbien aufmerksam. Sie ersetzen bereits Bekanntes: „Interessierst du dich für Frauenfußball?" – „Nein, für Frauenfußball (kurz: dafür) interessiere ich mich nicht". Dieses Prinzip ist den TN von den Demonstrativpronomen aus *Schritte plus 2*, Lektion 13, bekannt. Weisen Sie die TN auch auf den Grammatikspot im Buch hin.

Arbeitsbuch 27–30: in Stillarbeit oder als Hausaufgabe

LEKTION 5   68

Materialien
C1 Kopiervorlage L5/C1, Würfel, Spielfiguren
C4 ggf. Sportbilder aus der Zeitung
C5 ggf. Kopiervorlage L5/C1

Gymnastik! **Darauf** habe ich keine Lust!

Fragewörter und Präpositionaladverbien
Lernziel: Die TN können nach Interessen fragen und darauf reagieren.

C **5**

C4/C5 **Aktivität im Kurs: Ein Partnerinterview**
1. Die TN ergänzen zunächst die passenden Fragewörter im Buch, befragen dann eine Partnerin / einen Partner und machen sich Notizen. Um C5 hier schon vorzubereiten, sollten Sie die Partner per Zufall zusammenstellen. Für die Paarbildung können Sie – passend zum Thema der Lektion – Sportbilder aus der Tageszeitung zerschneiden. Jeder TN erhält einen Schnipsel. Diejenigen, deren Schnipsel zusammenpassen, arbeiten zusammen. Geübte TN denken sich weitere Fragen aus, z.B: „Wovon träumst du?", „Worauf hast du nie Lust?"
2. Mithilfe der Stichwörter schreiben die TN auf einem Zettel einen kleinen Text über ihre Partnerin / ihren Partner. Gehen Sie herum und helfen Sie bei Schwierigkeiten.
3. Sammeln Sie die Texte ein und verteilen Sie sie neu.
4. Ein TN liest seinen Zettel vor, allerdings ohne den Namen zu nennen. Die anderen TN raten, wer das sein könnte. Wer es errät, liest seinen Zettel vor.
5. *fakultativ:* Wenn Sie diese Struktur noch weiter mit Ihren TN üben möchten, verteilen Sie noch einmal die Kopiervorlage L5/C1, Würfel und Spielfiguren an die Kleingruppen.

Ungeübte TN bilden in der ersten Runde nur die Fragen. In einer zweiten Runde bilden die TN Fragen und ein anderer TN antwortet darauf. Sie können auch die Präpositionen auf dem Spielplan ergänzen, damit die ungeübten TN sich ganz auf die neue Struktur konzentrieren können. Erst nach einigen Runden erhalten sie einen Spielplan ohne Präpositionen. Geübte TN machen kleine Gespräche: „Wofür interessierst du dich?" – „Ich interessiere mich für Abenteuerromane." – „Dafür interessiere ich mich auch." Geben Sie den TN genug Freiraum, wirklich eigene Gespräche zu entwickeln und eigene Antwortmöglichkeiten auszuprobieren. Auch „Warum?" sollten Sie als Nachfrage zulassen. Gehen Sie herum und helfen Sie bei Schwierigkeiten.
Hinweis: Sie können die Kopiervorlage L5/C1 auch später einmal zur Wiederholung einsetzen.

69 LEKTION 5

5 D Anmeldung beim Sportverein

Telefongespräche
Lernziel: Die TN können am Telefon Auskunft einholen und sich telefonisch beim Sportverein anmelden.

Materialien
D1 ggf. Plakte, flotte Musik, Süßigkeit
D4 Kopiervorlage L5/D4

D1 Vorwissen aktivieren: Das Wortfeld „Sportarten"

1. Beginnen Sie das Thema doch einmal sportlich. Bilden Sie zwei Gruppen. Jede Gruppe stellt sich hintereinander vor einem Tafelflügel auf. Der Erste jeder Gruppe erhält ein Stück Kreide. Wenn Sie keine Tafel zur Verfügung haben, eignen sich auch zwei große Plakate, die Sie an die Wand heften, und Filzstifte. Fragen Sie die TN: „Welche Sportarten kennen Sie?" Der erste TN jeder Gruppe läuft zur Tafel / zum Plakat und notiert eine Sportart. Sie/Er läuft zurück und gibt die Kreide / den Filzstift dem nächsten TN. Der läuft vor, notiert eine Sportart etc. Wenn Sie dazu flotte Musik auflegen, kommen die TN bestimmt ein bisschen ins Schwitzen, denn schnelle Musik erhöht das Tempo.
2. Die Gruppen vergleichen ihre Ergebnisse. Für die Sportarten, die beide Gruppen haben, gibt es keinen Punkt. Es zählt nur, was eine Gruppe allein gefunden hat. Wenn Sie möchten, verteilen Sie eine Süßigkeit an die Sieger. Auch Erwachsene freuen sich über Belohnungen!
3. Die TN sehen sich die Piktogramme im Kursbuch an und ordnen die Begriffe zu.
   Lösung: 1 Handball; 2 Fußball; 3 Tischtennis; 4 Tanzen; 5 Turnen, Gymnastik; 6 Radsport; 7 Tennis
4. *fakultativ:* Fragen Sie die TN, welche Sportart sie gern einmal ausprobieren möchten und warum.

D2 Hörverstehen 1: Das Thema eines Gesprächs erfassen

1. Erklären Sie den TN, dass sie Telefongespräche bei einem Sportverein hören. Sie sollen nur darauf achten, für welche Sportarten sich die Anrufer interessieren. Spielen Sie das erste Gespräch vor. Die TN erkennen sicher, dass es um Fußball geht.
2. Spielen Sie die anderen zwei Gespräche vor, wenn nötig, mehrmals. Die TN notieren die Sportart.
3. Abschlusskontrolle im Plenum. *Lösung:* 2 Gymnastik; 3 Tischtennis

D3 Hörverstehen 2: Gesprächsnotizen machen

1. Die TN sehen sich die Tabelle im Kursbuch an. Besprechen Sie mit den TN anhand der Vorgaben, nach welchen Informationen jeweils gefragt wird.
2. Die TN hören die Gespräche noch einmal und machen Notizen. Geben Sie den TN genug Zeit zum Schreiben.
3. Die TN vergleichen ihre Notizen in Partnerarbeit.
4. Abschlusskontrolle im Plenum.
   Lösung:

Was?	Wann?	Wie viel?
1 Fußball	dienstags und freitags	15 € pro Halbjahr
2 Gymnastik	dienstags, 16.00–17.00 Uhr	erste Stunde kostenlos, 25 €
3 Tischtennis	freitags, 18.30–20.00 Uhr	30 € pro Halbjahr

5. Weisen Sie die TN auf den Infospot im Buch hin. Erklären Sie, dass man oft „montags" sagt, wenn man „jeden Montag" meint. „Montags" wird kleingeschrieben und erhält ein „-s" am Ende. Genauso die anderen Wochentage. In Lektion 3 haben die TN schon die Ausdrücke „morgens", „mittags", „abends" kennengelernt. Um diese Struktur ein wenig einzuüben, fragen Sie die TN: „Wann haben wir immer Kurs?", „Wann erscheint der Wochenanzeiger?", „Wann haben die Geschäfte nur bis 18 Uhr geöffnet?", „Wann kann man gar nicht einkaufen?" etc.

D4 Aktivität im Kurs: Rollenspiel

1. Schreiben Sie mit den TN zur ersten Rollenkarte (Anmeldung des Sohnes beim Fußball) ein Mustergespräch an die Tafel, indem sie das Gerüst für das Gespräch anschreiben und mit den TN durch die passenden Informationen zur Situation ergänzen.
2. Die TN lesen das Gespräch in Partnerarbeit und tauschen auch die Rollen, um Sprechsicherheit zu erlangen.
3. Die TN spielen in Partnerarbeit zu den beiden anderen Situationen Gespräche. Schnelle TN erstellen zusätzlich analog zum Beispiel im Buch ein Angebotsblatt für einen eigenen fiktiven Sportverein.
   Variante: Wenn Sie den TN weitere Situationen zum Üben zur Verfügung stellen möchten, schneiden Sie die Kärtchen aus Kopiervorlage L5/D4 aus und verteilen Sie diese an Paare. Abwechselnd ziehen die Partner ein Kärtchen und rufen als Kunde beim Sportverein an.

PRÜFUNG **Arbeitsbuch 31:** Mit dieser Übung können sich die TN auf den Prüfungsteil Lesen, Teil 2, der Prüfung *Start Deutsch 2* sowie des *Deutsch-Tests für Zuwanderer* vorbereiten. Die Übung entspricht auch dem *Zertifikat Deutsch*, Leseverstehen 3. Zu verschiedenen Situationen müssen passende Anzeigentexte gefunden werden. Es gibt mehr Situationen als Anzeigentexte. Die TN lesen zuerst die Aufgabenstellung, dann die Anzeigentexte und markieren die Schlüsselwörter. Anschließend lesen sie die Situationen, markieren die Schlüsselwörter und entscheiden, welcher Anzeigentext passt.

LEKTION 5   70

Materialien
D1 ggf. Plakte, flotte Musik, Süßigkeit
D4 Kopiervorlage L5/D4

Anmeldung beim Sportverein

Telefongespräche
Lernziel: Die TN können am Telefon Auskunft einholen und sich telefonisch beim Sportverein anmelden.

PROJEKT **Arbeitsbuch 32:** Sammeln Sie mit den TN zunächst Ideen, wo man Sport machen kann (Tanzschule, Fitnesscenter, Vereine). Überlegen Sie dann gemeinsam, wo man Informationen darüber finden kann (Gelbe Seiten, Lokalzeitungen, Aushänge im Stadtteil (oft vor den Sporthallen)) und wer einem Auskunft darüber geben kann, welche Vereine es wo gibt. Bitten Sie die TN, sich in ihrem Stadtteil umzusehen und sich Informationen aufzuschreiben oder Broschüren und Zeitungsartikel mitzubringen. Die TN berichten, was sie gefunden haben. Anschließend werden die Informationen in einem Ordner gesammelt, der im Kursraum stehen bleibt und immer wieder eingesehen werden kann. Sie können die Informationen nach Stadtteilen oder Sportarten sortieren lassen. Fragen Sie die TN auch, ob sie Sport machen und wo sie Sport machen. Mit wem? Sind sie Mitglied in einem Verein? Vielleicht finden sich ja TN, die zusammen Sport machen wollen.

5 E Fitness

Eine Informationsbroschüre lesen
Lernziel: Die TN können einen einfachen Text zu einem bestimmten Thema lesen.

Materialien
E3 Plakate
Tipp: Folie
Test zu Lektion 5

E1 **Leseverstehen 1: Die Kernaussage des Textes erfassen**
1. Die TN lesen die beiden Aussagen. Fragen Sie sie nach ihrer Meinung: „Was ist Ihrer Meinung nach richtig?" Lassen Sie sie auch von eigenen Erfahrungen mit Sport, Fitness und Bewegung berichten, soweit sprachlich möglich.
2. Die TN lesen den ersten Absatz des Textes und kreuzen ihre Lösung an.
3. Abschlusskontrolle im Plenum.
   Lösung: Man muss sich einfach täglich etwas bewegen. Dann bleibt man fit.
4. *fakultativ:* Bei Interesse können sich die TN über Extremsportarten unterhalten. Geben Sie, wenn nötig, Hilfen an der Tafel vor: Interessierst du dich für …? / Hast/Bist du schon einmal …?

E2 **Leseverstehen 2: Wichtige Informationen sammeln**
1. Die TN lesen den Text und tragen die Tipps von Helmut Grassl in die Tabelle ein. Schnelle TN überlegen sich weitere Tipps für etwas mehr Fitness im Alltag. Übertragen Sie währenddessen die Tabelle an die Tafel.
2. Abschlusskontrolle im Plenum. Die TN ergänzen die Tabelle an der Tafel. Schnelle TN dürfen ihre eigenen Tipps eintragen.
   Lösung: Treppen steigen; zu Fuß gehen oder mit dem Fahrrad zur Arbeit fahren; mit anderen Sport machen
3. Die TN kreuzen in ihrer Tabelle im Heft an, wie oft sie was machen, und beziehen dabei die zusätzlichen Tipps der schnellen TN ein.
4. Die TN erzählen sich in kleinen Gruppen von 5–6 TN, welche Tipps sie schon ausprobiert haben oder gar regelmäßig machen. Sie ergänzen, was sie außerdem machen, um sich fit zu halten. Geben Sie nicht allzu viel Zeit für das Gruppengespräch, um nicht E3 vorzugreifen.

E3 **Aktivität im Kurs: Diskussion**
1. Schreiben Sie an die Tafel „Man muss den inneren Schweinehund überwinden" und erklären Sie die Bedeutung: Es ist nicht immer leicht, sich selbst zu bestimmten Tätigkeiten zu bringen, wenn es keinen Zwang oder Druck von außen gibt. Muss man beispielsweise früh aufstehen, weil man einen Termin hat, macht man es auch. Darf man liegen bleiben, ist es sehr viel schwerer, sich zu motivieren und trotzdem früh aufzustehen.
2. Die TN lesen die Fragen und schreiben zu zweit oder zu dritt weitere Fragen zu Situationen auf, in denen man seinen inneren Schweinehund überwinden muss. Stellen Sie große Plakate zur Verfügung. Auf jedes Plakat kommt nur eine Frage.
3. Die Plakate werden gut sichtbar für alle an der Wand aufgehängt oder in die Mitte des Kursraums auf den Boden gelegt.
4. Die TN finden sich zu Kleingruppen von 5–6 TN zusammen und sprechen über die Fragen im Buch und an den Wänden. Weisen Sie explizit auf die Redehilfen im Buch hin. Gehen Sie herum und helfen Sie bei zähen Diskussionen mit gezielten Fragen, um die TN zu stimulieren.

Arbeitsbuch 33–34: als Hausaufgabe; **35:** in Stillarbeit: Die TN entscheiden selbst, ob sie Übung b) (mehr Hilfen) oder Übung c) (weniger Hilfen) bearbeiten. Lassen Sie die TN den Brief auf einen Zettel schreiben, sammeln Sie die Briefe ein und korrigieren Sie sie. Achten Sie auch auf die Formalia. **36:** in Stillarbeit oder als Hausaufgabe

TIPP
> Bei Texten, die die TN selbst schreiben, kommen immer wieder dieselben Fehler vor. Stellen Sie aus den Briefen der TN einen Brief zusammen, in den Sie die häufigsten Fehler der TN einbauen. Kopieren Sie den Brief. Je zwei TN erhalten eine Kopie. Sagen Sie den TN ausdrücklich, dass dieser Brief Fehler enthält. Bitten Sie die TN, die Fehler zu korrigieren. Besonders motivierend ist es, wenn die genaue Zahl der Fehler bekannt ist und so ein Wettkampf entsteht, alle zu finden. Anschließend besprechen Sie die Fehler, indem Sie den Brief auf Folie an die Wand werfen. Zugleich erhalten die TN eine Rückmeldung über ihre Fehler, ohne dass Sie jeden Text einzeln besprechen müssen. Auch führen Sie die TN an die Korrektur eigener Texte heran, was bei Prüfungen wichtig ist.

Einen Test zu Lektion 5 finden Sie auf den Seiten 142–143. Weisen Sie die TN auf die interaktiven Übungen auf ihrer Arbeitsbuch-CD hin. Die TN können mit diesen Übungen den Stoff der Lektion selbstständig wiederholen und sich ggf. auch auf den Test vorbereiten.

Materialien
1 Kopiervorlage „Zwischenspiel zu Lektion 5"

Zwischenspiel 5
Frau Özer bleibt am Ball
Fußball

1 **Leseverstehen: Den wesentlichen Inhalt verstehen**
1. Weisen Sie auf das Foto von Deniz Özer hin. Ein TN liest die Aussagen a) bis g) vor. Die TN äußern Vermutungen, ob die Aussagen richtig oder falsch sind, und begründen diese. Durch dieses Vorgehen wird eine Lese-Erwartung aufgebaut und es kann schon das eine oder andere Wort vorentlastet werden.
2. Die TN lesen das Interview und den Steckbrief und kreuzen ihre Lösungen an.
3. Abschlusskontrolle im Plenum. Lassen Sie ggf. die Textpassagen vorlesen, die die Lösungen anzeigen, um sicherzustellen, dass die TN wirklich verstanden haben.
Lösung: a) richtig; b) falsch; c) falsch; d) falsch; e) richtig; f) falsch; g) richtig
4. Die TN bearbeiten zur Vertiefung die Kopiervorlage „Zwischenspiel zu Lektion 5" in Stillarbeit oder als Hausaufgabe.
Lösung: 1 a) Seit 1985. b) Muşspor, Eintracht Frankfurt, Darmstadt 98; c) SG Essen-Schönebeck; d) Bürokauffrau; e) Bürokauffrau; f) lachen, mit Freunden zusammen sein, Döner und Schokolade essen; 2 1 b); 2 d); 3 e); 4 a); 5 c)

2 **Über Fußball sprechen**
Die TN sprechen im Kurs über Fußball. Machen Sie an der Tafel eine Strichliste mit Fußballfreunden und Fußballhassern: Wie ist das Verhältnis in Ihrem Kurs? Lenken Sie das Gespräch auch mit gezielten Nachfragen wie: „Und wer ist dein Lieblingsspieler?", „Auf welchem Tabellenplatz steht dein Verein zurzeit?" etc.

3 **Über Träume sprechen**
1. Fragen Sie noch einmal nach, was der Traum von Deniz ist (in der türkischen Frauennationalmannschaft spielen).
2. Die TN erzählen im Plenum oder in Kleingruppen von ihren Träumen. Erzählen Sie ggf. einen Traum von sich, um den TN eine Anregung zu geben und das Gespräch anzustoßen.
3. *fakultativ:* Die TN schreiben als Hausaufgabe einen kurzen Text „Mein Traum". Sammeln Sie die Texte zur Korrektur ein.

Fokus Alltag 5

Ein Brief von der Krankenkasse

Die TN können Briefen der Krankenkasse wesentliche Informationen entnehmen, z.B. Angebote zu Zusatzversicherungen.
Sie können telefonisch Informationen erfragen.

Materialien
2 ggf. Transkription des Hörtextes
Projekt: Flyer, Broschüren zu Zusatzversicherungen

---

1 Leseverstehen: Brief von der Krankenkasse

1. Fragen Sie die TN zur Einstimmung, ob sie schon einmal einen Informationsbrief von ihrer Krankenkasse erhalten haben, und lassen Sie kurz und soweit sprachlich möglich berichten, worum es in den Briefen ging. Vielleicht tauchen in diesem Zusammenhang Wörter wie „Zusatzversicherung" oder „Information zu den Beiträgen" auf, die sie dann gleich für alle erklären können.
2. Die TN lesen die Fragen zum Brief. Klären Sie Wortschatzfragen.
3. Da ein realitätsnaher Brief von einer Krankenkasse nicht ganz einfach zu verstehen ist, machen Sie deutlich, dass die TN sich beim Lesen ausschließlich darauf konzentrieren sollen, die Antworten zu den Fragen zu finden. Die TN lesen den Brief und beantworten in Partnerarbeit die Fragen.

2 Hörverstehen: Ein Gespräch mit der Krankenkasse

1. Erklären Sie, dass Frau Cengiz bei der Krankenkasse anruft, weil sie nicht sicher ist, ob sie alles im Brief richtig verstanden hat. Spielen Sie das Gespräch vor.
2. Die TN vergleichen mit ihren Lösungen aus Übung 1.
3. Abschlusskontrolle im Plenum. *Lösung:* A c); B b); C b); D a), c), d); E c)
4. *fakultativ:* Verteilen Sie die Transkription des Hörtextes. Die TN lesen das Gespräch in Partnerarbeit und heften es dann als Muster für eigene Anrufe bei der Krankenkasse im Lerntagebuch ab.

LANDES KUNDE
Weisen Sie die TN darauf hin, dass sie bei einem Anruf bei der Krankenkasse ihre Versicherungsnummer bereithalten sollten, damit der Kundenberater alle nötigen Informationen schnell finden kann. Sie sollten wissen, dass viele Krankenkassen Zusatzversicherungen anbieten, die manchmal sehr teuer sein können. Und: Nicht jede Versicherung lohnt sich für jeden. Die TN sollten genau vergleichen oder deutsche Bekannte bei Verständnisfragen um Unterstützung bitten.

PROJEKT
Bitten Sie die TN, sich bei ihrer Krankenkasse nach Zusatzversicherungen zu erkundigen. Mutige TN, die gern sprechen, können dort anrufen. Andere TN können aber auch bei einer der großen Krankenkassen am Ort vorbeigehen und sich Prospekte mitnehmen. Meistens gibt es für diese Zusatzangebote Flyer und Broschüren. Sie können im Kurs gelesen werden: Welche Zusatzversicherungen werden besonders häufig angeboten? Was gibt es an Spezialangeboten?

LEKTION 5 **74**

Fokus Alltag 5
Ein Gespräch mit dem Arzt

Die TN können im Gespräch mit Ärzten Informationen zur Person, zum Gesundheitszustand und zur bisherigen Therapie geben. Sie können relevante Informationen über unterschiedliche Behandlungsmöglichkeiten verstehen.

1 **Hörverstehen 1: Besuch bei der Kinderärztin**
1. Die TN lesen die Begriffe in Übung a). Helfen Sie ggf. mit dem Wort „Virusinfektion".
2. Die TN hören den ersten Teil des Gesprächs so oft wie nötig und kreuzen ihre Lösungen an.
3. Abschlusskontrolle im Plenum. *Lösung:* Halsschmerzen, Fieber, eine Virusinfektion
4. Die TN lesen die Ratschläge in Übung b) und stellen Vermutungen an: Was rät die Ärztin Ivos Mutter wohl?
5. Die TN hören den zweiten Teil des Gesprächs. Sie vergleichen mit ihren Vermutungen und kreuzen ihre Lösungen an.
6. Abschlusskontrolle im Plenum. *Lösung:* viel trinken, viel schlafen, ein Medikament gegen Fieber und Schmerzen nehmen

2 **Hörverstehen 2: Gespräch mit der Kinderärztin**
1. Die TN ergänzen in Partnerarbeit die Gesprächausschnitte.
2. Spielen Sie zur Kontrolle das Gespräch vor. *Lösung:* vgl. Hörtext
3. Die TN lesen und spielen das Gespräch mit ihrer Partnerin / ihrem Partner.

LANDESKUNDE

Die TN sollten wissen, dass Patienten zu keiner Behandlung verpflichtet sind und ihre Zustimmung/Ablehnung äußern dürfen.

PROJEKT
1. Fragen Sie TN mit Kindern nach ihrem Kinderarzt oder suchen Sie im Branchenbuch nach einem Kinderarzt in der Nähe der Schule. Rufen Sie dort an und vereinbaren Sie einen Besuchstermin mit Ihrem Kurs. Erklären Sie der Ärztin / dem Arzt, dass die TN erfahren sollen, was speziell ein Kinderarzt macht und was die Früherkennungsuntersuchungen U1 bis U9 sind.
2. Bereiten Sie mit den TN den Besuch in der Arztpraxis vor, indem Sie sie die Wörter U1 bis U9 untereinander schreiben lassen und daneben die Fragen: „Welche Untersuchungen?" „Wie alt ist das Kind?" Erklären Sie, wenn nötig, auch einige Begriffe wie „wiegen", „die Größe messen" etc.
3. Beim Besuch in der Kinderarztpraxis sollen die TN dann in ihrer Tabelle stichpunktartig ein paar Informationen zu den Untersuchungen und das jeweilige Alter, das das Kind bei dieser Untersuchung hat, notieren.
4. Die TN vergleichen im Nachgespräch ihre Notizen. Machen Sie ggf. noch einmal deutlich, dass diese Untersuchungen wichtig sind und von der Krankenkasse übernommen werden.

75 LEKTION 5

SCHULE UND AUSBILDUNG

Folge 6: *Zwischenzeugnis*
Einstieg in das Thema: Schulsystem und Ausbildung in Deutschland

Materialien
1 ggf. Zeugnis(se)

1 Vor dem Hören: Das Wortfeld „Schule, Studium und Ausbildung"

1. Bitten Sie die TN, eine Minute lang alles zu notieren, was ihnen zum Thema „Schule" einfällt. Anschließend vergleichen die TN in Kleingruppen ihre Notizen und einigen sich auf fünf Punkte, die sie für die wichtigsten halten.
2. Tragen Sie die Gruppenergebnisse im Plenum zusammen und notieren Sie die Stichpunkte der TN an der Tafel.
3. Fragen Sie dann nach dem Unterschied zwischen Schule und Studium und klären Sie auch den Unterschied zwischen Studium und Ausbildung.
4. Die TN sehen sich im Buch die Aufgabe 1 a) an und ordnen den Begriffen die Nummern aus der Abbildung zu.
5. Abschlusskontrolle im Plenum. *Lösung:* das Fach: 4; die gute Note: 2; die schlechte Note: 3
6. Die TN sehen das Zeugnis mit den Fächern und Noten im Buch an. Sprechen Sie mit den TN kurz darüber, welche Schulfächer es in ihren Heimatländern gibt und welche Fremdsprachen man lernen kann. Bleiben Sie allgemein, die persönliche Schulzeit der TN wird in Lernschritt C3 zum Thema werden.
7. Die TN lösen die Aufgabe 1 b). Abschlusskontrolle im Plenum.
   Lösung: in der Schule sitzen bleiben: Mit zwei Fünfen oder einer 6 im Zeugnis muss man eine Klasse wiederholen; das Abitur: Die Abschlussprüfung an einem Gymnasium. Danach kann man studieren; eine Ausbildung machen: einen Beruf lernen; studieren: eine Universität besuchen
   Hinweis: Häufig verwechseln die TN „studieren" und „lernen". Weisen Sie darauf hin, dass das Verb „studieren" nur für die Universität benutzt wird. In der Schule, in der Volkshochschule oder am Goethe-Institut wird gelernt.

LANDES KUNDE Da viele der TN schulpflichtige Kinder haben, sollten Sie das deutsche Notensystem an der Tafel notieren. In einigen Ländern, z.B. in Russland, ist Eins die schlechteste Note. Die in *Schritte plus* genannten Noten beziehen sich auf das Notensystem in Deutschland. Wenn Sie in Österreich bzw. in der Schweiz mit *Schritte plus* unterrichten, weisen Sie die TN darauf hin und erklären Sie das Notensystem Ihres Landes. Vielleicht haben Sie ja sogar ein altes Schulzeugnis, das Sie herzeigen möchten?

2 Vor dem Hören: Schlüsselwörter verstehen

1. Die TN lösen die Aufgabe wie im Buch angegeben.
2. Abschlusskontrolle im Plenum. *Lösung*: a) faul; c) blöd; d) arm

3 Beim ersten Hören

1. Die TN stellen Vermutungen über den Handlungsverlauf der Geschichte an.
   Hinweis: Wenn Sie genug Zeit haben, lassen Sie die TN vor dem Hören in Partnerarbeit Gespräche zu einzelnen Fotos schreiben. Besonders geeignet sind dazu Foto 2, 4 oder 7.
2. Die TN hören die Foto-Hörgeschichte, sehen sich die Fotos dabei an und vergleichen mit ihren Vermutungen.
3. Weitere Vorschläge zum Umgang mit der Foto-Hörgeschichte finden Sie auf Seite 12 f.

4 Nach dem ersten Hören: Kernaussagen verstehen

1. Die TN lesen die Aussagen und kreuzen ihre Lösungen während des zweiten Hörens an. Geübte TN kreuzen sofort ihre Lösung an und kontrollieren diese beim zweiten Hören.
2. Abschlusskontrolle im Plenum. Die geübten TN verbessern falsche Lösungen und hören die Foto-Hörgeschichte ggf. noch einmal. Stoppen Sie die CD an den problematischen Stellen.
   Lösung: a) Kurt; b) Simon; c) Maria; d) Simon; e) Simon

5 Nach dem Hören: Kursgespräch über das Verhalten von Kurt

1. Die TN fassen zusammen, wie sich Kurt gegenüber Simon verhält und warum er sauer ist. Wenn die TN Hilfestellung brauchen, fragen Sie: „Was sagt er zu Simon? Was soll Simon tun?"
   Lösungsvorschlag: Kurt ist wütend. Er ärgert sich über das Zeugnis von Simon. Er will das Zeugnis nicht unterschreiben. Simon soll das Abitur machen und studieren.
2. Die TN äußern ihre Meinung über Kurts Verhalten. Geben Sie an der Tafel die Redemittel für die Diskussion vor: „Ich finde, ...", „Ich meine, ...", „Kurt hat recht, weil ...", „Kurt hat unrecht, weil ..."

LEKTION 6 76

Materialien
A1 Folie von Übung 1 im Arbeitsbuch
A3 ggf. Kopie mit Verben
A4 Kopiervorlage L6/A4, Spielfiguren, Würfel

Ich **wollte** studieren.
Präteritum der Modalverben
Lernziel: Die TN können über berufliche Jugendträume und über den Ausbildungsweg sprechen.

A **6**

A1   Präsentation der Modalverben im Präteritum
1. Die TN hören die Beispiele und ergänzen die Modalverben im Kursbuch. Sicher wird den TN hier der Unterschied zwischen „heute" und „früher" auffallen, der sich in der Form der Modalverben zeigt. Die Modalverben im Präsens sind den TN bereits aus *Schritte plus 1* und *Schritte plus 2* bekannt.
2. Abschlusskontrolle im Plenum. *Lösung*: wollte – wollte – durfte – musste – will – muss
3. Präsentieren Sie die Folie von Übung 1 aus dem Arbeitsbuch. Die TN überlegen im Plenum, welche Aussage zu welcher Person passt.
4. Entwickeln Sie dann anhand der Folie folgendes Tafelbild:

```
Kurt, früher          Kurt, heute
ich wollte            ich will
ich durfte            ich darf
```

Erklären Sie den TN, dass die linke Form Vergangenheit ausdrückt. Das Präteritum von „haben" und „sein" ist den TN aus *Schritte plus 2*, Lektion 8, bekannt. Wischen Sie das Tafelbild nicht aus, Sie brauchen es noch für A2!
5. Fragen Sie die TN, welche „ähnlichen" Verben / Verben mit ähnlicher Form sie noch kennen, und ergänzen Sie sie an der Tafel.
6. Weisen Sie dann auf den Grammatikspot im Buch hin und fragen Sie für jedes Modalverb nach der Präteritumform. Notieren Sie diese an der Tafel. Ergänzen Sie auch die Personalpronomen „er" und „sie", weil hier die Verb-Endungen gleich sind. Da das Tafelbild sich nicht mehr auf Kurt allein bezieht, wischen Sie „Kurt" aus. Unterstreichen Sie die Endungen „-te", sie sind das Präteritumzeichen.

```
früher                    heute
ich/er/sie wollte         ich/er/sie will
ich/er/sie durfte         ich/er/sie darf
ich/er/sie musste         ich/er/sie muss
ich/er/sie konnte         ich/er/sie kann
ich/er/sie sollte         ich/er/sie soll
```

A2   Anwendungsaufgabe zu den Modalverben im Präteritum
1. Die TN sehen sich die Aufgabe im Buch an. Besprechen Sie das erste Beispiel im Plenum: „Anna wollte Schneiderin werden." Wenn nötig, notieren Sie das Beispiel an der Tafel und weisen Sie auf die Endstellung des Infinitivs hin.

2. Die TN sprechen über die anderen Beispiele in Partnerarbeit. Geübte TN denken sich ein weiteres Beispiel zu einer fiktiven Person aus. Vielleicht gibt es ja eine Großmutter / einen Großvater, über den sie nach dem Muster der Aufgabe berichten können.

Arbeitsbuch 2–3: in Stillarbeit oder als Hausaufgabe

A3   Anwendungsaufgabe zu den Modalverben im Präteritum
1. Die TN lesen die Aufgabenstellung. Sie sehen sich die erste Zeichnung an und lesen das Beispiel.
2. Fragen Sie: „Was kann man noch schreiben zu Bild A?" Die Frage soll den TN deutlich machen, dass es hier viele Möglichkeiten gibt, etwas über Friedrich zu sagen. Ermuntern Sie die TN, hier möglichst kreativ zu sein.
Lösungsvorschlag: Friedrich wollte spielen, aber er musste lernen. Friedrich wollte mit Autos spielen, aber er musste Mathematik machen / rechnen.
3. Die TN lösen die übrigen Beispiele in Stillarbeit.

Variante: Sollten die TN noch Schwierigkeiten mit den Verben haben, bereiten Sie eine Kopie mit möglichen Verben zu den Zeichnungen vor, die die TN im ersten Schritt den Zeichnungen zuordnen. Mithilfe dieser Verben lösen die TN dann die Aufgabe. Für die geübten TN können Sie einen kleinen Wettbewerb veranstalten. Wer schreibt die meisten richtigen Sätze zu den Zeichnungen?

Arbeitsbuch 4: in Stillarbeit oder als Hausaufgabe

77   LEKTION 6

6 A — Ich **wollte** studieren.

Präteritum der Modalverben
Lernziel: Die TN können über berufliche Jugendträume und über den Ausbildungsweg sprechen.

Materialien
A4 Kopiervorlage L6/A4, Spielfiguren, Würfel

A4   **Aktivität im Kurs: Über Berufswünsche in der Jugend sprechen**

1. Zeichnen Sie ein Bild an die Tafel wie im Buch und lassen Sie die TN raten, was Sie als Kind werden wollten. Wenn Sie Lust haben, zeichnen Sie mehrere Bilder: als Kind, als Jugendliche(r), heute. Zeichnen Sie, auch wenn Sie nicht besonders gut zeichnen können. Was man nicht eindeutig erkennen kann, ist umso besser zum Raten. Auch zeigen Sie den TN damit, dass diese Übung spielerisch gemeint ist und Spaß machen kann. Besondere Zeichenkünste werden nicht verlangt!
2. Geben Sie den TN Gelegenheit, in Kleingruppen Berufe und andere wichtige Wörter, die sie für das Thema brauchen, zu sammeln. Gehen Sie herum und helfen Sie.
3. Die TN zeichnen und raten in Kleingruppen. Ermuntern Sie die TN, auch Fragen an ihre Mitspieler zu stellen: „Warum wolltest du das werden?", „Bist du jetzt zufrieden?" Weisen Sie die TN auch auf den Grammatikspot hin, der als Hilfestellung bei Unsicherheiten genutzt werden kann.
4. Wenn die TN Spaß an der Aktivität hatten, sammeln Sie die Zeichnungen ein und stimmen Sie mit den TN darüber ab, welches das lustigste Bild ist.
5. *fakultativ:* Verteilen Sie die Kopiervorlage L6/A4 an Kleingruppen. Ziel dieser Aktivität ist es, die TN zum Gespräch über die eigene Kindheit anzuregen. Die TN stellen ihre Spielfigur auf ein beliebiges Feld, möglichst nicht alle auf das gleiche Feld. Der erste TN der Gruppe würfelt und geht die gewürfelte Anzahl an Feldern vor. Sie/Er landet z.B. auf dem Feld „zum ersten Mal allein ausgehen dürfen". Sie/Er stellt einem anderen TN aus der Gruppe eine Frage: „Wann durftest du zum ersten Mal allein ausgehen?" Der angesprochene TN antwortet. Gehen Sie herum und helfen Sie bei Schwierigkeiten.
Hinweis: Die Kopiervorlage lässt sich auch zu einem späteren Zeitpunkt zur Wiederholung einsetzen.

Arbeitsbuch 5–8: in Stillarbeit oder als Hausaufgabe; **9:** in Partnerarbeit

---

LEKTION 6

| Materialien
Lerntagebuch: auf Folie
B5 Kopiervorlage L6/B5 | Es ist aber wichtig, **dass** man eine gute Ausbildung hat.
Nebensätze mit *dass*
Lernziel: Die TN können Gefühle ausdrücken und ihre Meinung sagen. | B |  | 6 |

B1 **Präsentation: Nebensätze mit *dass***
1. Die TN sehen sich Foto 5 aus der Foto-Hörgeschichte an und lösen die Aufgabe wie im Buch angegeben. Falls nötig, spielen Sie den Ausschnitt der Foto-Hörgeschichte noch einmal vor.
2. Die TN vergleichen ihre Lösungen mit ihrer Partnerin / ihrem Partner. Achten Sie darauf, dass die TN nicht auf ihre Lösungen zeigen, sondern dass sie die Sätze vorlesen. Dann prägt sich die neue Struktur schon ein wenig ein. Jede(r) hat sie einmal „auf der Zunge gespürt" und sie erscheint nicht mehr so fremd und ungewohnt.
3. Abschlusskontrolle im Plenum. *Lösung*: Maria: d, e; Simon: a, c
4. Schreiben Sie Zitat d) an die Tafel und markieren Sie die Konjunktion und das Verb wie im Buch. Erklären Sie den TN, dass mit der Konjunktion „dass" eine Meinung oder ein Gefühl modifiziert/näher erläutert wird. Weisen Sie auf die Endstellung des Verbs bei Nebensätzen hin. Diese ist den TN schon aus Lektion 1 und Lektion 4 bekannt.
5. Zeichnen Sie um die komplette Wendung „Es ist wichtig, dass" einen Kasten. Sie sollte von den TN als Formel gelernt werden.
6. Fragen Sie nach weiteren Sätzen, die in B1 mit „dass" stehen. Notieren Sie sie an der Tafel.

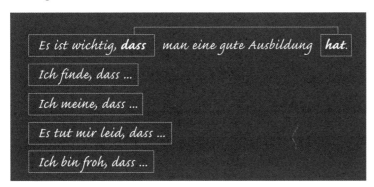

Arbeitsbuch 10–11: in Stillarbeit oder als Hausaufgabe

B2 **Hörverstehen 1: Die Kernaussage verstehen**
1. Sagen Sie den TN, dass sie eine Sendung hören werden. Bitten Sie die TN, sich darauf zu konzentrieren, was das für eine Sendung ist. Wo gibt es solche Sendungen? Was ist die Frage? Spielen Sie die CD bis zur Musik vor.
   Lösungsvorschlag: Das ist eine Radiosendung. Die Hörer sollen anrufen und ihre Meinung sagen. Die Frage ist: Wie wichtig sind Noten?
2. Die TN lesen die Aufgabenstellung und sehen sich die Tabelle im Buch an. Spielen Sie jetzt die ganze Sendung vor. Die TN kreuzen die Lösungen an.
3. Abschlusskontrolle im Plenum. Die TN sollten ihre Lösungen in vollständigen Sätzen nennen.
   Lösung:

... findet, dass Noten ...	wichtig sind.	nicht wichtig sind.
Jakob		X
Olaf Meinhard	X	
Anneliese Koch		X

B3 **Hörverstehen 2: Meinungen verstehen**
1. Die TN lesen die Aufgabenstellung und die Beispielsätze und kreuzen die Lösungen an. Spielen Sie den Hörtext so oft wie nötig vor.
2. Abschlusskontrolle im Plenum. *Lösung*: a) Anneliese Koch; b) Olaf Meinhard; c) Jakob

B4 **Anwendungsaufgabe: Eine Meinung wiedergeben**
1. Lesen Sie gemeinsam mit den TN das Beispiel. Lassen Sie einen TN den letzten Satz ergänzen.
2. Weisen Sie auf den Infospot im Buch hin. Erklären Sie den TN, dass man diese Ausdrücke benutzt, wenn man die eigene Meinung oder die eines anderen wiedergibt. Weisen Sie darauf hin, dass die Wendung „Er/Sie ist sicher, dass ..." auf eine sehr feste Meinung deutet. Bisher haben die TN diese Wendungen ohne „dass" benutzt. Erklären Sie den TN, dass die Konjunktion in der Alltagssprache häufig weggelassen wird.
3. Die TN sprechen in Partnerarbeit über die anderen Personen. Gehen Sie herum und helfen Sie bei Schwierigkeiten.

Arbeitsbuch 12–13: in Stillarbeit oder als Hausaufgabe: Mit Übung 12 vertiefen die TN selbstständig die Verbstellung im Nebensatz.

79 LEKTION 6

6 B Es ist aber wichtig, **dass** man eine gute Ausbildung hat.

Nebensätze mit *dass*
Lernziel: Die TN können Gefühle ausdrücken und ihre Meinung sagen.

Materialien
Lerntagebuch: auf Folie
B5 Kopiervorlage L6/B5

LERN TAGEBUCH

Arbeitsbuch 14: im Kurs: Bereiten Sie von Übung 14 eine Folie vor. Besprechen Sie mit den TN zunächst die vorgegebenen Beispiele. Erläutern Sie den TN, dass die Wendungen nicht austauschbar sind, sondern der Aussage eine bestimmte Tendenz geben. Sehen Sie traurig drein und machen Sie ein Beispiel für „Es tut mir leid, dass ..." Erklären Sie mit einem Lächeln: „Ich bin glücklich, dass ..." Die TN machen die Übung zunächst in Einzel- oder Partnerarbeit. Anschließend tragen Sie die Ergebnisse auf der Folie zusammen. Die TN kontrollieren ihre Tabelle und verbessern sie.
fakultativ: TN, die noch etwas mehr tun möchten, können weitere Wendungen in ihre Tabelle eintragen. Manche TN schnappen viele Wörter und Ausdrücke von Bekannten oder aus den Medien auf. Ermuntern Sie die TN, sich bei Unsicherheiten an Sie zu wenden.

Arbeitsbuch 15: im Kurs: Tragen Sie mit den TN gemeinsam die bereits bekannten Konjunktionen an der Tafel zusammen, die Nebensätze einleiten („dass", „wenn", „weil"). Fragen Sie nach Beispielsätzen und notieren Sie einige. Wenn nötig, heben Sie noch einmal die Endstellung des Verbs hervor. Die TN lösen Übung 15 selbstständig in Stillarbeit. Lassen Sie die TN ihre Lösungen nicht ins Buch, sondern auf Zettel notieren. Sammeln Sie die Zettel ein und korrigieren Sie sie.
Hinweis: Machen mehrere TN die gleichen Fehler, verfahren Sie wie auf Seite 66 (Tipp) vorgeschlagen.

PHONETIK

Arbeitsbuch 16–21: im Kurs: In der deutschen Hochsprache bzw. in der sogenannten Bühnensprache, die Schauspieler und professionelle Sprecher lernen, wird „-ig" am Wort- oder Silbenende wie „ich" gesprochen. Zeigen Sie den TN dieses Phänomen anhand von Übung 16 und 17 auf. Sollten Sie in Süddeutschland, Österreich oder der Schweiz unterrichten, machen Sie die TN darauf aufmerksam, dass dort „-ig" auch „-ig" bleibt.
Die Übungen 18 bis 21 brauchen Sie nur mit TN zu machen, die aufgrund ihrer Muttersprache Schwierigkeiten mit der Unterscheidung von „b" und „w" (spanischsprachige TN) oder mit der korrekten Artikulation von „w" (englischsprachige TN) haben. Insbesondere bei „w" kommt es vor, dass TN mit Englischkenntnissen den englischen „w-"Laut auch für das Deutsche übernehmen, auch wenn in ihrer eigenen Sprache der Laut wie im Deutschen artikuliert wird.

B5 Aktivität im Kurs: Diskussion

1. Sammeln Sie mit den TN an der Tafel noch einmal alle Wendungen mit „dass", die die TN kennengelernt haben, und tragen Sie sie in folgende Tabelle ein:

denken/meinen/fühlen	wissen	Ausdrücke mit „es"
Ich bin froh, dass ...	Ich weiß, dass ...	Es ist wichtig, dass ...
Ich meine, dass ...	Ich bin sicher, dass ...	Es tut mir leid, dass ...
...		

Nehmen Sie auch die Wendungen mit auf, die die TN selbst einbringen, weil sie sie schon einmal gehört haben. Sagen Sie den TN, dass sie diese Wendungen als feste Wendungen lernen sollen. Bitten Sie um einen Beispielsatz, den Sie ebenfalls notieren. Erklären Sie den TN, dass man daraus auch eine Frage machen kann. Ermuntern Sie die TN, aus dem Beispielsatz eine Frage zu machen. Notieren Sie die Frage ebenfalls und markieren Sie die Stellung des Verbs am Anfang. Weisen Sie auf den Infospot im Buch hin. Wenn nötig, machen Sie weitere Beispiele an der Tafel.

2. Die TN lesen das Beispiel im Buch.

3. Die TN sitzen in Kleingruppen von vier TN zusammen und erhalten die in Kärtchen geschnittene Kopiervorlage L6/B5. Die Kärtchen liegen verdeckt auf dem Tisch. Der erste TN dreht das erste Kärtchen um und fragt einen TN aus der Gruppe. Alle dürfen sich am Gespräch beteiligen, Nachfragen stellen oder ihre eigene Meinung zur Frage sagen. Erst wenn es nichts mehr zu sagen gibt, zieht ein TN aus der Gruppe ein neues Kärtchen. Gruppen, die die Aufgabe beendet haben, halten ihre Meinung zu einem der Themen schriftlich fest.

LEKTION 6

Materialien
C1 ggf. Papierbögen/Tapete, Filzstifte; Folie von Schema C1
Projekt: Fotos aus der Schulzeit

Das Schulsystem

Landeskunde: Das deutsche Schulsystem
Lernziel: Die TN können über das Schulsystem und über Schulerinnerungen sprechen.

C **6**

C1 Präsentation des deutschen Schulsystems

1. Teilen Sie die TN in zwei Gruppen auf. Jede Gruppe sammelt sich vor einem Tafelflügel. Wenn Sie keine Tafel haben, erhalten die Gruppen ein großes Blatt Papier oder Tapete und einen Filzstift. Jede Gruppe wählt einen Schreiber. Bitten Sie die Gruppen, in ganzen Sätzen zu notieren, was sie über die Schule in Deutschland wissen. Helfen Sie den Gruppen bei Formulierungen, Grammatik oder Vokabeln. Beantworten Sie aber keine Fragen nach dem Schulsystem!
2. Präsentieren Sie das Schema von C1 auf Folie. Lesen Sie den ersten Satz von Gruppe 1 vor. Zeigen Sie auf das Schema und fragen Sie: „Ist das richtig oder falsch?" Ein TN kommt nach vorn und zeigt auf der Folie, wo die Antwort zu sehen ist. Verfahren Sie mit den anderen Sätzen genauso. Diskutieren Sie Antworten, die sich nicht auf dem Schema zeigen lassen, mit allen TN.
   Hinweis: Das Überprüfen bereits bekannter Informationen anhand des Schemas erleichtert den TN das Verstehen des Schaubilds. Denn gerade ungeübten TN sind solche schematischen Darstellungen oft fremd.
3. Bilden Sie Kleingruppen von vier TN und lassen Sie die TN weitere Informationen notieren, die sie dem Schema entnehmen können. Geben Sie eine Zeit vor, z.B. fünf oder zehn Minuten. Achten Sie auf vollständige Sätze.
4. Die Gruppen tauschen ihre Notizen aus und überprüfen die Aussagen mithilfe des Schemas.
5. Im Plenum tragen die TN die richtigen Aussagen zusammen. Notieren Sie die Aussagen an der Tafel.
6. Nachdem die TN alles, was sie selbst dem Schema entnehmen konnten, zusammengetragen haben, ermuntern Sie die TN, Fragen zum Schema zu stellen, z.B. zu Begriffen, die sie nicht kennen, etc. Bevor <u>Sie</u> antworten, geben Sie den anderen TN die Möglichkeit zu antworten.

LANDESKUNDE Erklären Sie den TN, dass es in Deutschland eine Schulpflicht gibt und die Zugehörigkeit zur Grundschule geregelt ist. Die TN sollten auch wissen, dass Kindergärten und weiterführende Schulen frei gewählt werden dürfen, und sie sollten in der Lage sein, nach Unterschieden im Ausbildungssystem im Vergleich zum Heimatland zu fragen.

Arbeitsbuch 22: in Stillarbeit

C2 Hörverstehen: Einen kurzen persönlichen Bericht verstehen

1. Die TN lesen die Aufgabenstellung. Erklären Sie den TN, dass „Schulweg" hier nicht die Straßen meint, die jemand zur Schule gelaufen ist. „Schulweg" meint hier die Schulen, die jemand im Laufe seines Lebens besucht hat. Die TN sehen sich das erste Foto an und lesen den Text.
2. Fragen Sie die TN: „Was erfahren wir über Hanne?" Notieren Sie an der Tafel: 18 Jahre, Auszubildende, geht nicht mehr zur Schule. Lassen Sie die TN zunächst Vermutungen darüber anstellen, welchen „Weg" Hanne gegangen sein könnte.
3. Spielen Sie dann den Hörtext über Hanne Heinrich vor. Stoppen Sie hinter jeder Information zu Hannes Schullaufbahn. Lassen Sie die TN die Information wiederholen und legen Sie einen Kugelschreiber oder ein Stück Kreide an die jeweils passende Stelle auf der Folie von C1. Zeichnen Sie die schon eingetragene Schullaufbahn von Hanne mit einem Folienstift nach.
4. Verfahren Sie mit den anderen Personen ebenso.
5. Vergleich der Lösungen in Partnerarbeit und Abschlusskontrolle im Plenum. Wenn die TN sich nicht sicher sind, spielen Sie die schwierigen Stellen noch einmal vor.
   Lösung: Hanne Heinrich: Krippe, Kindergarten, Grundschule, Hauptschule, Abschluss 9. Klasse Hauptschule, Lehre als Friseurin; Klaus Eggers: Kindergarten, Grundschule, Realschule, Lehre als Elektriker; Anne Niederle: Kindergarten, Grundschule, Gymnasium, Universität; Daniel Holzer: Grundschule, Gesamtschule, jetzt in der 7. Klasse, macht in zwei Jahren den Hauptschulabschluss, möchte eine Lehre als Schreiner machen
6. *fakultativ:* Anhand ihrer Aufzeichnungen können die TN in Kleingruppen über den Schulweg der Personen aus C2 berichten. Diese Übung eignet sich auch als schriftliche Hausaufgabe, die Sie einsammeln und korrigieren können.
7. *fakultativ:* Die TN beschreiben als Hausaufgabe ihre Schullaufbahn.

C3 Aktivität im Kurs: Über die eigene Schulzeit sprechen

1. Die TN sitzen in Kleingruppen zusammen und lesen in Stillarbeit die Aufgabe und die Beispiele. Klären Sie mit den TN die Bedeutung der Fächer und führen Sie bei Bedarf weitere Fächer ein (Religion, Wirtschaft, Ethik ...).
2. *fakultativ:* Die TN vergleichen die deutschen Schulfächer mit den Fächern in ihrem Heimatland. Gibt es Unterschiede?
3. Die TN machen sich Notizen und berichten in Kleingruppen über ihre Schulzeit. Ermuntern Sie geübte TN, Nachfragen zu stellen oder weitere Informationen zu erfragen (Welche Fremdsprachen hast du gelernt? Hattet ihr auch Nachmittagsunterricht? etc.). Gruppen, die die Aufgabe beendet haben, schreiben in Stillarbeit einen Tagebucheintrag zu einem Tag aus ihrer Schulzeit.

Arbeitsbuch 23–26: in Stillarbeit oder als Hausaufgabe

PROJEKT **Arbeitsbuch 27:** im Kurs: Die TN bearbeiten das Projekt mit einer Partnerin / einem Partner wie im Arbeitsbuch beschrieben.

81 LEKTION 6

6 D Aus- und Weiterbildung

Kursangebote
Lernziel: Die TN können Weiterbildungsangebote lesen und telefonische Anfragen dazu verstehen.

D1 ggf. Programme verschiedener örtlicher Bildungsträger

D1 **Leseverstehen: Einen Katalog- oder Broschürentext verstehen (Kursangebote)**
1. Klären Sie mit den TN den Begriff „Weiterbildung" (Jemand hat die Ausbildung beendet, aber er möchte noch mehr oder etwas Neues zusätzlich lernen). Zeigen Sie auf die Kursangebote im Buch. Fragen Sie: „Wer bietet solche Kurse an?" *Mögliche Antworten:* Volkshochschulen, AWO, Familienbildungsstätten, Haus der Familie, spezielle Schulen (Sprachschulen, Computerschulen)
2. Sprechen Sie mit den TN darüber, was für Kurse sie schon besucht haben. Manchmal machen TN neben dem Deuschkurs einen Englisch- und einen Computerkurs. Fragen Sie auch, wo die TN die Kurse machen.
3. Die TN bearbeiten die Aufgabe wie im Buch angegeben. Ermuntern Sie die TN, mit den Texten wirklich zu „arbeiten" und bunte Stifte zu benutzen. Farbliche Markierungen erleichtern das schnelle Finden und Zuordnen von Informationen, was auch für D2 wichtig ist. Klären Sie Wortschatzfragen, wenn nötig.
Lösung: Sprache: 1, 2, 7, 8; Computer: 3, 4, 5; Beruf: 6, 9; Gesundheit: 10
4. *fakultativ:* Die TN oder Sie bringen Programme von Volkshochschulen oder anderen Bildungsträgern mit. Die TN überlegen, was sie gern lernen oder machen möchten, und suchen nach passenden Angeboten. In Kleingruppen sprechen sie über ihre Ziele und die Veranstaltungen, die sie besuchen möchten.

Arbeitsbuch 28: als Stillarbeit oder als Hausaufgabe

D2 **Hörverstehen: Den wesentlichen Inhalt verstehen**
1. Sagen Sie den TN, dass man sich zu allen Kursen anmelden muss. Die TN lesen die Aufgabe und hören das erste Gespräch. Spielen Sie das Gespräch mehrmals vor. Die TN notieren die Lösung. Wenn hier Schwierigkeiten auftreten, weil für die TN die Zuordnung zu schwierig ist, besprechen Sie zuerst die Lösung, bevor Sie die anderen Telefonate vorspielen. Welche Informationen sind wichtig für die Zuordnung? (dreizehn Jahre alt, Sohn, nicht gut in Englisch).
2. Spielen Sie die Gespräche mehrmals vor und machen Sie nach jedem Gespräch eine kleine Pause, damit die TN genügend Zeit haben, um sich das Kursangebot anzusehen und den passenden Kurs „auszuwählen". Weisen Sie hier noch einmal auf die farblichen Markierungen aus D1 hin, die ein schnelleres Zuordnen ermöglichen. Für Gespräch A wird die Auswahl kleiner, wenn die TN sich nur noch zwischen den „grünen" Kursen entscheiden müssen.
Lösung: A 7; B 8; C 4; D 2; E 9

Arbeitsbuch 29–30: im Kurs: Ungeübte TN spielen mit einer Partnerin / einem Partner das in Übung 29 b) erstellte Gespräch. Geübte TN erhalten ein Kursprogramm oder wählen eine Anzeige aus dem Kursbuch: Ein TN spielt den Interessenten, der andere sucht eine passende Veranstaltung für den TN heraus.

PRÜFUNG **Arbeitsbuch 31–32:** Im Prüfungsteil Schreiben des *Deutsch-Tests für Zuwanderer* sollen die TN einen kurzen Brief im formellen Register verfassen. Übung 31 bereitet die TN darauf vor. Richtig-/Falsch-Aufgaben sind Teil jeder Prüfung, z.B. im Prüfungsteil Lesen, Teil 2, der Prüfung *Start Deutsch 2*. Die TN üben mit Übung 32.

Materialien
E1 ggf. Folie
Test zu Lektion 6
Wiederholung zu Lektion 5 und Lektion 6

Kreativität im Beruf

Test: „Welcher Berufstyp sind Sie?"
Lernziel: Die TN können über ihre Gefühle ihrem Beruf gegenüber sprechen.

E **6**

E1 Über Kreativität im Beruf sprechen

1. *fakultativ:* Um das Wortfeld „Berufe" aufzufrischen, schreiben Sie alle Buchstaben des Alphabets untereinander auf eine Folie oder an die Tafel. Setzen Sie schwierige Buchstaben wie „q", „x", „y" in Klammern. Die TN notieren in Kleingruppen zu jedem Buchstaben einen Beruf. Hat eine Gruppe zu allen Buchstaben, außer den in Klammern gesetzten, einen Beruf gefunden, ruft sie „Stopp". Die anderen Gruppen müssen dann sofort aufhören zu schreiben. Gehen Sie die Berufsbezeichnungen durch. Für jede richtige Berufsbezeichnung bekommen die Gruppen einen Punkt. Gewonnen hat die Gruppe mit den meisten Punkten.
2. Machen Sie ein Beispiel mit dem Kurs im Plenum und verwenden Sie dafür möglichst einen typischen Beruf, den die TN gut kennen oder den einige sogar haben. Fragen Sie, was an diesem Beruf kreativ ist.
3. Die TN überlegen in Partnerarbeit, in welchen Berufen Kreativität gefragt ist und welcher Art diese Kreativität sein sollte. Dabei nutzen sie ggf. die Buchstabenliste von oben. Gehen Sie herum und helfen mit gezielten Nachfragen, die Gespräche in Gang zu bringen.

Arbeitsbuch 33: in Stillarbeit oder als Hausaufgabe

TIPP

Die Methode, Wörter eines Wortfeldes (z.B. Krankheiten, Frühstück, Schulfächer) oder auch Verben, Adjektive, grammatische Formen nach Alphabet zu notieren, können Sie gut zur Wiederholung einsetzen. Durch die alphabetische Reihenfolge müssen die TN noch genauer nachdenken als bei einem Assoziogramm/Wortigel und es fallen ihnen durch diese Strukturierung andere, vielleicht auch mehr Begriffe ein. Sie können jedes Mal neu entscheiden, welche Buchstaben als „schwierig" gelten. Das kann je nach Themengebiet verschieden sein. Sie können mit den TN auch vereinbaren, zu jedem Buchstaben so viele Wörter zu notieren wie möglich.

E2 Leseverstehen: Ein Persönlichkeitstest

1. Die TN lesen Aufgabe a) und die ersten Zeilen des Persönlichkeitstests.
2. Abschlusskontrolle im Plenum. Erklären Sie dabei die Wendung „um die Ecke denken", die den TN nicht geläufig sein dürfte. *Lösung:* Kreativität kann man üben.
3. Erklären Sie, dass die TN ihre Kreativität testen sollen, und machen Sie deutlich, dass sie dabei auf die Uhr sehen sollen. Die TN machen den Test in Stillarbeit. Gehen Sie herum und helfen Sie bei Schwierigkeiten. Damit die Aufgabe sich bei Teil 1 nicht allzu sehr in die Länge zieht, bitten Sie TN, die länger als acht Minuten brauchen, abzubrechen. Sonst wird es für die anderen zu langweilig.

E3 Über das Testergebnis sprechen

1. Erklären Sie, wenn nötig, kurz, wie die TN ihr Testergebnis auswerten können, und helfen Sie ungeübten TN dabei.
2. Die TN lesen ihr Testergebnis. Geben Sie Gelegenheit zu Wortschatzfragen.
3. Die TN sprechen in Partnerarbeit über ihr Testergebnis.

Arbeitsbuch 34: als Hausaufgabe

Einen Test zu Lektion 6 finden Sie auf den Seiten 144–145. Weisen Sie die TN auf die interaktiven Übungen auf ihrer Arbeitsbuch-CD hin. Die TN können mit diesen Übungen den Stoff der Lektion selbstständig wiederholen und sich ggf. auch auf den Test vorbereiten. Wenn Sie mit den TN den Stoff von Lektion 5 und Lektion 6 wiederholen möchten, verteilen Sie die Kopiervorlage „Wiederholung zu Lektion 5 und Lektion 6" (Seiten 132–133).

83 LEKTION 6

Zwischenspiel 6
Fürs Leben lernen
Zusammenarbeit zwischen Schule und Eltern

Materialien
1–3 Kopiervorlage „Zwischenspiel zu Lektion 6"

Dieses Zwischenspiel enthält prüfungsrelevanten Wortschatz und sollte daher im Unterricht eingesetzt werden.

1 **Leseverstehen: Fragen und Probleme in der Schule**
1. Die TN lesen den Satz „Bildung ist so wichtig wie noch nie". Erklären Sie den Begriff „Bildung".
2. Diskutieren Sie mit den TN, soweit sprachlich möglich: Warum ist Bildung so wichtig?
3. Die TN lesen den gelben Kasten. Erklären Sie, dass eine aktive Teilnahme der Eltern am Schulleben in Deutschland möglich ist und sogar erwartet wird. Lassen Sie die TN selbst erzählen, wie sie schon in Kontakt mit der Schule und den Lehrern gekommen sind. Dabei werden die Begriffe „Elternabend" oder „Sprechstunde" womöglich schon geklärt.
4. Die TN erhalten die Kopiervorlage „Zwischenspiel zu Lektion 6". Sie lesen die Worterklärungen im Kursbuch und bearbeiten Übung 1 der Kopiervorlage in Stillarbeit.
5. Abschlusskontrolle im Plenum.
   Lösung: richtig: Jedes Schuljahr gibt es einen neuen Elternbeirat. Der Elternbeirat informiert die Eltern über alles, was in der Schule passiert. Die Lehrerin oder der Lehrer hilft bei Fragen und Problemen. Im Mitteilungsheft stehen kurze Informationen über das Kind. Am Elternabend treffen sich die Eltern in der Schule. Sie bekommen Informationen für das neue Schuljahr.
6. Die TN lesen die Fragen und Probleme im Kursbuch. Verweisen Sie auf die vorgegebenen Beispiele und machen Sie deutlich, dass es manchmal mehrere Möglichkeiten gibt. Die TN sprechen in Partnerarbeit über die restlichen Fragen und Probleme und ordnen zu.
7. Vergleich im Plenum.
   Lösungsvorschlag: 2 Sprechstunde; 3 Elternbeirat, Mitteilungsheft, Elternabend; 4 Elternabend; 5 Sprechstunde, Mitteilungsheft, Elternbeirat; 6 Mitteilungsheft; 7 Elternabend

2 **Hörverstehen 1: Auf dem Elternabend**
1. Die TN hören den Hörtext und bearbeiten Übung 2 der Kopiervorlage „Zwischenspiel zu Lektion 6".
2. Abschlusskontrolle im Plenum. *Lösung:* Handys, MP3-Player und Gameboys, Hausaufgaben, Krankmeldung
3. Die TN lesen die Aussagen im Buch. Sie hören den Hörtext noch einmal so oft wie nötig und kreuzen ihre Lösungen an.
4. Abschlusskontrolle im Plenum. Fragen Sie bei den falschen Aussagen nach, was richtig ist, was also die Lehrerin tatsächlich sagt. *Lösung:* a) falsch; b) richtig; c) falsch; d) falsch
5. Fragen Sie nach, wie die Regeln zu Handys und Gameboys an der Schule ihrer Kinder ist und ob sie gewusst haben, dass sie das Kind gleich am Morgen krankmelden müssen.

3 **Hörverstehen 2: In der Sprechstunde**
1. Ungeübte TN hören die Gespräche so oft wie nötig und bearbeiten dabei Übung 3 der Kopiervorlage. Geübte TN machen sich selbstständig Notizen zu Problem und Lösung.
2. Abschlusskontrolle im Plenum. Geübte TN tragen zuerst ihren Lösungsvorschlag mithilfe ihrer Notizen vor. Dann erst wird Übung 3 kontrolliert, die geübten TN können dabei ebenfalls auf der Kopiervorlage ankreuzen.
   Lösung: Gespräch 1: Elena will nicht mehr in die Schule gehen, weil die anderen über ihre Brille lachen. Die Lehrerin sagt, dass sie mit den Kindern spricht. Gespräch 2: Adem macht oft seine Hausaufgaben nicht, weil er sich in der kleinen Wohnung nicht konzentrieren kann. Sein Onkel soll seine Hausaufgaben kontrollieren. Übung 3: a) richtig; b) falsch; c) richtig; d) richtig; e) falsch; f) richtig; g) richtig; h) falsch; i) richtig

4 **Kursgespräch über Fragen und Probleme in der Schule**
Die TN sprechen frei über ihre bisherigen Erfahrungen mit der Schule. Wenn die TN bisher keine Lösungen für ein bestimmtes Problem gefunden haben, weil ihnen z.B. nicht bekannt war, dass sie sich damit jederzeit an die Lehrerin / den Lehrer des Kindes wenden können, helfen Sie mit Lösungsvorschlägen.

LEKTION 6   84

Materialien
Projekt: Beispiele von Lebensläufen

Fokus Beruf 6
Ein tabellarischer Lebenslauf
Die TN können mithilfe einer Vorlage einen Lebenslauf schreiben.

Da dieser Fokus möglicherweise nur für einen Teil der TN von Interesse ist, können die Übungen auch als Hausaufgabe gegeben werden.

1   **Leseverstehen: Lebenslauf**
1. Die TN lesen den Text über Marina Benzi. Stellen Sie einige Verständnisfragen wie: „Was ist Marina von Beruf?"
2. Erklären Sie, dass der Lebenslauf wesentlicher Bestandteil einer Bewerbung ist, und gehen Sie mit den TN den Lebenslauf im Buch durch. Erklären Sie dabei die üblichen Punkte eines Lebenslaufs wie persönliche Daten, Schulausbildung etc.
3. Die TN suchen die im Lebenslauf fehlenden Informationen im Text und markieren die Antworten.
4. Ergänzen Sie die Informationen aus dem Text gemeinsam mit den TN im Lebenslauf. Da die Informationen nicht immer eindeutig im Text stehen, könnte die Aufgabe für ungeübtere TN eine Herausforderung sein.
Lösung (von oben nach unten): Udine; verheiratet; Städtische Grundschule; (Realschul-)Abschluss; Krankenpflegerin; Kinderstation; Krankenpflegerin; Deutsch, Englisch

LANDESKUNDE   Die TN sollten die korrekte Form eines Lebenslauf kennen, z.B. maximale Länge, Formalia, Datum und Unterschrift. Erklären Sie ggf. auch, dass heute häufig die umgekehrte Chronologie üblich ist: Man beginnt den Berufsweg mit der aktuellen Tätigkeit und geht von dort zurück zur Schulausbildung.

2   **Einen Lebenslauf schreiben**
1. Die TN schreiben ihren Lebenslauf. Gehen Sie herum und bieten Sie Ihre Hilfe an. Nicht immer können Ausbildungen oder Schulabschlüsse ohne Weiteres auf deutsche Gegebenheiten übertragen werden. Helfen Sie den TN, geeignete Beschreibungen/Umschreibungen zu finden.
2. Sammeln Sie die Texte der TN ein und prüfen Sie, ob die formellen Kriterien erfüllt sind.

PROJEKT   Bitten Sie TN mit Internetzugang, Beispiele für Lebensläufe im Internet zu suchen und in den Kurs mitzubringen. Wenn nötig, können Sie auch einige Lebensläufe aus einem Bewerbungsratgeber kopieren und mitbringen. Die TN beschäftigen sich in Kleingruppen mit den Lebensläufen. Sie überlegen z.B., welcher Lebenslauf besonders übersichtlich aussieht, und sammeln, welche Kategorien sich in den Lebensläufen finden. Gibt es noch andere als die im Lebenslauf von Marina Benzi? Oder gibt es andere Bezeichnungen für die Kategorien?

Fokus Beruf 6
Ein Berufsberatungsgespräch

Die TN können in einem Beratungsgespräch auf einfache Fragen Auskunft geben, z.B. über den gesuchten Beruf, die gesuchte Stelle, ihre Kompetenzen und beruflichen Erfahrungen. Sie können außerdem berufliche Ziele nennen.

Da dieser Fokus möglicherweise nur für einen Teil der TN von Interesse ist, können die Übungen auch als Hausaufgabe gegeben werden, sofern die TN über die Arbeitsbuch-CD verfügen.

1   Hörverstehen: Bei der Berufsberatung
1. Erklären Sie den Ausdruck „sich beruflich verändern (wollen)".
2. Die TN lesen die Aussagen und äußern Vermutungen darüber, was richtig sein könnte. Falls die TN vorher die Übungen auf Seite 172 des Arbeitsbuchs bearbeitet haben, erinnern sie sich möglicherweise daran, wo Marina ihre Ausbildung gemacht hat und ob sie Kinder hat.
3. Die TN hören das Gespräch so oft wie nötig und kreuzen ihre Lösungen an.
4. Abschlusskontrolle im Plenum. *Lösung:* richtig: c, f, h

2   Rollenspiel: Gespräch mit dem Berufsberater
1. Die TN lesen die Fragen des Berufsberaters und überlegen sich ihre persönlichen Antworten dazu.
   Variante: Sammeln Sie zuerst mit den TN an der Tafel Redemittel, die sich nach den Bedürfnissen und Kenntnissen der TN richten, bevor die TN sich Notizen für das Gespräch machen.
2. Die TN spielen in Partnerarbeit ein Gespräch bei der Berufsberatung. Dann tauschen sie die Rollen und sprechen noch einmal. Gehen Sie herum und geben Sie Redemittel, wenn die TN z.B. keine Ausbildung haben und nicht wissen, wie sie sich dann verhalten sollen.

PROJEKT
1. Die TN sollen zur Agentur für Arbeit am Kursort gehen und sich dort umsehen. Bereiten Sie vorab mit den TN einige Fragen vor, deren Antworten die TN bei ihrem Besuch herausfinden sollen, z.B.: Wie heißt der (für sie zuständige) Berufsberater? Muss man einen Termin ausmachen? Wenn ja, wie ist die Telefonnummer? Wie ist die Zimmernummer des Berufsberaters? Gibt es Informationsbroschüren zu Weiterbildungen? etc.
2. Die TN gehen in Kleingruppen zur Arbeitsagentur und ergänzen die Informationen. Wenn vorhanden, nehmen sie interessante Broschüren mit.
3. Die TN berichten im Kurs über ihre Ergebnisse und zeigen die Broschüren.

LEKTION 6

Materialien
1 Poster der Foto-Hörgeschichte

FESTE UND GESCHENKE
Folge 7: *Tante Erika*
Einstieg in das Thema: Schenken und Geschenke

1 Vor dem Hören: Vermutungen äußern
1. Die TN sehen sich die Fotos 1–8 auf dem Poster an. Die Bücher sind geschlossen. Fragen Sie: „Mit wem telefoniert Maria?", „Wer ist die alte Dame?" und „Warum besucht die Familie sie?" Erinnern Sie die TN an die Redemittel „Ich glaube, dass …", „Ich meine, dass …" etc., die sie in Lektion 6 kennengelernt haben. Halten Sie die Antworten der TN in Stichwörtern an der Tafel fest. Fragen Sie dann, ob die TN glauben, dass die Familie die alte Dame oft besucht. Warum? Warum nicht?
2. *fakultativ:* Die TN überlegen, wie die Familien in ihren Heimatländern mit alten Menschen umgehen. Wo leben alte Menschen und mit wem? Wer kümmert sich um sie?
3. *fakultativ:* Die TN wählen ein Foto aus und schreiben dazu in Partnerarbeit ein kurzes Gespräch. Besonders geeignet sind die Fotos 1, 4, 6 und 7. Kennzeichnen Sie die anderen Fotos auf dem Poster ggf. durch ein großes „X" im Bild, damit diese Fotos nicht gewählt werden. Die TN lesen oder spielen ihre Gespräche vor, die anderen TN raten, um welches Bild es sich handelt.

2 Vor dem Hören: Schlüsselwörter verstehen
1. Zeigen Sie auf die Fotos 7 und 8. Fragen Sie: „Wo ist das?" TN, die die Fotos sehr genau betrachtet haben, werden auf Foto 6 längst das Wort „Seniorenheim" entdeckt haben. Für das Verständnis der Foto-Hörgeschichte ist es wichtig, dass den TN klar ist, was ein Altersheim/Seniorenheim ist.
2. Die TN kreuzen die richtige Lösung im Buch an. *Lösung:* Dort wohnen alte Menschen und jemand kümmert sich um sie: Man kocht für sie das Essen und wäscht die Wäsche. Auch ein Arzt ist da, wenn sie krank sind.

3 Beim ersten Hören
1. Schreiben Sie Fragen an die Tafel: „Warum besucht die Familie die alte Dame?" „Warum fährt Maria mit?" „Warum fahren Simon und Larissa mit?" Die TN konzentrieren sich beim ersten Hören auf diese Fragen.
2. Die TN hören die Foto-Hörgeschichte und formulieren in Partnerarbeit Antworten auf die Fragen.
3. Abschlusskontrolle im Plenum.
   Lösungsvorschlag: Die alte Dame ist Susannes Tante. Sie feiert ihren achtzigsten Geburtstag. Maria fährt mit, weil sie sich vorstellt, wie einsam Tante Erika ist. Das macht sie traurig. Simon und Larissa fahren mit, weil Maria sagt, dass Tante Erika einsam ist.
4. Weitere Vorschläge zum Umgang mit der Foto-Hörgeschichte finden Sie auf Seite 12 f.

4 Nach dem ersten Hören: Den Inhalt genau verstehen
1. Die TN lesen die Aufgaben in Stillarbeit. Sie kreuzen die richtige Lösung beim zweiten Hören an. Geübte TN markieren die Lösung vor dem zweiten Hören und nutzen das zweite Hören zur Kontrolle.
2. Abschlusskontrolle im Plenum.
   Lösung: a) Susannes Großtante. b) Weil sie ihren 80. Geburtstag feiert. c) Sie haben sich zuletzt an Tante Erikas 75. Geburtstag gesehen. d) Eine Fotocollage, Blumen und einen Kuchen. e) Sie möchte, dass die Familie sie bald wieder besucht.
3. *fakultativ:* Diskutieren Sie mit den TN darüber, ob die Familie Tante Erika in Zukunft öfter besuchen wird oder nicht. Bitten Sie die TN, ihre Meinungen zu begründen.

5 Nach dem Hören: Über die letzte Geburtstagsfeier berichten
1. *fakultativ:* Malen Sie einen Wortigel an die Tafel:

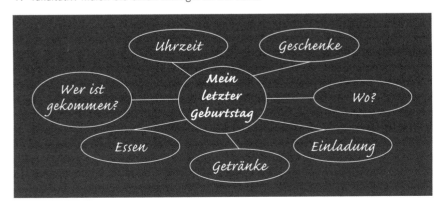

Die TN malen den Wortigel in ihr Heft oder Lerntagebuch und ergänzen ihre persönlichen Antworten zu jedem Punkt. Sollten die TN selbst überhaupt nicht Geburtstag feiern, fragen Sie nach dem Geburtstag ihrer Kinder.
2. Die TN berichten in Kleingruppen von 4–6 TN über ihr letztes Geburtstagsfest.

87 LEKTION 7

7 A Ich habe **meiner Oma** mal so ein Bild geschenkt.

Possessivartikel im Dativ
Lernziel: Die TN können über Geschenke sprechen und Ideen ausdrücken.

Materialien
A3 Kopiervorlage L7/A3, Wörterbücher
Tipp: Zettel mit Bezeichnungen von Familienangehörigen in Kursstärke, ein weicher Ball oder ein Tuch
A4 Kopiervorlage L7/A4
Lerntagebuch: auf Folie

A1 — Variation: Präsentation der Possessivartikel im Dativ
1. Die TN hören das Mini-Gespräch und lesen mit.
2. Schreiben Sie den Satz „Ich habe meiner Oma mal so ein Bild geschenkt." an die Tafel. Unterstreichen Sie die Endung im Dativ. Ergänzen Sie dann die Fragewörter wie im Tafelbild unten, indem Sie die TN fragen: „Wer hat geschenkt?", „Was habe ich geschenkt?", „Wem habe ich geschenkt?" Ergänzen Sie links „die Oma". Weisen Sie die TN auf die Tabelle im Buch hin.

Wer?		Wem (Person)?	Was (Sache)?
die Oma	Ich habe	meiner Oma	mal so ein Bild geschenkt.

3. Zwei TN variieren das Mini-Gespräch mit „Vater". Ergänzen Sie das Tafelbild mit diesem Beispiel.
4. Verfahren Sie ebenso mit den anderen Beispielen und ergänzen Sie jeweils das Tafelbild.
5. Die Possessivartikel sind den TN bereits aus *Schritte plus 2*, Lektion 10, bekannt. Es reicht der Hinweis aus, dass „dein-", „sein-", „ihr-" etc. im Dativ die gleichen Endungen wie „mein-" haben.

Arbeitsbuch 1–3: in Stillarbeit: In Übung 2 machen sich die TN die unterschiedlichen Kasusformen bewusst.

A2 — Anwendungsaufgabe zu den Possessivartikeln im Dativ
1. Die TN bearbeiten die Aufgabe wie im Buch angegeben. Weisen Sie auf den Wiederholungsspot hin.
2. Die TN vergleichen ihre Texte in Partnerarbeit.
3. Abschlusskontrolle im Plenum. Sollten die TN hier Schwierigkeiten haben, notieren Sie die richtige Lösung an der Tafel.
Variante: Während die TN in Partnerarbeit ihre Ergebnisse vergleichen, können Sie auch einen TN den Text zu Ina und einen anderen TN den Text zu Jan an der Tafel notieren lassen. Nutzen Sie diese Texte zur Kontrolle im Plenum.
Lösung: Ina schenkt ihrem Opa einen Gutschein für einen Zoobesuch. Jan schenkt ihm eine Flasche Wein. Ina schenkt ihren Eltern eine CD. Jan schenkt ihnen ein Kochbuch. Ina schenkt Roxi einen Besuch beim Hunde-Friseur. Jan schenkt ihm einen Knochen.

Arbeitsbuch 4: in Stillarbeit oder als Hausaufgabe

A3 — Freie Anwendungsaufgabe zu den Possessivartikeln im Dativ
1. Die TN erhalten die Kopiervorlage L7/A3 und notieren die Namen der Gegenstände mit Artikel, auch mithilfe des Wörterbuchs.
2. Abschlusskontrolle im Plenum.
3. Vielleicht steht Weihnachten vor der Tür oder ein anderes Fest? Wenn nicht, nennen Sie den Geburtstag als Situation, in der die TN etwas an bestimmte Personen verschenken sollen. Die TN lesen das Beispiel im Buch und machen in Partnerarbeit weitere Beispiele. Geübte TN können zusätzlich eine Begründung dafür geben, warum sie z.B. die Kaffeemaschine ihrer Großmutter schenken: „Ich schenke meiner Großmutter eine Kaffeemaschine, weil ich bei ihr immer Tee trinken muss, und ich hasse Tee."

Arbeitsbuch 5–8: als Hausaufgabe

TIPP
Wenn Sie mit den TN diese Struktur noch weiter üben möchten, vor allem das schnelle Formulieren, spielen Sie mit den TN eine Art „Schnapp hat seinen Hut verloren". Bereiten Sie zu Hause DIN A4-Zettel vor, auf denen Sie mit dickem Filzstift jeweils eine Familienbezeichnung schreiben: Tante, Onkel, Vater, Kind, Kinder, Schwager (auch Katze oder Hund können vorkommen) etc. Sie brauchen pro TN einen Zettel. Jeder TN klebt sich den Zettel mit Tesafilm gut sichtbar auf den Bauch. Alle stellen sich im Kreis auf. Erklären Sie, wenn nötig, was eine Keksdose ist. Die Keksdose enthält keine leckeren Kekse, deshalb will niemand sie behalten. Werfen Sie z.B. dem TN „Tante" ein Tuch oder einen Ball zu. Sagen Sie: „Ich will die Keksdose nicht. Ich schenke sie meiner Tante." Der TN wirft das Tuch oder den Ball dem TN „Kinder" zu: „Meine Tante will die Keksdose nicht. Sie schenkt sie meinen Kindern." Achten Sie auf einen schnellen Verlauf des Spiels. Es können auch die anderen Possessivartikel verwendet werden. „Ich schenke sie deinem Onkel." oder „Ich schenke sie ihrem Vater." In dem Fall sollte der TN natürlich eine Frau sein, bei einem Mann wäre es entsprechend „seinem Vater".

! Die Satzstellung von „Ich schenke sie meiner Tante" (Akkusativ vor Dativ) sollte hier noch nicht thematisiert werden, da das erst in Lernschritt B bewusst gemacht wird. Beschränken Sie sich auf die formelhafte Wiederholung der Phrase.

LEKTION 7   88

Materialien
A3 Kopiervorlage L7/A3, Wörterbücher
Tipp: Zettel mit Bezeichnungen von Familienangehörigen in Kursstärke, ein weicher Ball oder ein Tuch
A4 Kopiervorlage L7/A4
Lerntagebuch: auf Folie

Ich habe **meiner Oma** mal so ein Bild geschenkt.
Possessivartikel im Dativ
Lernziel: Die TN können über Geschenke sprechen und Ideen ausdrücken.

A **7**

A4 **Aktivität im Kurs: Ratespiel**
1. Um den TN das Spiel deutlich zu machen, sollten Sie ein Beispiel an der Tafel vorführen. Zeichnen Sie ein Rechteck, das sie in sechs Felder unterteilen wie im Buch. Schreiben Sie in jedes Feld je eine Person und eine Sache aus dem Kasten im Buch. Erstellen Sie daneben ein zweites Rechteck. Das erste Rechteck ist für Spieler A, das zweite für Spieler B. Spieler A fragt: „Schenkst du deiner Mutter eine Handcreme?" Ist das der Fall, sagt Spieler B „Ja" und streicht das Feld durch. Ist das nicht der Fall, sagt er „Nein" und ist seinerseits an der Reihe, eine Frage zu stellen. Spieler A kontrolliert seine Felder etc.
2. Am schönsten ist es, wenn die TN selbstständig die Zusammenstellung der Personen und Geschenke für ihren Spielplan machen. Alternativ können Sie die fertigen Spielpläne der Kopiervorlage L7/A4 verteilen. Achten Sie darauf, dass die beiden TN unterschiedliche Spielpläne erhalten.
3. Die TN spielen paarweise. Wenn sie fertig sind, können sie zusätzlich Geschenkideen für ihre Familie und ihre Freunde sammeln. Sie vergleichen mit ihrer Partnerin / ihrem Partner.

LERNTAGEBUCH **Arbeitsbuch 9:** im Kurs: Legen Sie die Folie auf und markieren Sie mit farbigen Folienstiften: Wer?/Was? = blau, Wem? = gelb und Was? = grün. Fragen Sie die TN nach einem Beispiel mit „gehören". Notieren Sie den Satz, wenn möglich, mit den Farben auf der Folie. Weisen Sie die TN darauf hin, dass „gehören" wie auch „helfen", „gefallen", „passen", „schmecken" den Dativ fordern. Man muss diese Dativ-Verben, von denen es nicht so viele gibt, auswendig lernen. Einige frequente Dativ-Verben haben die TN schon in *Schritte plus 2*, Lektion 13, kennengelernt und geübt. Besprechen Sie auch das Beispiel zu „geben": Hier gibt es zwei Objekte. In diesem Fall steht im Allgemeinen die Person im Dativ und die Sache im Akkusativ. In Stillarbeit notieren die TN eigene Beispiele zu den Verben. Gehen Sie herum und helfen Sie bei Schwierigkeiten. Sammeln Sie die Hefte ein und korrigieren Sie die Sätze.

PHONETIK **Arbeitsbuch 10–12:** im Kurs: Mit diesen Übungen trainieren die TN Konsonantenhäufungen, die besonders für TN aus Ländern mit vokalisch aufgebauter Sprache (z.B. Türkisch) problematisch sind. Üben Sie mit den TN, indem Sie sie die Segmente eines stark konsonantischen Wortes zunächst einzeln sprechen lassen, dann das ganze Wort, aber mit Pausen zwischen den einzelnen Segmenten, und schließlich das ganze Wort. Ermuntern Sie die TN, mit einem Korken zu üben. Durch den Korken sind sie zu deutlicher Aussprache „gezwungen", einzelne Buchstaben können nicht verschluckt werden. Machen Sie aus Übung 11 einen kleinen Wettbewerb: Wer findet noch mehr Wörter als im Buch angegeben, und wer kann sie am schnellsten richtig sprechen?

89 LEKTION 7

7 B Was soll ich denn mit dem Bild? – Na was wohl? Du gibst **es ihr**.

Stellung der Objekte im Satz
Lernziel: Die TN können Bitten und Empfehlungen ausdrücken.

Materialien
B2 Zeichnungen auf Folie
B3 Tesafilm, Schere, ... als Geschenk verpackt, Verpackungen; Dialog von B3 auf Folie; Kärtchen
B4 selbstklebende Punkte; Kopiervorlage L7/B4, Spielfiguren, Würfel

B1 **Präsentation: Satzstellung der Objektpronomen**
1. Die TN hören das Mini-Gespräch und kreuzen die richtige Lösung an. *Lösung:* a) das Bild; b) Tante Erika
2. Erläutern Sie die Positionen im Satz anhand des Tafelbildes. Fragen Sie die TN, was „es" und „ihr" ist. Schreiben Sie dann den Satz ohne Pronomen an die Tafel. Die TN haben schon in Lernschritt A gelernt, dass normalerweise die Person vor der Sache steht, „wem" vor „was". Erklären Sie den TN nun, dass die Objekte die Position tauschen, wenn die Sache (Was?) durch ein Pronomen ersetzt wird.

Arbeitsbuch 13: in Stillarbeit

B2 **Anwendungsaufgabe zur Satzstellung der Objektpronomen**
1. Die Bücher sind geschlossen. Legen Sie die Folie der Zeichnungen auf. Achten Sie darauf, dass die Mini-Gespräche nicht zu sehen sind. Die TN sehen sich die Zeichnungen an und beschreiben die Situation (Wo ist das? Was sind das für Leute? Was machen die Leute?).
2. *fakultativ:* Wenn Sie genug Zeit haben, bitten Sie die TN, in Partnerarbeit ein Bild auszuwählen und ein kurzes Gespräch dazu zu schreiben. Anschließend spielen die Partner ihre Mini-Gespräche vor, die anderen raten, welche Zeichnung dazu passt.
3. Die TN lesen die Aufgabe und ergänzen die Lücken.
4. Die TN vergleichen ihre Lösungen mit der Partnerin / dem Partner. Achten Sie darauf, dass die TN die Sätze dabei laut lesen, um ein „Gefühl" für die Satzstellung zu bekommen.
5. Die TN hören die Lösungen von der CD und korrigieren ihre Lösungen, wenn nötig. Stoppen Sie nach jedem Beispiel. Fragen Sie die TN bei jedem Beispiel, wer „es", „Ihnen" etc. ist. Wenn nötig, notieren Sie noch einige Beispiele an der Tafel nach dem Muster von B1. *Lösung:* A sie Ihnen; B ihn dir; C ihn mir; D es dir

Arbeitsbuch 14–17: in Stillarbeit oder als Hausaufgabe

B3 **Variation: Anwendungsaufgabe zur Satzstellung der Objektpronomen**
1. *fakultativ:* Packen Sie zu Hause eine Rolle Tesafilm, eine Schere und eine Rolle Schnur in dickes Geschenkpapier. Teilen Sie die TN in drei Gruppen. Jede Gruppe erhält eines der von Ihnen vorbereiteten Päckchen. Nur durch Fühlen sollen die Gruppen sich einigen, was in dem Päckchen ist. Nach kurzer Zeit tauschen die Gruppen ihre Päckchen, bis jede Gruppe jedes Päckchen in der Hand gehabt hat. Fragen Sie, was in den Päckchen ist.
2. Die TN überlegen, wozu man diese Dinge braucht: Man braucht sie zum Einpacken von Geschenken. Sammeln Sie an der Tafel weitere Dinge, die man dazu braucht. Regen Sie die TN dazu an, sich kreativ mit dem Thema „Einpacken" auseinanderzusetzen. Bringen Sie ggf. eine ungewöhnliche Verpackung mit, z.B. etwas, was in Silberpapier oder Folie eingepackt ist oder in selbst bemaltem Papier, um die Fantasie der TN anzuregen. Da es sich hier teilweise um neuen Wortschatz handelt, werden die TN in ihren Wörterbüchern nachsehen oder zu erklären versuchen, was sie meinen. Achten Sie aber darauf, dass die Kursbücher geschlossen sind.
Variante: Wenn Sie wenig Zeit haben, führen Sie die neuen Wörter anhand der Zeichnungen im Kursbuch ein. Fragen Sie, wozu man diese Dinge braucht, und notieren Sie neue Wörter an der Tafel.
3. *fakultativ:* Wenn Sie Zeit haben, können Sie mit den TN darüber diskutieren, wie wichtig eine schöne Verpackung ist: „Freuen Sie sich über ein hässliches Päckchen genauso wie über ein schönes?", „Wie ist das in Ihrer Heimat?", „Packen Sie gern Geschenke schön ein oder ist Ihnen das egal?"
4. Die TN öffnen ihre Bücher. Zwei TN lesen das Beispiel vor.
5. Die TN machen weitere Mini-Gespräche in Partnerarbeit. Wenn es möglich ist, bringen Sie Scheren, Klebstoff, Schnur etc. mit, um für die TN einen Bezug zur Realität herzustellen. Sie können die TN auch kleine Schachteln (alte Medikamentenpäckchen, leere Flaschen etc.) zu zweit verpacken lassen. Geübte TN machen weitere Beispiele mit dem Wortschatz, der an der Tafel zum Thema „Einpacken" gesammelt wurde.
Variante: Schreiben Sie die Wörter zum Thema „Einpacken" auf Kärtchen. Kopieren Sie das Mini-Gespräch auf Folie und projizieren Sie es an die Wand. Jeder zweite TN erhält ein Kärtchen. Je ein TN mit und ein TN ohne Kärtchen finden sich zusammen und sprechen miteinander. Das Kärtchen sagt, was sie einsetzen müssen. Danach erhält der andere TN das Kärtchen und sucht sich eine Partnerin / einen Partner ohne Kärtchen etc. Nach einer Weile können Sie die Übung erschweren, indem Sie neue Kärtchen austeilen, auf denen die Artikel der Gegenstände fehlen.

LEKTION 7   **90**

Materialien
B2 Zeichnungen auf Folie
B3 Tesafilm, Schere, ... als Geschenk verpackt, Verpackungen; Dialog von B3 auf Folie; Kärtchen
B4 selbstklebende Punkte; Kopiervorlage L7/B4, Spielfiguren, Würfel

Was soll ich denn mit dem Bild? – Na was wohl? Du gibst es ihr.
Stellung der Objekte im Satz
Lernziel: Die TN können Bitten und Empfehlungen ausdrücken.

B **7**

PHONETIK   **Arbeitsbuch 18–19:** im Kurs: Besprechen Sie mit den TN anhand der Übungen das Phänomen Reduktion in der mündlichen Umgangssprache: Den Wegfall von „e" bei „es" kennen die TN schon der Formel „Wie geht's?" her. Zeigen Sie mit Übung 18, dass es auch in anderen Kontexten wegfällt, allerdings nie am Satzanfang! Vom unbestimmten Artikel fällt umgangssprachlich häufig „ei" weg, bei Verben in der 1. Person Präsens Singular das Endungs-„e". Auch „ihn" wird gern verkürzt auf „n". Spielen Sie nach den Übungen noch einmal die Foto-Hörgeschichte der Lektion vor und bitten Sie die TN, auf Reduktionen zu achten. Da die Protagonisten alltagsnah sprechen, kommen diese Reduktionen häufig vor. Wie viele entdecken die TN?

B4   **Aktivität im Kurs: Ein Gedicht schreiben**
1. Lesen Sie mit den TN die drei Gedichte im Buch und die Anweisung.
2. Schreiben Sie mit den TN ein Mustergedicht an der Tafel.
3. Die TN schreiben ein eigenes Gedicht und tragen es im Plenum vor. Hängen Sie die Gedichte an die Wand.
   Hinweis: Wollen Sie das beste Gedicht wählen? Verteilen Sie drei selbstklebende Punkte an jeden TN. Die TN gehen herum, lesen die ausgehängten Gedichte und verteilen ihre Punkte. Man kann einem Gedicht drei Punkte geben oder drei Gedichten einen Punkt, das ist ganz frei. Das Gedicht mit den meisten Punkten hat gewonnen.
4. *fakultativ:* Je vier TN erhalten eine Kopie der Kopiervorlage L7/B4, vier Spielfiguren und einen Würfel. Die TN spielen das Spiel nach den Regeln auf dem Spielplan.
   Hinweis: Dieses Spiel eignet sich auch zur Wiederholung zu einem späteren Zeitpunkt. Das Thema des Spiels ist „Frühstück".

7 C Gutscheine

Gutscheine lesen und schreiben
Lernziel: Die TN können Geschenkgutscheine verstehen und ihre Meinung zu einem Thema äußern.

Materialien
Projekt: Plakate, Filzstifte; Fotos, Musik, Geschenke ...
Arbeitsbuch 21-22: auf Kärtchen

C1 **Leseverstehen 1: Die Hauptaussage verstehen**
1. Klären Sie im Kurs, was ein Gutschein ist. Lassen Sie den TN Zeit, zunächst selbst eine Erklärung zu finden. Sammeln Sie die Stichwörter an der Tafel.
2. Die TN sehen sich die Gutscheine im Kursbuch an und notieren ihre Vermutungen zum Geschenk.
3. Abschlussgespräch im Plenum.
   Lösungsvorschlag: A ein Buch: Man darf es selbst auswählen. B ein Abendessen für zwei: Der Schenker kocht für den Beschenkten. C eine oder mehrere Kinokarten; D ein Besuch im Zoo

C2 **Leseverstehen 2: Einen Text genau lesen**
1. Die TN bearbeiten die Aufgabe wie im Buch angegeben.
2. Die TN vergleichen ihre Lösungen in Partnerarbeit.
3. Abschlusskontrolle im Plenum. *Lösung*: a) A und C; b) B und D; c) B; d) A und C
4. Diskutieren Sie mit den TN darüber, zu welchen Anlässen man diese Gutscheine verschenken könnte. Welche Gutscheine kann man einem Kollegen / einer Kollegin schenken, welche sind unangebracht? Warum? Welche schenkt man guten Freunden? Warum schenken manche Leute Gutscheine?
   ! Bleiben Sie hier allgemein. Die TN können über ihre persönliche Meinung und Erfahrung mit Gutscheinen in C3 berichten.

PROJEKT **Arbeitsbuch 20:** Teilen Sie den Kurs in zwei Gruppen. Jede Gruppe erhält ein Plakat und mehrere dicke Filzstifte. Bitten Sie die Gruppen, alle Feste zu notieren, die die TN feiern. Alle Feste, an denen es Geschenke gibt, sollen unterstrichen werden. Unter den Namen des Festes notieren die TN, was es Besonderes gibt: was für Essen, Getränke, Musik, Tänze, Kleidung ... Anschließend berichten die TN über ihr Lieblingsfest. Bitten Sie die TN schon in der Stunde vorher, Fotos, Musik, typische Geschenke, Rezepte für typisches Essen etc., die zu ihrem Lieblingsfest gehören, mitzubringen.

C3 **Aktivität im Kurs: Über Gutscheine sprechen**
1. Bilden Sie Kleingruppen von 4-6 TN. Die TN lesen die Fragen im Kursbuch und machen sich Notizen. Geben Sie eine Zeit – ca. fünf Minuten – vor, damit das nicht zu lange dauert und die TN sich auf Stichwörter beschränken. Verweisen Sie auf den Grammatikspot: „Von" wird mit dem Dativ gebraucht.

2. Die TN sprechen in den Gruppen über Gutscheine. Ermuntern Sie die TN, nachzufragen und sich gegenseitig weitere Fragen zum Thema zu stellen. Gruppen, die ihr Gespräch beendet haben, machen zusätzlich selbst einen Gutschein.

PRÜFUNG **Arbeitsbuch 21-22:** Im Prüfungsteil „Sprechen" der Prüfung *Start Deutsch 2* wählen die TN aus zwölf Karten mit Fragewörtern vier aus. Zu einem bestimmten Thema, hier „Geburtstag und Geschenke", stellen sie dann mithilfe der Karten vier Fragen an eine Partnerin / einen Partner. Im Kurs können Sie die Karten aus Übung 21 vergrößern und ausgeschnitten an Kleingruppen verteilen. Die TN üben in Kleingruppen. Verfahren Sie mit Übung 22 genauso.

LEKTION 7

Materialien
D1 ggf. Folie der Fotos

Hochzeit
Von einer Hochzeit berichten
Lernziel: Die TN können über eigene Eindrücke und Erlebnisse erzählen.

D 7

D1 Präsentation des Wortfeldes „Braut"
1. Legen Sie die Folie der Fotos aus D1 auf oder halten Sie Ihr Buch hoch. Fragen Sie einen TN: „Können Sie die Braut zeigen?" Der TN zeigt, auf welchen Fotos die Braut zu sehen ist.
2. Die TN sehen sich zu zweit die neuen Wörter im Buch an und überlegen, was was sein könnte.
3. Abschlusskontrolle mithilfe der Folie im Plenum.
   Lösung: die Braut: Foto A, B, C, D; der Brautstrauß: Foto B, D; das Brautpaar: Foto A, B, C, D; das Brautkleid: Foto A, C, D; der Bräutigam: Foto A, B, C, D; der Brautwalzer: Foto D
4. Sprechen Sie mit den TN über die Orte, an denen die Fotos gemacht worden sind.
   Lösungsvorschlag: A und D: zu Hause oder im Restaurant; B: auf dem Standesamt; C: in der Kirche

LANDESKUNDE Erklären Sie den TN den Unterschied zwischen kirchlicher und standesamtlicher Hochzeit. In einigen Ländern gibt es diese Trennung nicht, und es kann für die TN neu sein, dass die kirchliche Trauung allein in Deutschland nicht möglich ist. Man muss erst standesamtlich getraut sein, um in der Kirche heiraten zu können. Viele Paare heiraten auch nur auf dem Standesamt, weil sie keiner Kirche angehören oder sich der Kirche nicht mehr so verbunden fühlen. Die Trauung in der Kirche wird meist als feierlicher empfunden, weil sie in viele rituelle Handlungen eingebunden ist: So wird die Braut erst zu Beginn der Zeremonie vom Brautführer in die Kirche geführt. Es gibt Glockengeläut und Orgelmusik.

D2 Leseverstehen 1: Fotos einer E-Mail zuordnen
1. Die TN lesen die Aufgabenstellung und notieren ihre Ergebnisse zunächst in Stillarbeit. Bitten Sie die TN, die Schlüsselwörter zu unterstreichen, die einen Hinweis darauf geben, warum der Abschnitt zu dem jeweiligen Foto passt.
2. Abschlusskontrolle im Plenum. *Lösung:* Abschnitt 2: C; Abschnitt 3: D; Abschnitt 4: A

D3 Leseverstehen 2: Informationen in einem Text suchen
1. Die TN lesen die E-Mail ein zweites Mal und kreuzen die Lösungen an.
2. Abschlusskontrolle im Plenum. *Lösung:* a) falsch; b) richtig; c) richtig
3. *fakultativ:* Erstellen Sie mit den TN zusammen an der Tafel weitere Sätze, die richtig oder falsch sein können. Schreiben Sie z.B.: „Peter und Daniela haben die Torte allein aufgegessen." Lassen Sie die TN entscheiden, ob das richtig oder falsch ist. Bitten Sie die TN, sich in Kleingruppen von vier TN selbst Beispiele zu überlegen und den anderen TN als Aufgabe zu stellen.
   Variante: Die TN erstellen mithilfe der Kursbuchseite 75 ein Plakat zum Wortfeld „Hochzeit". Dabei sind auch Zeichnungen erlaubt.
4. Die TN lesen ihre Sätze vor, die anderen TN entscheiden, ob sie richtig oder falsch sind.

D4 Aktivität im Kurs: Über eine Hochzeit berichten

Die TN sitzen in Kleingruppen zu viert zusammen und erzählen anhand der Fragen von einer Hochzeit. Ermuntern Sie die TN, sich gegenseitig Fragen zu stellen. Gruppen, denen nichts mehr einfällt, schreiben in Still- oder Partnerarbeit einen kurzen Aufsatz über eine Traumhochzeit.
Variante: Die Schreibaufgabe kann auch als Hausaufgabe gegeben werden.

Arbeitsbuch 23–25: in Stillarbeit im Kurs oder als Hausaufgabe: Ungeübte TN lösen Übung 23 und 24, geübte TN lösen Übung 23 und 25.

93 LEKTION 7

7 E Ein Fest planen

Ein Planspiel
Lernziel: Die TN können ihre Meinung äußern und andere von etwas überzeugen.

Materialien
Test zu Lektion 7
Fragebogen auf den Kursbuchseiten 80–81

E1 Kursgespräch über Feste
1. Sprechen Sie mit den TN zur Einstimmung auf das Thema über verschiedene Arten von Partys und Festen. Malen Sie dazu einen Wortigel an die Tafel und sammeln Sie mit den TN alle Wörter, die ihnen zum Stichwort „Feste" einfallen. Sicherlich haben die TN eine ganze Menge Assoziationen. Wenn Sie das Thema noch vertiefen möchten, lassen Sie die TN die Wörter auch nach Gruppen sortieren, um eine Struktur in das freie Assoziieren zu bringen.
2. Die TN betrachten die Fotos. Fragen Sie, wo die Personen sind, was ggf. gefeiert wird und wie.
3. Die TN erzählen, welches Fest sie interessiert und warum.

E2 Hörverstehen: Verschiedene Meinungen unterscheiden
1. Die TN überlegen, auf welches Fest Sabine bzw. Khaled gehen möchte, und begründen ihre Meinung.
2. Die TN lesen die Aufgabe und die Aussagen. Geben Sie, wenn nötig, Gelegenheit zu Wortschatzfragen.
3. Die TN hören das Gespräch so oft wie nötig und ordnen die Aussagen zu. Weisen Sie die TN darauf hin, dass die Aussagen nicht wortwörtlich im Gespräch vorkommen. Die TN müssen auch erschließen, was die beiden Personen mit bestimmten Aussagen ausdrücken.
4. Abschlusskontrolle im Plenum. *Lösung:* K; S; S; K; S; K; S; K

Arbeitsbuch 26: als Hausaufgabe

PRÜFUNG **Arbeitsbuch 27a:** im Kurs; **27b:** im Prüfungsteil „Schreiben", Teil 2, der Prüfung *Start Deutsch 2* schreiben die TN einen Antwortbrief, z.B. an eine Freundin. Aus den vier Inhaltspunkten, die stichwortartig vorgegeben sind, wählen die TN drei für ihre Bearbeitung aus.

E3 Aktivität im Kurs: Ein Fest planen
1. Erarbeiten Sie als Vorübung Redehilfen zum Thema „Prioritäten/Wichtigkeit ausdrücken" sowie „Zweifel an den Prioritäten eines anderen äußern". Spielen Sie das Gespräch aus E2 noch einmal vor und stoppen Sie nach jeder Wendung, die dazu passt. Die TN versuchen, die passenden Wendungen zu hören und zu nennen. Sammeln Sie diese an der Tafel:

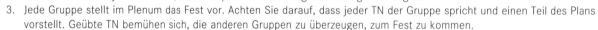

Wichtigkeit äußern	Zweifel äußern
Ich finde es toll, wenn auch meine Kollegen kommen.	Aber das geht doch nicht.
Hauptsache, es gibt etwas Gutes zu essen …	Ist das wirklich so wichtig?

2. Die TN finden sich zu Kleingruppen von vier TN zusammen und lesen Aufgabe a). Sie überlegen in der Gruppe, was für ein Fest sie machen könnten und was dafür benötigt wird. Sie diskutieren ihre Prioritäten und entscheiden gemeinsam, wie das Fest sein soll.
Variante: Wenn die TN vor der freien Diskussion noch mehr Struktur brauchen, geben Sie fünf Minuten Zeit vor. Die TN notieren zunächst jeder für sich, was ihm persönlich wichtig bzw. weniger wichtig ist.
3. Jede Gruppe stellt im Plenum das Fest vor. Achten Sie darauf, dass jeder TN der Gruppe spricht und einen Teil des Plans vorstellt. Geübte TN bemühen sich, die anderen Gruppen zu überzeugen, zum Fest zu kommen.
4. *fakultativ:* Die TN überlegen in der Gruppe, zu welchem Fest aus den anderen Gruppen sie gern gehen würden, und diskutieren wieder. Sie müssen sich auf ein Fest einigen.

TIPP Der Unterricht wird für die TN lebendiger, motivierender und authentischer, wenn sie einen konkreten Bezug zur realen Welt herstellen können. Wenn möglich, belassen Sie es daher nicht bei der theoretischen Ausarbeitung einer Party, sondern planen Sie mit den TN eine wirkliche Kursparty mit einem schönen Motto. Die TN diskutieren, was sich für so eine Kursparty realisieren lässt und wo sie stattfinden könnte. Sie verteilen Aufgaben untereinander, wer sich worum kümmern muss und wer was mitbringen soll.

Einen Test zu Lektion 7 finden Sie auf den Seiten 146–147. Weisen Sie die TN auf die interaktiven Übungen auf ihrer Arbeitsbuch-CD hin. Die TN können mit diesen Übungen den Stoff der Lektion selbstständig wiederholen und sich ggf. auch auf den Test vorbereiten. Die TN können jetzt auch ihren Kenntnisstand mit dem Fragebogen auf den Seiten 80–81 im Kursbuch überprüfen.

Materialien
1, 3 Kopiervorlage „Zwischenspiel zu Lektion 7"

Zwischenspiel 7
Ein Fest und seine Gäste
Smalltalk

1   **Landeskunde: Smalltalk-Themen**
1. Die TN lesen den Einführungstext und betrachten die Zeichnung auf Seite 78. Verteilen Sie die Kopiervorlage „Zwischenspiel zu Lektion 7". Sprechen Sie anhand von Übung 1 der Kopiervorlage mit den TN darüber, was „Smalltalk machen" ist. *Lösung:* b
2. Die TN machen sich paarweise mithilfe von Übung 1 auf Seite 78 im Kursbuch Gedanken zu Smalltalk-Themen auf einer Party. Geübte TN überlegen zusätzlich, worüber sich die Personen auf der Zeichnung wohl unterhalten, und ordnen den Partygästen jeweils ein Thema zu.
3. Sprechen Sie mit den TN über die Aufgabe und machen Sie ihnen bewusst, dass eine eindeutige Lösung hier nicht erforderlich ist. Geben Sie auch die Informationen aus der folgenden Landeskunde-Box.

LANDES KUNDE   Auf Partys oder informellen Empfängen, wenn die Gäste sich nicht oder nur wenig kennen, kann man in Deutschland über folgende Themen sprechen: Reisen, Freizeit und Hobbys, das Wetter, aktuelle sportliche Ereignisse wie eine Fußball-Weltmeisterschaft o.Ä., Essen, Musik. Auch Fragen nach der Familie und dem Arbeitsleben sind erlaubt. Allerdings bleibt man hier allgemein, Gespräche über familiäre Probleme oder intensives Nachbohren bei Arbeitslosigkeit sind nicht üblich. Als Tabu-Themen gelten Politik, religiöse Einstellungen, das Gehalt und Krankheiten. Jedoch kann man hier keine allgemeingültige Grenze ziehen, sondern muss sich auf das eigene Gespür für Takt verlassen. Denn es kann durchaus zwischen zwei sich fremden Personen recht schnell ein intensives Gespräch entstehen, bei denen auch tiefgründigere Themen behandelt werden. Dann ist man aber von der Ebene eines freundlichen, unverbindlichen Smalltalks weg.

2   **Hörverstehen 1: Partygespräche**
1. Die TN betrachten Seite 79 und lesen die Namen. Lesen Sie die Namen auch vor, damit die TN sie durch die Aussprache beim Hören schnell erkennen und zuordnen können.
2. Jeder TN bekommt 3–4 Partygäste zugeordnet, auf die er sich beim Hören konzentrieren soll. Geübte TN konzentrieren sich auf alle Personen gleichzeitig. Die TN hören die Gespräche abschnittsweise und ordnen „ihre" bzw. alle Personen zu.
3. Abschlusskontrolle im Plenum.
Lösung: 1 Chris; 2 Katharina; 3 Jenny; 4 Hubert; 5 Laura; 6 Anna; 7 Sebastian; 8 Günther; 9 Paula; 10 Renate; 11 Georg; 12 Beate; 13 Edgar; 14 Rosemarie; 15 Thomas
4. Spielen Sie die Gespräche noch einmal vor, damit die TN, die sich beim ersten Hören sicher vor allem auf die Namen konzentriert haben, nun auf den Inhalt der Gespräche achten können.
5. Fragen Sie die TN, was sie aus den Gesprächen behalten haben, und lassen Sie sie berichten. Geben Sie ggf. auch Gelegenheit, die eigene Meinung zu äußern, z.B. falls die TN sich darüber gewundert haben sollten, dass Jenny und Katharina sich über das Essen beschweren, dem Gastgeber aber Lob für seine Party aussprechen.

3   **Hörverstehen 2: Wichtige Details verstehen**
1. Die TN lesen die Fragen im Buch.
2. Spielen Sie die Gespräche noch einmal so oft wie nötig vor. Die TN kreuzen ihre Lösungen an.
3. Abschlusskontrolle im Plenum.
Lösung: a) Nein; b) Nein; c) hat Kopfschmerzen; d) langweilig; e) Golf; f) Nein; g) Laura und Hubert; i) Chris
4. Die TN erarbeiten mithilfe von Übung 2 auf der Kopiervorlage „Zwischenspiel zu Lektion 7" Partygespräche und spielen ihr Gespräch im Kurs vor.

95   LEKTION 7

7

Zwischenspiel 7
Ein Fest und seine Gäste
Smalltalk

TIPP

Eine gute Möglichkeit, spontane Sprache im Unterricht zu üben, ist der Einsatz von Elementen aus dem sogenannten Improvisationstheater. Dabei werden Situationen geschaffen, in denen die TN improvisieren, d.h. spontan reagieren müssen. Eines der wohl bekanntesten Elemente ist „Freeze" (= Frier ein, auf Deutsch vielleicht: Bleib so): Vier bis fünf TN bewegen sich frei im Raum, dabei dürfen sie Grimassen schneiden und wild gestikulieren sowie alle möglichen Verrenkungen machen. Ein TN ruft schließlich „Bleib so!". Die sich bewegenden TN bleiben in der Position stehen, in der sie gerade sind. Die anderen TN versuchen nun, mit den „erstarrten" Personen ein Gespräch zu beginnen, wobei sie deren Posen miteinbeziehen (Wenn eine Person z.B. zusammengekrümmt ist, könnte man sagen: „Oh, geht es Ihnen heute nicht gut? Was ist passiert?"). Ein weiteres Spiel, das Sie mit den TN auf diesem Niveau schon machen können, ist dieses: Ein TN geht hinter einem anderen her und sagt genau, was dieser tun soll (z.B. „Geh gerade aus, heb eine Hand ..."). Der vor ihm laufende TN führt die Anweisungen schweigend aus. Beim Zusammentreffen mit anderen „Pärchen" können hier die witzigsten Situationen entstehen. Neben jeder Menge Spaß werden die TN auch darauf vorbereitet, in Situationen spontan zu reagieren. Sie können so die Angst vor unbekannten Situationen abbauen. Auf höherem Niveau kann abschließend noch ein Kursgespräch über die Eigenwahrnehmung folgen.

LEKTION 7

Fokus Familie 7
Konflikte in der Familie und in der Arbeit
Die TN können ausdrücken, dass sie mit Äußerungen/Handlungen von anderen nicht einverstanden sind.

Da dieser Fokus möglicherweise nur für einen Teil der TN von Interesse ist, können die Übungen auch als Hausaufgabe gegeben werden, sofern die TN über die Arbeitsbuch-CD verfügen.

1 Hörverstehen: Konfliktsituationen
1. Die TN sehen sich die Zeichnungen an. Sprechen Sie kurz mit ihnen über die Situationen: Wer möchte was warum? Wie ist die Reaktion? Die Mini-Gespräche dazu sollten die TN noch nicht lesen, sondern sich nur auf die Zeichnungen konzentrieren.
2. Sagen Sie den TN, dass sie den Hörtext zu einer der Situationen vorspielen. Die TN sollen entscheiden, zu welcher Zeichnung die Situation gehört. Die TN hören den ersten Hörtext.
3. Abschlusskontrolle im Plenum. *Lösung:* D
4. Spielen Sie die anderen Situationen vor und stoppen Sie nach jeder Situation, damit die TN Zeit haben, sich bei den Zeichnungen zu orientieren und den richtigen Buchstaben in die Tabelle einzutragen.
5. Abschlusskontrolle im Plenum. *Lösung:* 2 B; 3 A; 4 C; 5 E; 6 F
6. Die TN lesen die Mini-Gespräche und überlegen in Partnerarbeit, welche Reaktion passt. Sie kreuzen ihre Lösungen an.
7. Spielen Sie zur Kontrolle die Hörtexte noch einmal vor. *Lösung:* A a; B b; C a; D a; E b; F a
8. Die TN sprechen über ihre Eindrücke: Welche Personen empfanden sie als freundlich, welche als unfreundlich? Wenn nötig, spielen Sie die Gespräche noch einmal vor.

2 Rollenspiel: Konflikte lösen
1. Die TN sehen die Zeichnung an und überlegen, was die Personen sagen könnten. Sammeln Sie verschiedene Vorschläge.
2. Die TN sammeln weitere Konfliktsituationen. Um ihnen eine Anregung zu geben, bitten Sie sie, z.B. an typische Situationen in ihrer Familie zu denken, über die sie sich ärgern, oder an Konflikte mit Nachbarn etc.
3. Die TN finden sich paarweise zusammen und wählen aus den gesammelten Situationen eine aus, die ihnen gefällt. Sie schreiben dazu ein Mini-Gespräch. Gehen Sie herum und helfen Sie bei Schwierigkeiten.
4. Die TN spielen einem anderen Paar ihr Gespräch vor. Die Kleingruppe unterhält sich dann über die Situation: Ist die Reaktion angemessen?

97 LEKTION 7

Fokus Familie 7
Ein Sommerfest im Kindergarten
Die TN können ihre Interessen/Wünsche einbringen, z.B. zur Übernahme von Aufgaben bei Kinderfesten. Sie können zur Übernahme von Aufgaben einfache Notizen machen.

Materialien
Projekt: Einladungsschreiben von Kindergarten und Schule

Da dieser Fokus möglicherweise nur für einen Teil der TN von Interesse ist, können die Übungen auch als Hausaufgabe gegeben werden, sofern die TN über die Arbeitsbuch-CD verfügen.

1 **Das Wortfeld „Organisation eines Festes"**
1. Die TN lesen die Einladung zum Sommerfest. Fragen Sie TN mit Kindergarten- oder Schulkindern, ob sie eine solche Einladung auch schon einmal erhalten haben. Die TN berichten kurz.
2. Die TN sehen sich die Zeichnungen an und lesen die Begriffe dazu. Sie ordnen in Partnerarbeit zu.
3. Abschlusskontrolle im Plenum. *Lösung:* 1 b; 2 a; 3 d; 4 c; 5 e

2 **Hörverstehen: Aufgabenverteilung**
1. Erinnern Sie die TN daran, dass es bei Veranstaltungen in Kindergarten und Schule üblich ist, dass sich die Eltern einbringen (vgl. Zwischenspiel 6). Erklären Sie, dass die Eltern auf dem Elternabend die Aufgaben verteilen. Die TN hören das Gespräch so oft wie nötig und kreuzen an.
2. Abschlusskontrolle im Plenum.
   Lösung: Herr Özdem: Grill organisieren; Frau Winterher: Kuchen, Kinderspiele; Herr Mosbach: aufbauen und aufräumen; Herr Franetti: Getränke
3. Die TN lesen die Fragen und Bitten und ordnen die jeweils passende Reaktion zu.
4. Spielen Sie zur Kontrolle das Gespräch noch einmal vor. *Lösung:* 2 c; 3 e; 4 d; 5 b
5. Fragen Sie die TN, ob sie auch schon bei einem Kindergarten- oder Schulfest geholfen haben: Welche Aufgabe haben sie übernommen? Die TN berichten kurz.

3 **Eine Party planen**
1. Schreiben Sie bei Bedarf einigen Redemittel an die Tafel: Wer kann das machen/übernehmen? Hat jemand eine Idee? Ich kümmere mich um … usw.
2. Die TN finden sich in Kleingruppen zusammen und stellen sich vor, sie sollten ein Kinderfest organisieren. Sie überlegen, was es alles zu organisieren gibt, und verteilen die Aufgaben. Ein TN aus der Gruppe hält die Aufgabenverteilung schriftlich fest.
3. Die TN erklären einer anderen Gruppe, was sie für das Fest alles planen, und wer was macht.

PROJEKT TN bringen Einladungsschreiben der Schule oder vom Kindergarten mit. Diese werden gemeinsam im Kurs oder in Kleingruppen gelesen und Wortschatzfragen werden geklärt. Die TN können auch erzählen, ob sie an dem Fest, zu dem eingeladen wurde, teilgenommen haben und wie es ihnen gefallen hat.

Kopiervorlage L1/A3

1 Hier sind 12 Wörter versteckt. Sie stehen waagrecht (→) und senkrecht (↓).

Achtung: Ä = AE, Ö = OE; Ü = UE!

A	B	W	O	G	G	G	U	Z	I	E	G	E	R	Z
U	B	Y	E	F	E	E	M	Z	Z	F	E	U	E	A
O	X	X	D	U	F	W	M	M	L	T	G	P	D	G
P	G	I	B	V	A	G	E	S	P	I	E	L	T	E
G	S	C	G	E	H	O	E	R	T	G	K	J	B	G
E	S	S	G	N	R	U	G	P	I	E	A	A	C	E
R	E	G	E	L	E	S	E	N	M	S	U	S	H	S
E	R	G	S	A	N	H	O	I	I	C	F	C	M	S
G	G	F	E	A	G	E	M	A	C	H	T	H	M	E
N	E	E	H	K	T	K	Z	U	R	R	G	E	E	N
E	R	R	E	G	O	H	L	O	E	I	T	P	U	E
T	T	T	N	R	F	P	A	E	A	E	Z	O	E	N
J	H	A	R	T	Z	O	E	G	R	B	M	T	T	E
G	E	S	C	H	L	A	F	E	N	E	U	R	I	N
L	O	E	Z	U	E	G	E	G	A	N	G	E	N	W

2 Ergänzen Sie die Sätze mit den Wörtern aus Übung 1.

a Gestern bin ich mit dem Auto ....

b Ach, das Buch habe ich schon zehnmal ....

c Hast du den Brief endlich ....?

d Sabine hat den ganzen Tag mit dem Hund ....

e Haben Sie die Hausaufgaben ....?

f Am Samstagabend bin ich mit meinem Mann ins Kino ....

g Sieh mal, ich habe mir ein neues Kleid ....

h Habt ihr die ganze Schokolade ....?

i Ich habe dich gestern in der Stadt ....

j Am Montag hat es den ganzen Tag ....

k Hast du schon die Nachrichten im Radio ....?

l Ich bin todmüde. Am Wochenende habe ich nur drei Stunden ....

Kopiervorlage L1/A4

Mein Buch war so interessant.	Ich hatte plötzlich Kopfschmerzen.
Mein Zug hatte drei Stunden Verspätung.	Ich bin mit dem falschen Zug gefahren.
Das Wetter war nicht schön genug.	Meine Mutter ist zu Besuch gekommen.
Ich war zu müde.	Ich hatte so viel Arbeit.
Ich bin lieber mit Petra ins Kino gegangen.	Du hast mir gar keine Einladung geschickt.

Kopiervorlage L1/B2

Fragen Sie andere Teilnehmer: „Hast du gestern im Supermarkt eingekauft?" Bei „Ja" tragen Sie den Namen hier ein. Bei „Nein" müssen Sie weitersuchen.

a .... hat gestern im Supermarkt eingekauft.

b .... ist gestern aus einem Bus ausgestiegen.

c .... hat gestern Abend die Wohnungstür nicht abgeschlossen.

d .... hat heute Morgen schon ferngesehen.

e .... hat letzte Woche ein Kochrezept aufgeschrieben.

f .... hat gestern ihre/seine Mutter angerufen.

g .... hat gestern den ganzen Tag die Schuhe nicht ausgezogen.

h .... ist heute Morgen schon um sechs Uhr aufgestanden.

i .... ist nach dem Frühstück noch einmal eingeschlafen.

j .... hat heute der Lehrerin / dem Lehrer nicht immer zugehört.

k .... hat letzten Monat ein Geschenk ausgepackt.

l .... hat am Wochenende Blumen gekauft.

Kopiervorlage L1/D2

Meine Familie
Mein Stammbaum

Schwager

+

Schwester

Onkel/Tante

Großmutter

+

Nichte/Neffe

Ich

Vater

Großvater

+

Ehemann/Ehefrau

Mutter

Großmutter

Kinder: Tochter/Sohn

+

Bruder

Onkel/Tante

Großvater

+

Nichte/Neffe

Schwägerin

KOPIERVORLAGEN **102**

Schritte plus 3, Lehrerhandbuch 05.1913 • © Hueber Verlag 2010

Kopiervorlage „Zwischenspiel zu Lektion 1"

1 Markieren Sie die Betonung.

Der Fernseher hat nicht funktioniert.´
Onkel Willi hat ihn repariert.´
Dann hat er ihn wieder angemacht.
Die Nichten und Neffen haben laut gelacht.

Tante Hanne hat im Restaurant gesessen.
und hat einen Fisch gegessen.
Dann ist etwas Dummes passiert.
Onkel Willi hat es fotografiert.

Tante Hanne ist nach Köln umgezogen.
Onkel Willi ist zu ihr geflogen.
Er hat das falsche Flugzeug genommen
und ist in Hamburg angekommen.

Wir haben das nun dreimal trainiert
und haben es dabei genau studiert.
Wir haben ganz langsam angefangen.
Am Ende ist es schon ganz schnell gegangen.

2 Ergänzen Sie.

| erste • zweite • letzte |

a funktioniert, repariert, fotografiert …: Hier betont man die .... Silbe.

b angemacht, umgezogen, angekommen …: Hier betont man die .... Silbe.

c gelacht, gesessen, gegessen …: Hier betont man die .... Silbe.

Kopiervorlage L2/A4

KOPIERVORLAGEN 104

Kopiervorlage L2/E3

Brief 1

> Kannst Du bitte • Vielen Dank für Deine Hilfe •
> meine Mutter vom Flughafen abholen • Lieber

.... Robert,

ich muss ....

.... , ...

.... auf meinen Hund aufpassen?

Er bleibt nicht gern allein.

....

Viele Grüße
Sonja

Brief 2

Hallo Thomas,
am 20. Juli – in die neue Wohnung einziehen – bitte beim
Umzug helfen? – am Abend – anrufen
Vielen Dank …

Brief 3

Ihr Kollege Markus möchte seinen Keller aufräumen.
Er hat dort viele schwere Sachen. Er schreibt Ihnen und bittet
Sie um Hilfe. Schreiben Sie eine Antwort:
Sie kommen gern und helfen. Fragen Sie, wann Sie
kommen sollen und was Sie mitbringen können.

Kopiervorlage „Zwischenspiel zu Lektion 2"

Ergänzen Sie die Gespräche. Hören Sie dann noch einmal und vergleichen Sie.

A

> Meine Wohnung wird einfach nicht warm. • mit wem muss ich da sprechen? •
> Darf ich Sie was fragen • ist es bei Ihnen in der Wohnung auch so kalt? •
> rufen Sie immer zuerst den Hausmeister an.

■ … ...., Frau Wenger?

● Ja, natürlich. Was ist denn?

■ Sagen Sie, ...?

● Kalt? Bei mir? Nö.

■ Bei mir leider schon. ....

● Ach!?

■ Tja, ich glaube, meine Heizung funktioniert nicht richtig. Auch
das Wasser wird nicht richtig warm.

● Na, das ist aber dumm! Da müssen Sie gleich was tun!

■ Ja, aber .... Mit dem Hausmeister? Mit der Hausverwaltung?
Oder gleich mit der Heizungsfirma?

● Nein, nein, ... Er heißt Brehme. Hier, auf dem Schwarzen Brett,
da steht seine Telefonnummer. Sehen Sie?

■ Ah! Super! Vielen Dank! …

B

> Nein, das geht nicht. • Sie müssen das reparieren. • Mein Briefkasten ist kaputt. •
> Dann rufe ich den Vermieter an. • Habe ich das richtig verstanden

● Na, so was! Nein, wirklich!

■ Was ist denn los, Herr Dolezal?

● Was los ist? .... Hier, sehen Sie mal, Herr Bertram! Das Schloss
funktioniert nicht mehr.

■ Ach was, das geht schon noch!

● .... Den Briefkasten kann jeder aufmachen, ohne Schlüssel, ganz
einfach so!

■ Ja, ich sehe es, aber ich kann das leider jetzt nicht machen.

● Was? Sie sind doch unser Hausmeister! .... Sonst kann ja jeder
meine Post hier rausnehmen!

■ Aber Herr Dolezal, hier im Haus macht das doch keiner!

● ...., Herr Bertram? Sie wollen meinen Briefkasten nicht
reparieren?

■ Was heißt: wollen? Ich habe keine Zeit.

● Na schön! .... Mal hören, was der zu dieser Sache sagt.

■ Na gut, ich mach's! Aber erst morgen. Heute haben Sie Ihre Post ja schon, oder?

Kopiervorlage „Zwischenspiel zu Lektion 2"

C

> Ich hoffe, ich störe Sie nicht. • Ich hoffe, ich kann Ihnen auch mal helfen. •
> Tausend Dank für Ihre Hilfe. • Immer vergesse ich den Schlüssel.

● Ja, hallo, Frau Weiß!

■ Ach, so ein Glück! Sie sind zu Hause, Frau Bauer!

  ....

● Nein, gar nicht. Was ist denn los?

■ Hach, ich komme mal wieder nicht in meine Wohnung rein.

● Haben Sie Ihren Schlüssel vergessen?

■ ....

● Na, das ist doch kein Problem. Einen Moment, bitte. Sie haben einen Schlüssel für meine Wohnung und ich habe einen Schlüssel für Ihre Wohnung. Hier bitte, da ist er.

■ ....

● Kein Problem. Dafür gibt's doch Nachbarn, oder?

■ ....

D

> Sind Sie bitte so nett und machen die Aufzugtür zu? • Wo steckt er denn wieder? •
> Danke für Ihr Verständnis.

■ Na? .... Warum kommt er denn nicht rauf? Was ist denn das? Er steht im Erdgeschoss. Hach! Da hat wieder jemand die Aufzugtür nicht zugemacht! Also, das ist doch ...! Hallo? Ich möchte runter! .... Ah! .... Das sind Leute! Also nein! Wirklich!

Kopiervorlage L3/B3

der Topf
die Schüssel
die Kanne
die Pfanne

der Topf
die Schüssel
die Kanne
die Pfanne

der Topf
die Schüssel
die Kanne
die Pfanne

der Topf
die Schüssel
die Kanne
die Pfanne

das Messer
die Gabel
der Esslöffel
der Teelöffel

das Messer
die Gabel
der Esslöffel
der Teelöffel

das Messer
die Gabel
der Esslöffel
der Teelöffel

das Messer
die Gabel
der Esslöffel
der Teelöffel

der Bierkrug
die Tasse
das Glas
der Becher

der Bierkrug
die Tasse
das Glas
der Becher

der Bierkrug
die Tasse
das Glas
der Becher

der Bierkrug
die Tasse
das Glas
der Becher

der Herd
der Kühlschrank
die Spülmaschine
die Mikrowelle

der Herd
der Kühlschrank
die Spülmaschine
die Mikrowelle

der Herd
der Kühlschrank
die Spülmaschine
die Mikrowelle

der Herd
der Kühlschrank
die Spülmaschine
die Mikrowelle

Kopiervorlage L3/E5

A

- ◆ Hallo, da seid ihr ja. Kommt rein.
- ● Danke. Hier: Die sind für dich!
- ◆ Oh! So schöne Blumen. Das ist aber nett!

B

- ● Hm, das sieht aber lecker aus. Und es riecht so gut.
- ▲ Darf ich dir Fleisch und Soße geben?
- ● Ja, gern. Danke.

C

- ◆ Möchtest du noch, Renate?
- ● Nein danke. Ich kann nicht mehr. Aber es hat super geschmeckt. Wirklich sehr, sehr lecker!
- ◆ Danke. Das freut uns.

D

- ▲ So, jetzt müssen wir aber gehen.
- ▼ Schon? Bleibt doch noch ein bisschen.
- ▲ Tut mir leid, aber wir müssen wirklich nach Hause. Ich muss morgen schon ganz früh aufstehen.
- ▼ Na schön. Kommt gut nach Hause.

Kopiervorlage L3/E6

Ihre Freunde besuchen Sie. Bitten Sie sie herein. Bieten Sie ihnen etwas zu essen und zu trinken an.	Sie sind bei Ihrer deutschen Freundin. Das Essen hat sehr gut geschmeckt. Sie müssen morgen früh aufstehen. Verabschieden Sie sich.
Hallo, da seid ihr ja!	So, jetzt müssen wir aber gehen.
Kommt doch rein!	Ach, schon?
Danke!	Ach, müsst ihr wirklich schon los?
Hier: Wir haben dir ein paar Blumen mitgebracht!	Ach, das ist aber schade!
Hier: Das ist für dich!	Tut uns leid.
Oh, Blumen! Sind die aber schön!	Wir müssen morgen ganz früh aufstehen.
Oh, Pralinen! Die mag ich besonders gern!	Ich habe schon um acht einen Termin.
Oh, Pralinen! Schokolade mag ich sehr!	Ich muss ganz früh raus.
Das ist aber nett.	Na schön.
Setzt euch doch!	Na gut.
Was möchtet ihr trinken?	Ach so.
Was darf ich euch bringen?	Dann kommt gut nach Hause!
Kaffee oder Tee?	Kommt doch bald mal wieder!
Möchtet ihr Kaffee oder Tee?	Schönen Abend noch!
Für mich Kaffee, bitte.	Dir auch!
Für mich auch, bitte.	Tschüs!

KOPIERVORLAGEN   110

Kopiervorlage „Zwischenspiel zu Lektion 3"

1 Achtung, hier sind die Städtenamen falsch. Korrigieren Sie.

Dresden
a ~~Nürnberg~~ ist bekannt für sein Weihnachtsgebäck, den Stollen.

b Die Sachertorte ist eine Spezialität aus Linz, der Hauptstadt von Österreich.

c Berlin ist das finanzielle Zentrum von Deutschland.

d Basel ist eine Großstadt und liegt ganz im Westen von Deutschland.

e Die Stadt Salzburg liegt im Bundesland Bayern und hat eine berühmte Burg.

f In Bremen leben fast 4 Millionen Menschen.

g Linz liegt am Meer. Eine Spezialität dort ist das Marzipan.

h In der Schweiz hat Aachen nach Zürich und Genf die meisten Einwohner.

**2 Lesen Sie das Rezept und den Text.
Woher kommt die süße Spezialität und wie heißt sie?**

3 Eiweiß
50 g feiner Zucker
1 Päckchen Vanillezucker
3 Eigelb
20 g Mehl
40 g Butter

Eiweiß zu Schnee schlagen, Zucker und Vanillezucker kurz unterrühren.
3 Esslöffel Eischnee nehmen, mit dem Eigelb mischen und wieder zum Eischnee geben.
Mehl darüber sieben und alles vorsichtig vermischen. In einer Form Butter zerlassen.
Teig in kleinen Portionen in die Form geben, im Ofen bei starker Hitze in 8 bis 10 Minuten goldgelb backen. Sofort servieren.
Mit Puderzucker oder Vanillezucker bestreuen.

Das Wahrzeichen der Stadt ist die Burg hoch über dem Fluss. Von dort hat man einen schönen Blick auf die Stadt mit ihren vielen barocken Kirchen und historischen Gebäuden.
Zum Einkaufen geht man am besten in die schöne Getreidegasse. Sie ist das Herz der Altstadt und dort steht auch das Geburtshaus des weltberühmten Komponisten.
Jedes Jahr im Sommer ist die Stadt eine große Bühne* für Musiker und viele andere Künstler. Zu den international bekannten Festspielen kommen Musikfans und Kunstfreunde aus aller Welt.

* die Bühne: Im Theater, in der Oper: Dort stehen die Künstler.

Kopiervorlage L4/2

Wo ist meine Lohnsteuerkarte? Du hast versprochen, dass du sie suchst.	Ich hab's vergessen. Wenn ich nachts Taxi fahren muss, dann bin ich tagsüber eben müde.
Susanne, ich muss mal kurz mit dir reden.	Sankt-Martins-Apotheke, guten Morgen. ... Ja, ich richte es dem Chef aus.
Könnten Sie mich bitte mit meinem zuständigen Sachbearbeiter verbinden?	Maria, entschuldige. Kann ich mal deinen Kugelschreiber haben?
Susanne, hast du jetzt Zeit? Ich habe eine Information für dich.	Ich werd' verrückt! Die Lohnsteuerkarte habe ich die ganze Zeit gesucht.

Kopiervorlage L4/A1

Ich	bin
muss	ich
nachts	tagsüber
Taxi	müde
fahren	Wenn
Dann	

113 KOPIERVORLAGEN

Kopiervorlage L4/B4

Wählen Sie ein Bild und schreiben Sie Ratschläge für diese Person auf.

Ich komme einfach nicht aus dem Bett.

Ich habe so viel Arbeit.

Immer nur Ärger mit der Kollegin! Was soll ich nur tun?

So ein Mistwetter! Wie langweilig!

Du bist krank. Du solltest ...

Walter und ich haben nur noch Streit.

Kopiervorlage L4/D2

Die Gewerkschaft	... ist eine Organisation außerhalb einer Firma. Arbeiter oder Angestellte sind Mitglieder. Die Organisation kämpft für die Arbeitnehmer (z.B. für besseren Lohn, bessere Arbeitszeiten).
Das Lager	... ist meistens ein großes Gebäude. Dort deponiert eine Firma ihre Produkte.
Vollzeit arbeiten	... bedeutet: Man arbeitet 38 bis 40 Stunden pro Woche.
Die Aushilfe	... ist eine Person. Sie macht normalerweise einfache Arbeiten. Sie arbeitet nur stundenweise.
Die Bewerbung	... ist ein Brief mit Dokumenten wie Lebenslauf und Zeugnissen. Man schickt sie an eine Firma, weil man dort arbeiten möchte.
Die Kündigung	... bekommt man, wenn die Firma den Arbeitsvertrag beendet. Natürlich kann man als Angestellter auch selbst den Arbeitsvertrag beenden.
Der Betriebsrat	... ist eine Gruppe von Personen in einer Firma. Die Mitarbeiter wählen diese Gruppe. Die Gruppe hilft den Mitarbeitern bei Fragen oder Problemen in der Firma.
Der Tarif	So viel Lohn (Urlaub, Arbeitszeit, ...) muss man in einem bestimmten Beruf mindestens bekommen.

Kopiervorlage „Zwischenspiel zu Lektion 4"

1 Lesen Sie den Text im Kursbuch und ergänzen Sie.

aufmachen/öffnen • aufmachen/öffnen • reparieren • schneiden • Säge • Messer • Korkenzieher • Dosenöffner

a Mit dem .... kann man Brot und Käse ....

b Mit dem .... kann man Dosen ....

c Mit dem .... kann man eine Flasche Wein ....

d Wenn man etwas .... muss, benutzt man den Schraubenzieher.

e Wenn man Holz schneiden will, ist die .... praktisch.

2 Lesen Sie noch einmal die Texte und kreuzen Sie an: Richtig oder falsch?

		richtig	falsch
a	Das Taschenmesser kommt aus der Schweiz.	☐	☐
b	Karl Elseners Ziel war: ein praktisches Messer für alle Leute herstellen.	☐	☐
c	Heute stellt eine große Firma die Messer her. Sie heißt Carl Elsener IV.	☐	☐
d	Die Firma ist als Arbeitgeber für die Region sehr wichtig.	☐	☐
e	Der jetzige Chef ist ein Verwandter von Karl Elsener.	☐	☐
f	Die Firma verkauft die meisten Messer in die Schweiz.	☐	☐

3 Welche typisch deutschen Produkte kennen Sie noch? Ordnen Sie zu?

Gummibärchen • Schwarzbrot • Dübel • Kuckucksuhr

A

B

C

D

KOPIERVORLAGEN 116

Kopiervorlage L5/A5

1 Was haben Sie heute Morgen gemacht? Kreuzen Sie an.

- ☐ sich kämmen
- ☐ aufstehen
- ☐ sich waschen
- ☐ sich an den Esstisch setzen
- ☐ sich anziehen
- ☐ die Wohnung aufräumen
- ☐ meine Kinder wecken
- ☐ sich rasieren
- ☐ Frühstück machen
- ☐ Hausaufgaben für den Deutschkurs machen
- ☐ meine Kinder anziehen
- ☐ sich duschen
- ☐ die Zeitung lesen
- ☐ sich ausruhen
- ☐ die Nachrichten im Radio hören

gemacht haben

sich gekämmt haben

sich gewaschen haben

aufgestanden sein

sich gesetzt haben

(sich) angezogen haben

geweckt haben

aufgeräumt haben

sich rasiert haben

gemacht haben

gelesen haben

sich geduscht haben

sich ausgeruht haben

sich angezogen haben

gehört haben

2 Ordnen Sie die Stichwörter. Dann schreiben Sie.

Um acht Uhr bin ich aufgestanden. Dann ...

Kopiervorlage L5/C1
Das Wabenspiel

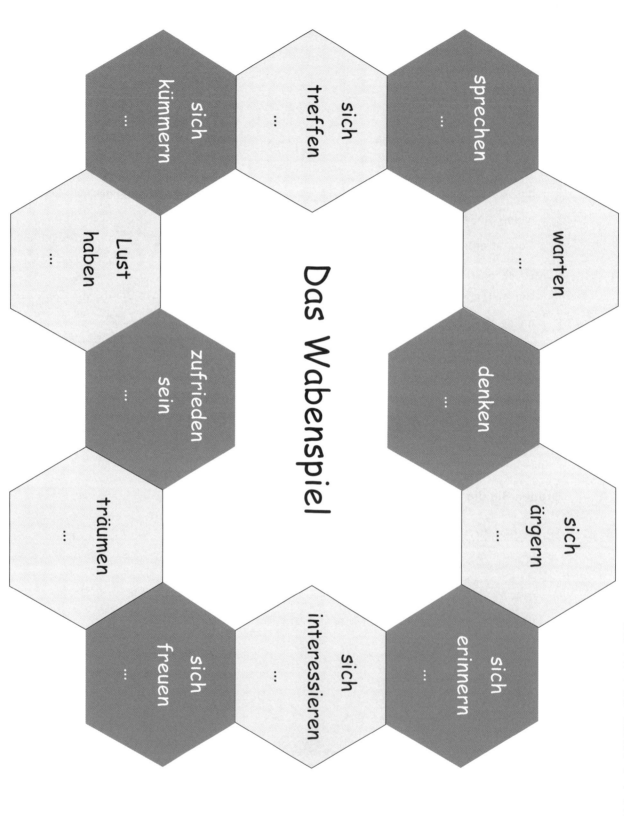

Kopiervorlage L5/D4

Sie möchten sich zum Fußball anmelden. Sie sind Senior.	Sie möchten gern tanzen. Was, ist Ihnen egal. Sie haben nur mittwochs Zeit.	Sie möchten gern Tennis spielen. Sie sind kein Anfänger mehr.
Sie möchten Ihre achtjährige Tochter zum Kinderturnen anmelden.	Sie möchten mit Ihrem eineinhalbjährigen Sohn turnen gehen.	Ihre Tochter möchte Rock'n'Roll lernen. Sie ist in der Ausbildung.
Ihre zehnjährige Tochter möchte Handball spielen lernen.	Sie sind Student und möchten einmal in der Woche Fußball spielen.	Sie möchten mit Ihrem Mann Standardtänze lernen.

Schritte plus 3, Lehrerhandbuch 05.1913 • © Hueber Verlag 2010

119 KOPIERVORLAGEN

Kopiervorlage „Zwischenspiel zu Lektion 5"

1   **Lesen Sie das Interview und ergänzen Sie die Informationen.**

a   Seit wann lebt Deniz' Vater in Deutschland?   ....

b   Bei welchen Fußballvereinen hat ihr Vater gespielt?   ....

c   Für welchen Verein spielt Deniz?   ....

d   Was ist ihre Mutter von Beruf?   ....

e   Welchen Beruf hat Deniz (neben Fußballerin)?   ....

f   Was macht sie gern (neben Fußball spielen)?   ....

2   **Was bedeutet das? Ordnen Sie zu.**

1   Mein Bruder ist ein leidenschaftlicher Fußballer.

2   Ich habe einen Beruf aus meinem Hobby Fußball gemacht.

3   Ich stehe mit beiden Beinen im Leben.

4   Ich möchte immer mein Bestes geben.

5   Mein Herz schlägt für Deutschland und die Türkei.

a   Ich will immer alles so gut wie möglich machen.

b   Mein Bruder spielt sehr gern Fußball, er liebt es.

c   Ich liebe Deutschland und die Türkei.

d   Fußball ist mein Hobby und mein Beruf.

e   Ich sehe die Dinge, wie sie sind.

KOPIERVORLAGEN   **120**

Kopiervorlage L6/A4

zum ersten Mal allein ausgehen dürfen	mit 16 zu Hause sein müssen	als Kind werden wollen	zu Hause immer machen müssen	zum ersten Mal allein wegfahren dürfen
lesen können		*Wer* *Wann* *Konntest du*		als Kind nie dürfen
zum ersten Mal Auto fahren dürfen		*Durftest du* *Was* *Musstest du*		bei schlechten Noten machen müssen
ein bisschen Deutsch sprechen können		**Ihre Kindheit** Stellen Sie Ihre Spielfigur auf ein beliebiges Feld. Würfeln Sie. Ziehen Sie Ihre Spielfigur vor. Machen Sie aus den Stichwörtern auf dem Feld eine Frage. Fragen Sie eine Mitspielerin / einen Mitspieler.		im Haushalt helfen müssen
immer gern wollen		*Konnten Sie* *Solltest du* *Mussten Sie*		nie machen dürfen
Rad fahren können		*Wolltest du* *Sollten Sie* *Wollten Sie*		in eine eigene Wohnung ziehen können
allein auf Partys gehen dürfen	in der Schule immer machen müssen	nie machen wollen	bis heute nicht machen können	von Beruf werden sollen

Kopiervorlage L6/B5

Sind Noten
in der Schule wichtig?

Sollten auch die Lehrer
Noten bekommen?

Sollen Mädchen und
Jungen in verschiedene
Klassen gehen?

Sollen Schüler
mit schlechten Noten
sitzen bleiben?

Lernen die Schüler
nur für gute Noten?

Sind gute
Zeugnisse wichtig?

Sollte jedes Kind
in den Kindergarten
gehen?

Ohne Fleiß, kein Preis -
ist das richtig?

Kopiervorlage „Zwischenspiel zu Lektion 6"

1 **Was ist richtig? Lesen Sie und kreuzen Sie an.**

Der Elternbeirat
- ☐ Es gibt für jede Schulklasse einen Elternbeirat.
- ☐ Jedes Schuljahr gibt es einen neuen Elternbeirat.
- ☐ Der Elternbeirat informiert die Eltern über alles, was in der Schule passiert.
- ☐ Wenn das Kind Probleme in Mathematik hat, sollte man zum Elternbeirat gehen.

Die Sprechstunde
- ☐ Die Lehrerin oder der Lehrer hilft bei Fragen und Problemen.
- ☐ Die Sprechstunde ist nur für den Elternbeirat da.

Das Mitteilungsheft
- ☐ In das Mitteilungsheft schreiben die Kinder ihre Hausaufgaben.
- ☐ Im Mitteilungsheft stehen kurze Informationen über das Kind.
- ☐ Wenn die Lehrerin oder der Lehrer eine Mitteilung schreibt, müssen die Eltern in die Sprechstunde kommen.

Der Elternabend
- ☐ Am Elternabend treffen sich die Eltern in der Schule.
- ☐ Die Eltern wählen dann den Elternbeirat.
- ☐ Sie bekommen Informationen für das neue Schuljahr.

2 **Über welche Themen spricht die Lehrerin? Kreuzen Sie an.**

- ☐ Handys, MP3-Player und Gameboys
- ☐ Hausaufgaben
- ☐ Krankmeldung
- ☐ Unterrichtszeiten
- ☐ Schulweg im Winter

3 **Hören Sie und kreuzen Sie an.**

		richtig	falsch
a	Elena will nicht mehr in die Schule gehen.	☐	☐
b	Sie kann die Tafel nicht sehen, weil sie keine Brille hat.	☐	☐
c	Max und Lukas lachen über sie.	☐	☐
d	Die Lehrerin will mit den Jungen sprechen.	☐	☐
e	Herr Dikman ist Adems Vater.	☐	☐
f	Adem macht oft seine Hausaufgaben nicht.	☐	☐
g	Er kann sich schlecht konzentrieren, weil es in der Wohnung so laut ist.	☐	☐
h	Die Eltern sprechen mit Adem nur Deutsch.	☐	☐
i	Adems Onkel soll seine Hausaufgaben kontrollieren.	☐	☐

Kopiervorlage L7/A3

1 *die Kekse; die Keksdose*
2
3
4
5
6
7
8
9
10

11
12
13
14
15
16
17
18
19
20

Kopiervorlage L7/A4

A

meiner Tante Schokolade	meiner Schwester einen Reiseführer
meiner Mutter ein Motorrad	meinem Vater einen DVD-Player
meinem Opa eine Handcreme	meinem Bruder einen Geldbeutel

B

meiner Tante einen Reiseführer	meiner Schwester einen DVD-Player
meiner Mutter einen Geldbeutel	meinem Vater eine Handcreme
meinem Opa ein Motorrad	meinem Bruder Schokolade

A

meiner Schwester eine Handcreme	meinem Vater Schokolade
meinem Opa einen Reiseführer	meinem Bruder ein Motorrad
meiner Mutter einen DVD-Player	meiner Tante einen Geldbeutel

B

meiner Schwester ein Motorrad	meinem Vater einen Geldbeutel
meinem Opa Schokolade	meinem Bruder einen Reiseführer
meiner Mutter eine Handcreme	meiner Tante einen DVD-Player

A

meiner Mutter einen Reiseführer	meiner Schwester Schokolade
meiner Tante ein Motorrad	meinem Opa einen Geldbeutel
meinem Bruder einen DVD-Player	meinem Vater eine Handcreme

B

meiner Mutter Schokolade	meiner Schwester einen Geldbeutel
meiner Tante eine Handcreme	meinem Opa einen DVD-Player
meinem Bruder einen Reiseführer	meinem Vater ein Motorrad

Kopiervorlage L7/B4

| die Mutter • der Kaffee | die Eltern • die Zigaretten | der Bruder • das Rosinen- brötchen | die Katze • das Stück Fleisch | die Schwester • die Wurst | die Mutter • die Tomaten |

Das Frühstücksspiel

Die Familie sitzt am Frühstückstisch. Silvia hat schlechte Laune. Aber alle wollen etwas von ihr.

Jeder bittet sie: „Gib deinem Bruder das Ei" und so weiter. Silvia antwortet: „Gib es ihm selbst!"

Spielen Sie zu viert! Jeder Spieler setzt seine Figur auf ein Feld seiner Wahl. Der jüngste Spieler beginnt. Er würfelt und zieht seine Figur. Er fragt, der Spieler neben ihm antwortet. Die anderen beiden kontrollieren.

der Bruder • das Ei

der Vater • die Brötchen

die Katze • die Milch

der Hund • das Futter

das Baby • die Milch- flasche

die Mutter • die Marmelade

der Bruder • das Messer

die Mutter • das Brot

der Vater • der Käse

der Hund • der Knochen

das Baby • der Schnuller

die Geschwister • die Wasser- flasche

| die Schwester • der Kakao | der Bruder • die Butter | der Vater • die Oliven | die Eltern • der Kaffee | die Mutter • das Salz | die Schwester • der Zucker |

KOPIERVORLAGEN 126

Kopiervorlage „Zwischenspiel zu Lektion 7"

1 **Kreuzen Sie an: Was bedeutet „Smalltalk machen"?**

a Zwei Leute unterhalten sich auf Englisch. ☐

b Man unterhält sich erst einmal über leichte, allgemeine Themen. ☐

c Erwachsene sprechen mit Kindern. ☐

2 **Smalltalk machen – aber wie? Ordnen Sie zu.**

> Und? Was machst du so? • Hallo / Hi, ...! • Wann haben wir uns eigentlich das letzte Mal
> gesehen? • Wie geht's denn so? • Wie findest du ... • Entschuldige, aber ich muss
> jetzt gehen. / in die Küche. • Und? Bist du schon lange hier? • Hallo, ich bin / heiße ... •
> Übrigens, das ist ... • Woher kennen wir uns noch einmal? • Kennen wir uns nicht? •
> Hallo. Äh, wie war noch einmal dein Name? • Was gibt's Neues? • War nett, dich mal
> wiederzusehen! • Kennst du eigentlich schon ...? • Darf ich vorstellen? Das ist ... •
> Na, wie findest du die Party?

sich begrüßen	jemanden vorstellen	ein Gespräch beginnen	ein Gespräch beenden

Wiederholung zu Lektion 1 und Lektion 2
Vier gewinnt

	A	B	C
1	Benny – auf – der Sessel – einschlafen	Frau Rieder – der Schlüssel – in – das Schloss – stecken	Bruno – heute Morgen – zu spät – aufstehen
2	Maria – fast – das Flugzeug – verpassen	Simone – in – Mannheim – aussteigen	Bruno – gestern – allein – fernsehen
3	Simone – später – nach Hause – zurückfahren	Frau Reger – die Fotos – auf – der Tisch – stellen	Simone – in – den falschen Z einsteigen
4	die Lehrerin – eine Aufgabe – an – die Tafel – schreiben	Simone – die Zeitung – in – die Tasche – stecken	Ahmed – an – der Busbahnh ankommen
5	Lisa – die Hose – in – der Schrank – hängen	Simone – heute Morgen – verschlafen	der Bus – ein Rad – verlieren
6	Maria – in – das Flugzeug – keinen Kaffee – bekommen	Familie Meyer – Herrn Bauer – zum Kaffee – einladen	Peter – die Milch – in – der Kühlschra stellen

Schritte plus 3, Lehrerhandbuch 05.1913 • © Hueber Verlag 2010

KOPIERVORLAGEN **128**

Wiederholung zu Lektion 1 und Lektion 2
Vier gewinnt

D	E	F	
Benny – an – die Tür – sitzen	Herr Müller – gestern – Frau Meise – besuchen	Benny – neben – der Stuhl – sitzen	1
Der Briefträger – die Zeitung – in – der Briefkasten – stecken	Robert – am Wochenende – mit Sofia – spazieren gehen	Marion – auf – das Sofa – liegen – und mit Benny – fernsehen	2
Alle Kinder – heute – in – die Schule – gehen	Frau Rieder – die Lampe – an – die Decke – hängen	Der Schlüssel – an – der Haken – hängen	3
Benny – in – der Garten – eine Katze – sehen	Bernd und Tina – aus Italien – zurückkommen	Achim – Klara – an – der Bahnhof – abholen	4
Manfred – seine Fahrkarte – vergessen	Robert – die Grammatik – nicht – verstehen	Herr Brenner – am Montag – lange – in – das Büro – bleiben	5
Lilli und Jan – auf – der Baum – steigen	Tina – am Morgen – die Küche – aufräumen	Elke – gestern Abend – lange – an – der Computer – arbeiten	6

129 KOPIERVORLAGEN

Wiederholung zu Lektion 3 und Lektion 4
Spiel: „Wer wird *Schritte plus*-König?"

Hinweis:

1. Vergrößern Sie die Kopiervorlage und schneiden Sie die Karten aus. Kleben Sie sie auf festen Karton.
2. Teilen Sie den Kurs in Team A und Team B. Die beiden Teams treten im Quiz gegeneinander an.
3. Mischen Sie die Karten. Die Kartennummer spielt hier keine Rolle. Sie dient lediglich dazu, die Lösung im Lösungsschlüssel schneller zu finden. Lesen Sie die Frage sowie die drei Lösungsmöglichkeiten, wenn nötig mehrmals, vor. Team A berät sich und nennt dann die Lösung. Ist sie korrekt, erhält das Team <u>zwei</u> Punkte (z.B. in einer Tabelle an der Tafel). Wenn Team A die Lösung noch nicht gefunden hat, darf Team B raten. Wiederholen Sie dazu die Frage ggf. noch einmal. Ist die Lösung korrekt, erhält Team B <u>einen</u> Punkt. Jetzt ist Team B mit einer neuen Quizfrage an der Reihe. Lesen Sie die Aufgabe und die drei Lösungsmöglichkeiten vor. Weiter wie oben beschrieben. Team A und B wechseln sich ab, unabhängig davon, ob ein Team die Lösung des anderen korrigieren durfte oder nicht. Wer am Ende die meisten Punkte hat, hat gewonnen.

Variante: Wenn Sie sehr viele TN im Kurs haben, können Sie das Quiz auch in Kleingruppen von 4–6 TN spielen lassen. Ein TN ist dann Spielleiter(in). Sie/Er kontrolliert mithilfe des Lösungsschlüssels die Antworten der beiden Teams. Die Nummern auf den Karten erleichtern die Zuordnung.

---

❶ Sonntags frühstückt man in Deutschland

....

a viel
b wenig
c nichts

❷ Maria möchte am Sonntag gern

....

a ausgehen
b ausschlafen
c viel frühstücken

❸ Wie ist die richtige Reihenfolge?

a meistens – immer – oft
b oft – immer – meistens
c oft – meistens – immer

❹ *mittags* bedeutet

....

a heute Mittag
b jeden Mittag
c am Mittag

❺ Was ist richtig? So Hyung isst

....

Reis.

a zum Mittagessen
b zum Mittag
c für das Mittagessen

❻ Hast du Brot mitgebracht? – Tut mir leid. Ich habe .... mehr bekommen.

a keinen
b keine
c keins

KOPIERVORLAGEN **130**

Wiederholung zu Lektion 3 und Lektion 4
Spiel: „Wer wird *Schritte plus*-König?"

---

❼ Ich brauche eine Schüssel. Bringst du mir bitte

...................................?

a eine
b einen
c keine

❽ *Topf – Gabel – Pfanne – Herd*. Was passt nicht?

a Herd
b Gabel
c Pfanne

❾ Hast du mir einen Schokoladenkuchen mitgebracht? – Nein, ich habe leider

....

mehr bekommen.

a keins
b keinen
c keine

---

❿ Ich brauche noch Eier für den Kuchen. Kaufst du bitte

...................................?

a manche
b eine
c welche

⓫ Wie ist die richtige Reihenfolge?

a selten – manchmal – nie
b nie – selten – manchmal
c nie – manchmal – selten

⓬ Danke für die Blumen, das

....

a ist aber nett
b ist schön
c möchte ich nicht

⓭ Ein Steuerberater

....

a bezahlt die Steuern
b bekommt die Steuern
c hilft bei der Steuererklärung

⓮ Was stimmt?

a Wenn Kurt müde ist, fährt er nachts Taxi.
b Wenn Kurt nachts Taxi fährt, ist er tagsüber müde.
c Wenn Kurt tagsüber Taxi fährt, ist er immer müde.

⓯ Wenn du müde bist,

....

a solltest du mal ausschlafen
b sollst du mal ausschlafen
c sollten Sie mal ausschlafen

⓰ Entschuldige, ich habe meinen Bleistift vergessen. Kann ich mal

....

haben?

a deine
b deinen
c meinen

⓱ Kann ich bitte mit Frau Bergmann sprechen? – Tut mir leid, sie ist

....

a noch nicht da
b schon da
c noch da

⓲ Der Betriebsrat

....

a gehört der Firma
b hilft der Firma
c hilft den Mitarbeitern

Lösungsschlüssel: 1 a; 2 b; 3 c; 4 b; 5 a; 6 c; 7 a; 8 b; 9 b; 10 c; 11 b; 12 a; 13 c; 14 b; 15 b; 16 b; 17 a; 18 c

Schritte plus 3, Lehrerhandbuch 05.19.13 • © Hueber Verlag 2010

Wiederholung zu Lektion 5 und Lektion 6
Quiz

Hinweis:

1. Teilen Sie die TN in Gruppen mit etwa sechs Personen. Malen Sie folgendes Schema an die Tafel:

	A	B	C	D	E	F
1						
2						
3						
4						
5						

2. Legen Sie das Lehrerhandbuch mit den Fragen zurecht, aber so, dass die TN es nicht einsehen können.
3. Die erste Gruppe nennt einen Buchstaben und eine Zahl. Machen Sie bei diesen Koordinaten ein Kreuz an der Tafel, um deutlich zu machen, dass dieses Feld nicht mehr genannt werden kann. Lesen Sie die Aufgabe mit diesen Koordinaten vor. Die erste Gruppe hat 30 Sekunden Zeit, die Lösung zu nennen. Kann sie die Aufgabe nicht lösen oder nennt sie eine falsche Lösung, wird die Frage weitergegeben an die nächste Gruppe. Danach nennt die zweite Gruppe einen Buchstaben und eine Zahl usw.
4. Für jede richtige Antwort gibt es einen Punkt. Die Gruppe mit den meisten Punkten hat gewonnen.

KOPIERVORLAGEN **132**

Wiederholung zu Lektion 5 und Lektion 6
Quiz

	A	B	C	D	E	F
1	Nennen Sie drei Berufe!	Wie heißt das Fragewort? … erinnerst du dich gern?	Erklären Sie! Warum joggt Kurt?	**Joker!** **Die Gruppe bekommt einen Punkt und darf noch einmal!**	Machen Sie eine Frage! mit dreizehn Jahren – allein – in die Disco gehen – dürfen	Erzählen Sie! Was tun Sie für Ihre Fitness?
2	Ergänzen Sie! Ich träume oft … meiner Schulzeit.	Antworten Sie! Wohin gehen die Kinder nach dem Kindergarten?	**Joker!** **Die Gruppe bekommt einen Punkt und darf noch einmal!**	Ergänzen Sie! Meine Tochter … gestern nicht in die Schule gehen, weil sie krank war.	Was passt: *der, das* oder *die*? Zeugnis, Note, Fach	Erklären Sie! Was bedeutet „eine Weiterbildung machen"?
3	Wie heißt das Fragewort? … interessierst du dich?	In welchen zwei Schularten kann man das Abitur machen?	Nennen Sie fünf Schulfächer!	Sagen Sie alle Formen von „sich konzentrieren"! *Ich konzentriere mich, du …*	Nennen Sie drei deutsche Schulnoten! Die Zahlen reichen nicht!	Erklären Sie! Was bedeutet „ein Handwerk lernen"?
4	Erzählen Sie! Was war Ihr Lieblingsfach?	Ergänzen Sie! …, dass du Stress mit der Schule hast.	Wie heißt das Fragewort? … denken Sie nie?	Geben Sie einen Tipp! Ihre Freundin ist oft erkältet.	Nennen Sie vier Sportarten!	**Joker!** **Die Gruppe bekommt einen Punkt und darf noch einmal!**
5	Ergänzen Sie! Morgen treffe ich mich … dir.	Antworten Sie! Interessieren Sie sich für klassische Musik?	Nennen Sie drei Wörter mit „sich"!	Antworten Sie! Ist Taxifahrer Kurts Traumberuf? Warum? / Warum nicht?	Geben Sie einen Tipp! Ihre Lehrerin kann sich nicht konzentrieren.	Nennen Sie drei Beispiele für Kreativität!

Schritte plus 3, Lehrerhandbuch 05.1913 • © Hueber Verlag 2010

133 KOPIERVORLAGEN

Test zu Lektion 1

Name: ....

1 **Ergänzen Sie.**

> Sie muss Milch kaufen. • ~~Ihr Mann kommt heute aus China zurück.~~ •
> Sie möchte Deutsch lernen. • Ihre Katze ist krank. • Sie mag Kinder.

Beispiel: Sonja ist glücklich, weil *ihr Mann heute aus China zurückkommt.*

a Petra ist traurig, weil ....

b Merve macht einen Deutschkurs, weil ....

c Sibylle fährt zum Supermarkt, weil ....

d Maria möchte Lehrerin werden, weil ....

Punkte ..... / 8

2 **Was passt? Ergänzen Sie in der richtigen Form.**

> ~~beginnen~~ • erzählen • abfahren • verpassen • aufschreiben • mitkommen

Ich habe …	Ich bin …
begonnen	

Punkte ..... / 5

3 **Was hat sie/er gestern gemacht? Schreiben Sie.**

Beispiel:
Sie ist mit dem Zug gefahren.

 a ....

 d ....

 b ....

 e ....

 c ....

 f ....

Punkte ..... / 6

TEST ZU LEKTION 1   134

Test zu Lektion 1

4 **Wer ist das? Ergänzen Sie.**

Beispiel: Der Bruder von meiner Mutter ist *mein Onkel*.

a Der Vater von meinem Mann ist ....

b Der Sohn von meinem Sohn ist ....

c Die Schwester von meiner Frau ist ....

d Der Bruder von meinem Bruder ist ....

e Die Schwester von meinem Vater ist ....

f Mein Vater und meine Mutter sind ....

Punkte ..... / 6

5 **Schreiben Sie eine Geschichte (5 Sätze).**

Heute war wirklich ein schrecklicher Tag
Zuerst ...
Dann ...
Zwei Stunden später ...
Dann ...
Schließlich ...

Punkte ..... / 5

Insgesamt: .... / 30

Bewertungsschlüssel

30 – 27 Punkte	sehr gut
26 – 23 Punkte	gut
22 – 19 Punkte	befriedigend
18 – 15 Punkte	ausreichend
14 – 0 Punkte	nicht bestanden

Test zu Lektion 2

Name: ....

1 Wo sind die Personen? Wohin gehen sie? Ergänzen Sie.

 Beispiel: Simone ist *in den* falschen Zug gestiegen.

 d .... Flugzeug hat Maria nichts zu trinken bekommen.

 a Ahmed ist um sechs Uhr morgens .... Busbahnhof angekommen.

 e Frau Rieder steht .... Stuhl, weil sie die Lampe aufhängen möchte.

 b Klaus hat .... Bahnhof auf Klara gewartet.

 f Die Lehrerin schreibt eine Mathe-Aufgabe .... Tafel.

 c Simone sitzt .... Zug nach Köln.

 g Frau Rieder stellt die Blumen .... Tisch.

Punkte ..... / 7

2 Sehen Sie die Bilder an und schreiben Sie. Verwenden Sie *stehen, stellen* ...

 Beispiel: *Der Pullover hängt über dem Stuhl.*

 c ....
....

 a ....
....

 d ....
....

 b ....
....

 e ....
....

Punkte ..... / 5

Test zu Lektion 2

3 Ergänzen Sie: *rein, raus ...*

Beispiel: Komm doch *raus*! ....
Wir spielen Fußball!

c Na los, komm wieder

.... !

a Kommen Sie doch

.... !

d Kommen Sie doch ....

und trinken Sie einen Kaffee

mit uns!

b Komm doch .... !

Hier oben ist es toll!

e Zur U5? Da müssen Sie hier

....

Punkte ..... / 5

4 Richtig oder falsch? Kreuzen Sie an.

Lieber Benny,

ich fahre für ein paar Tage in die Schweiz. Ich brauche ein bisschen Urlaub. Ich komme erst am Sonntag zurück. Kannst Du bitte meine Blumen gießen? Mein Wohnungsschlüssel liegt in Deinem Briefkasten. Ach ja, ich habe nicht bei der Zeitung angerufen. Das habe ich vergessen. Jetzt kommt jeden Tag die Ulmer Morgenpost. Sie steckt im Briefkasten oder liegt vor meiner Wohnungstür. Du kannst die Zeitung lesen und dann wegwerfen.
Vielen Dank schon mal für Deine Hilfe. Ich rufe Dich an, sobald ich zurück bin.

Liebe Grüße
Barbara

	richtig	falsch
Beispiel: Benny fährt in die Schweiz.	☐	☒
a Barbara kommt am Sonntag zurück.	☐	☐
b Benny soll Barbaras Blumen gießen.	☐	☐
c Ihr Wohnungsschlüssel liegt in ihrem Briefkasten.	☐	☐
d Benny soll bei der Zeitung anrufen.	☐	☐
e Barbara möchte die Zeitung am Sonntag lesen.	☐	☐

Punkte ..... / 5

5 Schreiben Sie eine Mitteilung an Ihren Nachbarn.

- Sie fahren am Samstag für eine Woche nach Köln. Informieren Sie Ihren Nachbarn Herrn Bremer.
- Er soll Ihre Zeitung aus dem Briefkasten nehmen und vor Ihre Haustür legen.
- Danken Sie Herrn Bremer für seine Hilfe.
- Vergessen Sie die Anrede und den Gruß nicht.

Punkte ..... / 8

Insgesamt: .... / 30

Bewertungsschlüssel

30 – 27 Punkte	sehr gut
26 – 23 Punkte	gut
22 – 19 Punkte	befriedigend
18 – 15 Punkte	ausreichend
14 – 0 Punkte	nicht bestanden

Test zu Lektion 3

Name: ....

1 **Was passt: *immer, meistens, manchmal* …? Ergänzen Sie.**

Beispiel: Kurt isst jeden Mittag Pommes Frites. → Er isst mittags *immer* Pommes frites.

a Frau García mag Alkohol gar nicht. → Sie trinkt .... Alkohol.

b So Hyung isst morgens Reis oder eine Suppe. → Sie isst .... Reis.

c Paula trinkt normalerweise keinen Kaffee. Aber heute möchte sie einen Kaffee. → Sie trinkt .... Kaffee.

d Sandra raucht jeden Tag nach dem Mittagessen eine Zigarette, aber heute raucht sie nicht. → Sie raucht .... nach dem Mittagessen eine Zigarette.

e Herr Bremer fährt immer mit dem Auto zur Arbeit. → Er nimmt .... den Bus.

f Irene trinkt gern Tee, aber meistens trinkt sie Kaffee. → Sie trinkt .... Tee.

Punkte ..... / 6

2 **Ergänzen Sie.**

Beispiel: Larissa, ich brauche *eine* Kanne . Bringst du mir bitte *eine* ....?

a Ich möchte Spaghetti kochen. Ich brauche .... großen Topf . Manfred, bringst du mir bitte ....?

b Ich möchte heute einen Salat machen. Ich brauche .... Schüssel . Klara, bringst du mir bitte ....?

c Ich möchte Brot schneiden. Dazu brauche ich .... Messer .... Marion, gibst du mir bitte ....?

d Oje, wir haben keine Eier für den Kuchen. Kaufst du bitte ....?

e Ich möchte jetzt gern ein Bier. Ich brauche .... Bierkrug. Holst du mir bitte ....?

f Wir könnten doch Wein zum Rinderbraten trinken. Wir brauchen aber noch Gläser. Tina, holst du uns bitte ....?

Punkte ..... / 10

TEST ZU LEKTION 3 138

Test zu Lektion 3

3 Im Restaurant. Ordnen Sie zu.

1 Kann ich bitte bestellen?
2 Haben Sie schon bestellt?
3 Hallo, zahlen bitte!
4 Entschuldigung, ist der Platz noch frei?
5 Verzeihung, der Kaffee ist kalt.
6 Ich zahle einen Salat und eine Cola.
7 Ich nehme einen Rinderbraten.

a Ja, nehmen Sie doch Platz!
b Oh, das tut mir leid! Ich bringe einen neuen.
c Nein, noch nicht.
d Ja, natürlich. Was möchten Sie?
e Zusammen oder getrennt?
f Das macht dann 9,80 Euro, bitte.
g Ja, gern. Kommt sofort.

Punkte ..... / 6

4 Wählen Sie ein Bild aus und schreiben Sie ein Gespräch.

A oder B

Punkte ..... / 8

Insgesamt: .... / 30

Bewertungsschlüssel
30 – 27 Punkte   sehr gut
26 – 23 Punkte   gut
22 – 19 Punkte   befriedigend
18 – 15 Punkte   ausreichend
14 – 0 Punkte   nicht bestanden

Test zu Lektion 4

Name: ....

1 Verbinden Sie die Sätze.

Beispiel: Kurt ist tagsüber müde. Er fährt nachts Taxi.
Wenn Kurt nachts Taxi fährt, (dann) ist er tagsüber müde.

a Das Baby ist da. Susanne arbeitet nur noch stundenweise in der Apotheke.
....

b Herr Keller braucht eine Arbeit. Er muss eine Bewerbung schreiben.
....

c Sandra arbeitet nicht gut. Sie bekommt eine Kündigung.
....

 d Die Kunden in der Apotheke sind nett. Susanne freut sich.
....

e Paul ist krank. Er muss zum Arzt gehen.
....

Punkte ..... / 10

2 Geben Sie Tipps! Schreiben Sie.

Beispiel: Kauf dir selbst mal ein Handy!
→ *Du solltest dir selbst mal ein Handy kaufen!*

a Gehen Sie regelmäßig zur Agentur für Arbeit, wenn Sie Arbeit suchen!
→ ....

b Lest jeden Tag Zeitung!
→ ....

c Sieh nicht so viel fern!
→ ....

d Mach nicht so viele Überstunden!
→ ....

e Streitet nicht dauernd!
→ ....

Punkte ..... / 5

TEST ZU LEKTION 4   140

Test zu Lektion 4

3 Geben Sie Ratschläge. Schreiben Sie.

Beispiel: Ich habe Zahnschmerzen. → *Dann solltest du zum Zahnarzt gehen.*

a Meine Wohnung ist zu klein. → ....

b Mein Vater hat keine Arbeit. → ....

c Ich schlafe so schlecht. → ....

d Ich möchte gern Spanisch lernen. → ....

Punkte ..... / 4

4 Ergänzen Sie.

Beispiel: Melanie, entschuldige bitte. Ich habe heute kein Handy dabei. Kann ich *deins* haben?

a Papa, mein Auto ist kaputt. Kann ich mir heute .... leihen?

b Antonio, ich habe meinen Kuli zu Hause vergessen. Kann ich bitte kurz .... haben?

c Denise, meine Brille ist weg. Kann ich heute mal .... benutzen?

d Oh, mein Kuchen ist schon weg. Darf ich .... essen?

e Klara, ich finde mein Wörterbuch nicht. Kann ich bitte kurz .... benutzen?

Punkte ..... / 5

5 Antworten Sie.

Beispiel: Ist noch etwas zu essen da? → *Nein, es ist nichts mehr da.*

a Hast du die Lohnsteuerkarte schon gefunden? → Nein, ...

b Hat jemand für mich angerufen? → Nein, ...

c Möchtest du etwas trinken? → Nein danke, ...

d Hast du deiner Mutter schon zum Geburtstag gratuliert? → Nein, ...

e Brauchst du etwas aus der Stadt? → Nein, ...

f Hast du schon mit Maria gesprochen? → Nein, ...

Punkte ..... / 6

Insgesamt: .... / 30

Bewertungsschlüssel	
30 – 27 Punkte	sehr gut
26 – 23 Punkte	gut
22 – 19 Punkte	befriedigend
18 – 15 Punkte	ausreichend
14 – 0 Punkte	nicht bestanden

Test zu Lektion 5

Name: ....

1 Was tun die Leute? Schreiben Sie.

Beispiel:

Sie ärgert sich.

 a ....

 d ....

 b ....

 e ....

 c ....

f ....

Punkte ..... / 6

2 Ergänzen Sie.

Beispiel: Ich möchte *mich* umziehen.

a Wenn ihr .... nicht konzentrieren könnt, müsst ihr spazieren gehen.

b Sabine kämmt .... nicht gern.

c Hast du .... heute schon geduscht?

d Dicke Kinder bewegen .... oft zu wenig.

e Sonntags ruhe ich .... gern aus.

f Sabine, Paul, habt ihr .... gewaschen?

Punkte ..... / 6

TEST ZU LEKTION 5 142

Test zu Lektion 5

3 Was passt? Ergänzen Sie.

Beispiel: Eigentlich interessiere ich mich nicht *für Autos.*

a Heute treffen wir uns ....

b Die Kinder freuen sich ....

c Die Schüler ärgern sich ....

d Kümmere dich mehr ....

e Die Sekretärin ist nicht zufrieden ....

f Maria denkt oft ....

g Ich spreche nicht mehr ....

h Jede Nacht träumt Larissa ....

Punkte ..... / 8

4 Ergänzen Sie.

Beispiel: *Woran* denkst du nicht gern?

a .... interessierst du dich denn?

b .... hast du nie Lust?

c .... ärgerst du dich oft?

d .... freust du dich?

e .... hast du heute geträumt?

Punkte ..... / 5

5 Schreiben Sie Antworten zu den Fragen aus Übung 4.

Beispiel: *Ich denke nicht gern an meine Deutschprüfung.*

a ....

b ....

c ....

d ....

....

e ....

....

Punkte ..... / 5

Insgesamt: .... / 30

Bewertungsschlüssel

30 – 27 Punkte	sehr gut
26 – 23 Punkte	gut
22 – 19 Punkte	befriedigend
18 – 15 Punkte	ausreichend
14 – 0 Punkte	nicht bestanden

Test zu Lektion 6

Name: ....

1 **Ergänzen Sie:** *wollte, durfte, konnte ...*

Beispiel: Thomas *wollte*.......... Tierarzt werden, aber er *durfte*.......... nicht Abitur machen.

Seine Eltern waren dagegen.

a Petra .... Lehrerin werden. Aber sie .... die Schule in der Stadt nicht

besuchen. Sie .... auf dem Bauernhof helfen.

b Mein Bruder und ich .... zusammen einen Bus kaufen. Aber wir hatten kein Geld.

c .... du mit vier Jahren schon lesen?

d Als Kinder .... wir nie allein in den Wald gehen.

e 144 + 188? Keine Ahnung! Ich .... noch nie gut rechnen.

f Die Kinder .... am Samstag immer das Auto waschen. Der Vater .... das so.

Punkte ..... / 9

2 **Ergänzen Sie.**

| Ich glaube • Es tut mir leid • Ich bin froh • Es ist wichtig • ~~Ich finde~~ |

Beispiel: *Ich finde*....................., dass kleine Kinder um acht Uhr im Bett sein müssen.

a ...., dass du so viel Stress in der Arbeit hast.

b ...., dass man eine gute Ausbildung hat.

c ...., dass ich meine Eltern bald wiedersehe.

d ...., dass Noten in der Schule wichtig sind.

Punkte ..... / 4

3 **Welches Wort passt nicht? Streichen Sie durch.**

Beispiel: Lehrerin – Malerin – ~~Schüler~~ – Ingenieur

a Hauptschule – Gymnasium – Krippe – Gesamtschule

b Deutsch – Mathe – Biologie – Lieblingsfach

c Hauptschulabschluss – Abitur – Zeugnis – Realschulabschluss

d studieren – lernen – üben – sitzen bleiben

e Beruf – Zeugnisse – Fächer – Lehrer

Punkte ..... / 5

TEST ZU LEKTION 6   **144**

Schritte plus 3, Lehrerhandbuch 05.1913 • © Hueber Verlag 2010

Test zu Lektion 6

4 Ergänzen Sie die Sätze.

Morgen komme ich nicht zum Deutschkurs.

Beispiel: Paul sagt, dass _er morgen nicht zum Deutschkurs kommt._

Ich will nicht in die Schule gehen.

a Mein Sohn meint, dass

....

....

....

Die Kinder müssen Hausaufgaben machen.

c Unser Lehrer findet, dass

....

....

....

Ich war immer eine gute Schülerin.

b Meine Mutter findet, dass

....

....

....

Ich liebe meinen Sportlehrer.

d Meine Tochter sagt, dass

....

....

....

Punkte ..... / 4

5 Was passt? Ergänzen Sie.

Erfahrung • Kindergarten • Abschlussprüfung • Job • Praktikum • Handwerk • Weiterbildung • Zertifikat

a Lukas ist bald mit der Schule fertig. Nur die .... muss er noch machen.

Dann möchte er ein .... lernen, denn er arbeitet gern mit Werkzeugen.

b Sophia wird bald drei. Dann soll sie in den .... gehen. Ihre Mutter möchte

dann eine .... zur Pflegekraft beginnen. Dazu gehört auch ein

zweimonatiges .... in einem Krankenhaus oder Altenheim.

c Murat möchte den Deutsch-Test für Zuwanderer machen. Er findet, dass ein ....

wichtig ist. Er hofft, dass er damit leichter einen .... findet. Denn er

hat .... in seinem Beruf, aber sein Deutsch

ist nicht gut genug.

Punkte ..... / 8

Insgesamt: .... / 30

Bewertungsschlüssel

30 – 27 Punkte	sehr gut
26 – 23 Punkte	gut
22 – 19 Punkte	befriedigend
18 – 15 Punkte	ausreichend
14 – 0 Punkte	nicht bestanden

145 TEST ZU LEKTION 6

Test zu Lektion 7

Name: ....

1 Schreiben Sie Sätze.

Beispiel: ich – meine Tochter – der Kugelschreiber

Ich schenke meiner Tochter einen Kugelschreiber.

　a　du – dein Vater – der Computer

....

　b　wir – unsere Kinder – Fahrräder

....

　c　ihr – eure Freundin – die Puppe

....

　d　ich – meine Schwester – das Bild

....

　e　Petra – ihre Freundin – eine CD

....

Punkte ...... / 10

2 Ergänzen Sie *dem*, *der* oder *den*.

Beispiel: Ich leihe *dem* .... Mann kein Geld.

a Der Vater kauft .... Kindern heute kein Eis.

b Warum gefällt .... Frau der Mantel nicht?

c Ich gebe .... Hund einen Knochen.

d Wie schmeckt .... Baby die Milch?

e Die Jacke passt .... Kind nicht.

f Das neue Auto gefällt .... Eltern gut.

Punkte ...... /6

TEST ZU LEKTION 7　146

Test zu Lektion 7

3 Ergänzen Sie.

Beispiel: ● Gibst du deinem Bruder bitte die Schokolade?
■ Ich habe *sie ihm* schon gegeben.

a ● Leihst du dem Nachbarsjungen dein Fahrrad?
■ Nein, ich leihe .... nicht.

b ● Kannst du uns dein Auto leihen?
■ Leider kann ich .... nicht leihen. Ich brauche es selbst.

c ● Gib den Kindern bitte das Taschengeld.
■ Ich habe .... schon gestern gegeben.

d ● Wo ist denn meine Uhr?
■ Hier! Ich bringe ....

Punkte ..... / 8

4 Ergänzen Sie.

Brautkleid • Brautpaar • Brautwalzer • Brautstrauß • Standesamt • Trauung • Gutschein

a Mann und Frau sind am Hochzeitstag ein *Brautpaar.*
b Die Braut trägt Blumen in der Hand, den ....
c Der erste Tanz auf einer Hochzeit ist in Deutschland der ....
d Die Braut trägt ein weißes ....
e Heute schenken viele Hochzeitsgäste einen ....
f Viele deutsche Paare heiraten nur auf dem ....
g Die Zeremonie in der Kirche oder auf dem Standesamt heißt ....

Punkte ..... / 6

Insgesamt: .... / 30

Bewertungsschlüssel

30 – 27 Punkte	sehr gut
26 – 23 Punkte	gut
22 – 19 Punkte	befriedigend
18 – 15 Punkte	ausreichend
14 – 0 Punkte	nicht bestanden

Hörtexte Kursbuch

Lektion 1   Kennenlernen
Folge 1: *Maria*

Simon: Warum fahren wir eigentlich alle zum Flughafen?

Larissa: Genau! Warum müssen wir denn mitkommen?

Susanne: Das haben wir doch schon fünf Mal diskutiert! Weil Maria gleich am Anfang die ganze Familie kennenlernen soll. Außerdem finde ich das einfach nett!

Simon: Hach! Das ist nicht nett …

Larissa: … das ist langweilig!

Larissa: Ich finde, wir brauchen kein Au-pair-Mädchen …

Simon: Genau!

Kurt: Doch! Wir brauchen ein Au-pair-Mädchen, weil bald das Baby kommt…

Susanne: … und weil Kurt und ich beide arbeiten müssen. Das wisst ihr doch alles!

Simon: Und wie sollen wir mit ihr reden? Kann sie Deutsch?

Susanne: Natürlich kann sie Deutsch. Ihre Mutter kommt ja aus Deutschland.

Larissa: Und warum bekommt sie das Wohnzimmer?

Simon: Genau!

Kurt: Weil das Wohnzimmer unser einziges freies Zimmer ist und weil ein Au-pair-Mädchen ein eigenes Zimmer haben muss.

Larissa: Wieso? Wer sagt das?

Susanne: Die Behörden sagen das.
Kein eigenes Zimmer – kein Au-pair-Mädchen, verstanden?

Simon: Kein Au-pair-Mädchen? Das wäre auch viel besser!

Kurt: Simon. Simon! Mach das Ding aus und komm mit! Wir sind da! SIMON!

Susanne: Guckt mal, da! Ich glaube, da kommt sie! Seid bitte nett, okay? Äh, hallo!? Hallo!

Maria: Ja?!

Susanne: Maria Torremolinos?

Maria: Ja!

Susanne: Hallo! Herzlich willkommen in Deutschland!

Maria: Ah! Sind Sie Frau Weniger?

Susanne: Ich bin Susanne, ja …

Maria: Hallo! Guten Tag!

Susanne: … und das ist Kurt …

Maria: Hallo, guten Tag, Kurt!

Kurt: Hallo Maria! Herzlich willkommen! Wie schön, dass du da bist!

Susanne: … und das sind Larissa und Simon.

Maria: Hallo, Larissa! Hallo, Simon!

Larissa: Hallo!

Susanne: Na, wie war die Reise? Erzähl doch mal!

Maria: Eine Katastrophe. Madre mia!

Kurt u.
Susanne: Eine Katastrophe?

Maria: Ich bin schon um drei Uhr aufgestanden. Das Flugzeug nach Miami startet nämlich um sechs Uhr früh.

Susanne: Um drei Uhr morgens aufgestanden!? Du Arme!

Maria: Aber ich habe fast das Flugzeug verpasst.

Kurt: Wieso? Was ist denn passiert?

Maria: Auf dem Weg zum Flughafen hat der Bus ein Rad verloren.

Kurt: Ha! Unglaublich!

Maria: Wartet nur, es geht noch weiter: Auf der ganzen Reise habe ich nicht mal eine Tasse Kaffee bekommen.

Susanne: Oh je! Hast du denn wenigstens ein bisschen geschlafen?

Maria: Nein. Ich habe es versucht. Aber die Sitze waren total unbequem.

Kurt: Na, dann wird's Zeit, dass wir nach Hause fahren! Komm, gib mir deinen Koffer! Simon und Larissa, ihr nehmt Marias Tasche.

Maria: Du, Larissa! Hört dein Bruder den ganzen Tag diese Musik?

Larissa: Er ist nicht mein Bruder.

Maria: Was?

Larissa: Simon ist Kurts Sohn.

Maria: Und du?

Larissa: Ich bin Susannes Tochter.

Maria: Na also, dann seid ihr doch Geschwister, oder nicht?

Susanne: Hm, das ist etwas schwierig zu erklären, Maria. Also, pass auf: Kurt und seine frühere Frau leben getrennt.

Maria: Seine frühere Frau, das ist Simons Mutter, oder?

Susanne: Genau! Mein früherer Mann …

Maria: Larissas Vater?

Susanne: Richtig! Wir leben auch getrennt.

Maria: Ah! Und das Baby, das du bekommst? Das ist von Kurt, oder?

Susanne: Wie? Ja ja, natürlich!

Maria: Na also: Simon ist doch dein Bruder, Larissa!

Larissa: Nein! Wieso?

Maria: Simon ist der Bruder von dem Baby. Du bist die Schwester von dem Baby. Also seid ihr Bruder und Schwester. Basta!

Larissa: Du, Mama?

Susanne: Leise, sie ist eingeschlafen!

Larissa: Glaubst du, das stimmt wirklich? Wird Simon jetzt mein Bruder, nur weil ihr ein Baby kriegt?

Susanne: Tja, keine Ahnung. Was meinst du, Kurt?

Kurt: Na ja, irgendwie hat sie schon recht, finde ich: Wir werden immer mehr zu einer ganz normalen Familie.

Larissa: Schrecklich!

Simon: Was? Was ist los?

Larissa: Schrecklich!

Simon: Wieso? Was habt ihr denn? Ich finde Maria eigentlich ganz nett.

Larissa: Oh Mann!

Schritt A   A3
vgl. Kursbuch Seite 10

Hörtexte Kursbuch

Schritt B   **B2**
vgl. Kursbuch Seite 11

Schritt B   **B3**

● Heinemann.

■ Hallo, hier spricht Simone.

● Ja hallo, Simone! Wo bist du denn? Wir haben am Bahnhof auf dich gewartet.

■ Tut mir leid. Es ist einfach alles schief gegangen.

● Ja, was ist denn passiert?

■ Also, zuerst bin ich zu spät aufgestanden. Ich bin zum Bahnhof gerannt und dann bin ich in den falschen Zug eingestiegen und in die falsche Richtung gefahren.

● Nein, so ein Pech! Und dann?

■ Beim nächsten Halt bin ich dann wieder ausgestiegen. Ich habe auf den Zug zurück gewartet. Eine Stunde später bin ich wieder nach Hause zurückgefahren. Tja, und dann habe ich leider keinen Zug mehr nach Essen bekommen. Ich bin schließlich vollkommen fertig zu Hause angekommen.

● Du Arme! So eine Fahrt! Na, dann mach es dir zu Hause gemütlich. Wir telefonieren morgen noch einmal. Vielleicht kannst du am Wochenende kommen …

■ Ja, tschüs! Bis dann, ich melde mich morgen bei dir.

Schritt C   **C1**
vgl. Kursbuch Seite 12

Schritt E   **E1/E2**

Interviewer: Herzlich willkommen in unserer Reihe „Menschen in unserer Stadt". Heute sind wir in der Schillerstraße 10. Ein Haus – viele Menschen. Wir haben mit den Leuten gesprochen, die dort leben.

Gespräch 1

Interviewer: Guten Tag, Frau Giachi

Frau Giachi: Giachi. Ich bin die Oma. Ich bin hier, weil mein Sohn und meine Schwiegertochter den ganzen Tag arbeiten. Die Kinder brauchen Familie! Also muss die Oma kommen, oder?

Interviewer: Und wie gefällt es Ihnen hier in Deutschland?

Frau Giachi: Gut! Sehr gut! Die Nachbarn sind nett. Die Wohnung ist schön und groß und sie ist im Erdgeschoss. Für mich ist das wichtig, weil meine Beine nicht mehr jung sind. Nur das Wetter! Das Wetter! Wuah! …

Interviewer: Und das Leben in der ‚Großfamilie'? Wie funktioniert das?

Frau Giachi: Fragen Sie doch die Kinder! Die finden das super! Meine Schwiegertochter sagt immer: Mama, du verwöhnst die Kinder zu sehr! Natürlich verwöhne ich sie! Das muss ich, ich bin doch die Oma!

Gespräch 2

Interviewer: Oh! Ihre Dachwohnung sieht aber sehr gemütlich aus!

Herr Aleyna: Ja, sie ist ziemlich klein. Aber das macht nichts, weil ich ja allein lebe. Außerdem bin ich fast nie zu Hause. Am Tag arbeite ich und abends gehe ich oft aus.

Interviewer: Sind Sie schon lange in Deutschland?

Herr Aleyna: Seit acht Jahren.

Interviewer: Und Ihre Familie? Ist die auch hier?

Herr Aleyna: Meine Eltern nicht. Die sind in Izmir. Aber mein Bruder wohnt gleich um die Ecke. Er ist schon seit 14 Jahren in Deutschland. Er hat mir am Anfang sehr geholfen hier.

Gespräch 3

Interviewer: Ah – Frau Meinhard. Sie wohnen hier alleine?

Frau Meinhard: Nein, mein Mann und ich, wir haben früher oben unter dem Dach gewohnt. Da, wo jetzt Herr Aleyna wohnt …

Interviewer: Ach, wirklich? Aber die Dachwohnung ist ja ziemlich klein, oder?

Frau Meinhard: Naja, zu zweit war es schon okay, aber dann mit dem Kind, das war schon sehr schwierig …

Interviewer: Dann haben Sie aber diese Wohnung hier im ersten Stock bekommen.

Frau Meinhard: Ja! Und hier haben wir richtig viel Platz. Ach, das ist wunderbar! Ich will ja so gerne noch ein Kind haben oder zwei?

Gespräch 4

Interviewer: Sie sind allein erziehend und wohnen hier im zweiten Stock in einer 4-Zimmer-Wohnung .

Frau Würfel: Ja, das stimmt. Mein Mann und ich leben getrennt. Er ist vor einem Jahr weggegangen …

Interviewer: Und Sie sind mit Ihrem Sohn hier geblieben?

Frau Würfel: H-hm, Alex und ich sind geblieben.

Interviewer: Die Wohnung ist ja ziemlich groß für zwei, oder?

Frau Würfel: Ja, schon, und auch ein bisschen teuer. Aber wir bleiben. Wir haben hier sehr nette Nachbarn und Alex hat viele Freunde im Haus und in der Nachbarschaft …

Zwischenspiel 1 *Na? Singen wir was?*
Der Fernseher hat nicht funktioniert.
Onkel Willi hat ihn repariert.
Dann hat er ihn wieder angemacht.
Die Nichten und Neffen haben laut gelacht.

Tante Hanne hat im Restaurant gesessen.
und hat einen Fisch gegessen.
Dann ist etwas Dummes passiert.
Onkel Willi hat es fotografiert.

Tante Hanne ist nach Köln umgezogen.
Onkel Willi ist zu ihr geflogen.
Er hat das falsche Flugzeug genommen
und ist in Hamburg angekommen.

Wir haben das nun dreimal trainiert
und haben es dabei genau studiert.
Wir haben ganz langsam angefangen.
Am Ende ist es schon ganz schnell gegangen.

149   TRANSKRIPTIONEN

Hörtexte Kursbuch

Lektion 2   Zu Hause
Folge 2: *Wieder was gelernt!*

Larissa: Sieh mal, hier! Häng das Bild doch an die Wand!

Maria: Ja, super! An der Wand kann man es sehr gut sehen. Ähm, hältst du das Bild mal einen Moment?

Larissa: Na klar!

Maria: So! Vielen Dank für deine Hilfe, Larissa!

Larissa: Schon gut! Das mache ich gerne. Zimmer einrichten macht Spaß!

Maria: Ja? Findest du wirklich?

Maria: Puh, das ist aber ganz schön viel Müll!

Larissa: Der Mann auf dem Bild sieht lustig aus! Ist das dein Onkel?

Maria: Mein Onkel? Haha! Larissa! Was lernt ihr denn in der Schule?

Larissa: Wieso? Wer ist denn der Mann?

Maria: Du, sag mal, wo sind denn hier die Mülltonnen?

Larissa: Die Müllcontainer stehen im Hof.

Larissa: Siehst du? Da unten stehen sie.

Maria: Okay. Dann bringe ich mal schnell den Müll runter.

Larissa: Soll ich dir helfen?

Maria: Nein, danke, das schaffe ich schon. Bis gleich!

Larissa: Bis gleich!

Kolbeck: He! Hallo! Stopp!

Maria: Entschuldigung? Meinen Sie mich?

Kolbeck: Ja, natürlich! Die Flaschen gehören nicht da rein.

Maria: Moment mal, das verstehe ich nicht. Das hier sind doch die Müllcontainer, oder?

Kolbeck: Ja, schon, aber, äh … Warten Sie einen Moment, ich komme raus.

Kolbeck: Flaschen und Gläser gehören hier rein, in den Altglascontainer!

Maria: Ach so!

Kolbeck: Moment mal! Was haben Sie denn da noch alles? Da ist ja eine Menge Plastik dabei! Und Papier!

Kolbeck: Papier kommt da rein, in den Altpapiercontainer. Und das Plastik dort rein, sehen Sie: Und alles andere kommt dann hier rein, in den Restmüll.

Maria: Madre mia! Ganz schön schwierig!

Kolbeck: Tja, in Deutschland wird der Müll getrennt.

Maria: Aha! Jetzt habe ich wieder was gelernt! Bei uns zu Hause ist das anders …

Kolbeck: Bei Ihnen zu Hause? Sie sind Spanierin, stimmt's?

Maria: Nein.

Kolbeck: Aber „Madre mia!" klingt doch spanisch!

Kolbeck: Ah, Sie haben natürlich recht! Südamerika! Da sprechen auch viele Menschen spanisch. Sehen Sie: Ich muss auch lernen!

Larissa: Maria? Maria?

Maria: Hier bin ich!

Larissa: Sag mal, wo bleibst du denn so lange?

Kolbeck: Hallo, Larissa!

Larissa: Hallo, Herr Kolbeck!

Larissa: Maria wohnt jetzt bei uns. Sie ist unser Au-pair-Mädchen.

Kolbeck: Na, da muss ich mich jetzt wohl auch mal vorstellen: Ich bin hier der Hausmeister. Kolbeck ist mein Name. Wolfgang Kolbeck.

Maria: Wolfgang? Mein Lieblingskomponist heißt auch Wolfgang: Wolfgang Amadeus Mozart.

Larissa: Ach! Mozart? Ist das etwa der Typ auf dem Bild?

Maria: Hmhm!

Larissa: Oh Mann! Und ich dachte, es ist ihr Onkel!

Kolbeck: Na, siehst du, da haben wir heute alle drei was gelernt!

Schritt B   B1

a Häng das Bild doch an die Wand. An der Wand kann man es sehr gut sehen.

b Stell deine CDs in das Regal hier. In dem Regal haben sie doch noch Platz, oder?

c Die Fotos? Stell sie doch hier auf den Tisch. Da kannst du sie immer anschauen.

d Die Bücher kannst du doch erst einmal neben das Bett legen. Und morgen kaufen wir noch ein kleines Bücherregal.

Schritt B   B3
vgl. Kursbuch Seite 21

Schritt C   C1

1 Maria: Dann bringe ich mal den Müll runter.

2 Hausmeister: Warten Sie einen Moment. Ich komme raus.

3 Hausmeister: Flaschen und Gläser gehören hier rein.

4 Hausmeister: Papier kommt da rein.

Schritt E   E1

1 Hallo, guten Abend. Schade, dass Sie noch nicht zu Hause sind. Hoffentlich haben Sie morgen Zeit und können mit meinem Hund in den Park gehen. Ich rufe Sie später noch einmal an.

2 Guten Tag, hallo. Haben Sie meine Nachricht bekommen und den Schlüssel gefunden? Ich komme gegen 21 Uhr und hole meinen Schlüssel bei Ihnen ab, okay? Ich hoffe, das ist nicht zu spät und ich darf noch bei Ihnen klingeln. Wiederhören.

3 Hallo, meine Liebe. Ich bin gut im Hotel angekommen. Schade, dass ich dich nicht persönlich sprechen kann. Vielen Dank aber schon mal wegen meiner Blumen. Wir sehen uns dann am Montag wieder. Also, vielen Dank noch mal und bis dann.

TRANSKRIPTIONEN   150

Hörtexte Kursbuch

Zwischenspiel 2 *Danke für Ihr Verständnis!*
Gespräch 1

Herr Basso:	Hallo!
Frau Wenger:	Oh … Vielen Dank! …
Herr Basso:	Bitteschön …
Frau Wenger:	Sie sind neu hier, stimmt's?
Herr Basso:	Richtig. Ich bin vorgestern erst eingezogen. … Dritter Stock, links. … Mein Name ist Basso.
Frau Wenger:	Hallo! Ich heiße Wenger. Ich wohne im ersten Stock.
Herr Basso:	Aha. Ähm … darf ich Sie was fragen, Frau Wenger?
Frau Wenger:	Ja, natürlich. Was ist denn?
Herr Basso:	Sagen Sie, ist es bei Ihnen in der Wohnung auch so kalt?
Frau Wenger:	Kalt? Bei mir? Nein …
Herr Basso:	Bei mir leider schon. Meine Wohnung wird einfach nicht warm.
Frau Wenger:	Ach!?
Herr Basso:	Tja, ich glaube, meine Heizung funktioniert nicht richtig. Auch das Wasser wird nicht richtig warm.
Frau Wenger:	Na, das ist aber dumm! Da müssen Sie gleich was tun!
Herr Basso:	Ja, aber mit wem muss ich da sprechen? Mit dem Hausmeister? Mit der Hausverwaltung? Oder gleich mit der Heizungsfirma?
Frau Wenger:	Nein-nein, rufen Sie immer zuerst den Hausmeister an. Er heißt Brehme. Hier auf dem ‚Schwarzen Brett', da steht seine Telefonnummer, sehen Sie?
Herr Basso:	Ah! Super! Vielen Dank!
Frau Wenger:	Bitte-bitte …
Herr Basso:	Darf ich Sie noch was fragen, Frau Wenger?
Frau Wenger:	Natürlich, nur zu!
Herr Basso:	Es geht um die Treppenreinigung hier im Haus. Müssen wir Mieter das eigentlich selbst machen?
Frau Wenger:	Nein-nein, das macht bei uns eine Firma.
Horr Basso:	Ah! Primal
Frau Wenger:	Die kommen zweimal in der Woche, am Montag und am Donnerstag. So, hier wohne ich. Also, tschüs dann und viel Glück mit Ihrer Heizung!
Herr Basso:	Vielen Dank, Frau Wenger! Tschüs!
Frau Wenger:	Tschüs!

Gespräch 2

Herr Dolezal:	Na, so was! Also, das gibt's doch nicht! Nein, wirklich!
Herr Bertram:	Was ist denn los, Herr Dolezal?
Herr Dolezal:	Was los ist? Mein Briefkasten ist kaputt. Hier, sehen Sie mal, Herr Bertram! Das Schloss funktioniert nicht mehr.
Herr Bertram:	H-hmm … Ach was, das geht schon noch!
Herr Dolezal:	Nein, das geht nicht! Den Briefkasten kann jeder aufmachen, ohne Schlüssel, ganz einfach so!
Herr Bertram:	Ja, ich sehe es, aber ich kann das leider jetzt nicht machen.

Herr Dolezal:	Was? Sie sind doch unser Hausmeister! Sie müssen das reparieren. Sonst kann ja jeder meine Post hier rausnehmen!
Herr Bertram:	Aber Herr Dolezal, hier im Haus macht das doch keiner!
Herr Dolezal:	Habe ich das richtig verstanden, Herr Bertram? Sie wollen meinen Briefkasten nicht reparieren?
Herr Bertram:	Was heißt: wollen? Ich habe keine Zeit …
Herr Dolezal:	Na schön! Dann rufe ich den Vermieter an. Mal hören, was der zu dieser Sache sagt.
Herr Bertram:	Na gut, ich mach's! Aber erst morgen. Heute haben Sie Ihre Post ja schon, oder?

Gespräch 3

Frau Bauer:	Ja hallo, Frau Weiß!
Frau Weiß:	Ach, so ein Glück, Sie sind zu Hause, Frau Bauer! Ich hoffe, ich störe Sie nicht!
Frau Bauer:	Nein, gar nicht. Was ist denn los?
Frau Weiß:	Hach, ich komme mal wieder nicht in meine Wohnung rein.
Frau Bauer:	Haben Sie Ihren Schlüssel vergessen?
Frau Weiß:	Immer vergesse ich den Schlüssel.
Frau Bauer:	Na, das ist doch kein Problem. Einen Moment, bitte. Sie haben einen Schlüssel für meine Wohnung und ich habe einen Schlüssel für Ihre Wohnung. Hier bitte, da ist er.
Frau Weiß:	Tausend Dank für Ihre Hilfe!
Frau Bauer:	Kein Problem. Dafür gibt' s doch Nachbarn, oder?
Frau Weiß:	Ich hoffe, ich kann Ihnen auch mal helfen. Na, aber Ihnen passiert so was ja nie. Sie sind noch jung.
Frau Bauer:	Huch! Das war der Wind. So ein Pech! Sehen Sie? So schnell kann es gehen: Jetzt ist meine Tür zu und ich brauche ihre Hilfe.
Frau Weiß:	Prima! Kommen Sie doch mit rüber! Ich mache ich uns einen Kaffee und dann suchen wir zusammen Ihren Schlüssel. Wohin habe ich ihn bloß gelegt?

Gespräch 4

Frau Budanov:	Na? Wo steckt er denn wieder? Warum kommt er denn nicht rauf? Was ist denn das? … Er steht im Erdgeschoss. Hach! Da hat wieder jemand die Aufzugtür nicht zugemacht! Also, das ist doch … !! Hallo? Ich möchte runter! Sind Sie bitte so nett und machen die Aufzugtür zu? Aah! Danke für Ihr Verständnis! Das sind Leute! Also nein! Wirklich!

Lektion 3   Essen und Trinken
Folge 3: *Tee oder Kaffee?*

Susanne:	So, jetzt haben wir alles, nur der Kaffee und die Eier fehlen noch. Äh, Simon? Simon!
Simon	Was ist?
Susanne:	Sieh doch mal nach, ob Maria schon wach ist. Aber – pst! – bitte ganz leise!

Hörtexte Kursbuch

Simon:	Haaach! Immer ich! Larissa muss nie was machen!
Susanne:	Simon!
Simon:	Okay, okay! Was soll ich ihr denn sagen?
Susanne:	Wir frühstücken in zehn Minuten.
Simon	Mhm, sonst noch was?
Susanne:	Vielleicht möchte sie ein Ei haben, hm?
Simon:	Ja, ja, ja ...
Susanne:	Frag sie, wie sie es am liebsten mag, weich oder hart gekocht?
Maria:	Hä, äh, was ist? Was ist denn?
Simon:	Hi! Keine Panik! Ich bin's nur.
Maria:	Ach, Simon! Was ist denn los?
Simon:	Nix. Ich soll nur nachsehen, ob du noch schläfst.
Maria:	Jetzt nicht mehr. Wie spät ist es denn?
Simon:	Kurz nach acht.
Maria:	Acht Uhr erst? Jesus! Heut' ist doch Sonntag! Schlaft ihr denn in Deutschland nie richtig aus?
Simon:	Was? Äh, ich soll dich was fragen, hm, was war's noch gleich? Ach ja: Magst du's lieber hart oder weich?
Maria:	Wie bitte? Äh, was denn?
Simon:	Dein Ei.
Maria:	Welches Ei?
Simon:	Na, dein Frühstücksei. Ach so, ja, und ich soll dir sagen: Wir frühstücken in zehn Minuten.
Maria:	Aha! Na dann: Vielen Dank, Simon!
Larissa:	Guten Morgen, Maria! Entschuldige die Störung.
Maria:	Was gibt's denn, Larissa?
Larissa:	Nur 'ne ganz kurze Frage: Möchtest du Tee oder Kaffee?
Maria:	Ich trinke meistens Kaffee zum Frühstück. Tee mag ich am Morgen nicht so gern. Gibt's denn Kaffee?
Larissa:	Ja klar! Ich sag' Mama Bescheid.
Maria:	Hm!
Kurt:	Hallo, Maria! Na, du bist schon wach?
Maria:	Hm-m. Guten Morgen, Kurt!
Kurt:	Ich habe gedacht, heute ist Sonntag, da schläft Maria sicher mal richtig lange.
Maria:	Na ja, das wollte ich eigentlich auch ...
Kurt:	Unser Bäcker macht super Nussschnecken. Aber am Sonntag muss man ganz früh hin. Manchmal gibt's schon um acht Uhr keine mehr. Aber hier – ich hab' noch welche bekommen.
Maria:	Mmmm! Die sehen lecker aus! ...
Kurt:	Gell! Ach, übrigens: Möchtest du vorher lieber Vollkornbrot oder Brötchen?
Maria:	Ich, äh, weiß nicht.
Kurt:	Na ja, du musst dich ja noch nicht gleich entscheiden.
Susanne:	Hallo! Guten Morgen, Maria! Na, wie hast du geschlafen?
Maria:	Gut, ein bisschen kurz vielleicht, aber ...
Susanne:	Möchtest du frischen Orangensaft zum Frühstück?
Maria:	Hey! Bin ich in einem Restaurant, oder was?

Susanne:	Wieso?
Maria:	Im Restaurant fragt man auch: ‚Was möchten Sie essen?' und ‚Was möchten Sie trinken?'
Susanne:	Ach so!
Maria:	Mmmhh! Mamita! Ist das viel!
Simon:	Ach, weißt du, Maria, am Sonntag frühstücken wir immer ganz gemütlich.
Larissa:	Da gibt es bei uns meistens auch ein bisschen mehr zu essen.
Maria:	Ein bisschen mehr ...?!
Kurt:	Hier sind Wurst und Käse. Oder möchtest du lieber Honig? Oder Marmelade? Oder Quark? Oder ein Müsli?
Maria:	Madre mia!
Simon:	Jetzt lass' sie doch erst mal hinsetzen, Kurt!
Larissa:	Ja genau! Zuerst braucht sie was zu trinken!
Maria:	Äh, Entschuldigung, Larissa, ich mag keinen Tee. Zum Frühstück trinke ich immer Kaffee.
Larissa:	Aber das ist doch Kaffee!
Maria:	Bist du sicher? Kaffee ist schwarz, das hier sieht aus wie Tee.
Larissa:	Es ist Kaffee, probier ruhig mal ... Und?
Maria:	Also, das Frühstück ist in Deutschland wirklich super. Aber beim Kaffee müsst ihr noch was dazulernen!

Schritt A   A1

Maria:	Ich trinke meistens Kaffee zum Frühstück. Tee mag ich am Morgen nicht so gern. Den trinke ich lieber abends.
Larissa:	Ich trinke manchmal am Nachmittag einen Kaffee, allerdings am liebsten einen Milchkaffee oder eine Latte macchiato.
Kurt:	Ich trinke am Morgen zum Frühstück zwei Tassen, dann am Vormittag, wenn ich die erste Pause mache, und auch am Nachmittag. Nach dem Abendessen trinke ich mit Susanne auch noch einen Espresso. Also, eigentlich trinke ich immer Kaffee! Ohne Kaffee kann ich gar nicht leben.
Simon:	Bäh, Kaffee trinke ich nie. Tee auch nicht. Ich mag nur Milch oder Kakao zum Frühstück.
Susanne:	Normalerweise bin ich auch ein Kaffee-Fan, so wie Kurt, und trinke oft Kaffee. Aber jetzt, wo das Baby bald kommt, muss ich vorsichtig sein. Jetzt trinke ich nur selten Kaffee.

Schritt B   B1

a	Kurt:	Unser Bäcker macht super Nussschnecken. Aber am Sonntag muss man ganz früh hin. Manchmal gibt es schon um acht Uhr keine Nussschnecken mehr. Aber hier: ich habe noch welche bekommen.
b	Larissa:	He, Hallo Kurt. Hast du mir eine Brezel mitgebracht?

TRANSKRIPTIONEN   152

Hörtexte Kursbuch

Kurt: Tut mir leid, Larissa. Ich habe keine Brezel bekommen. Ich bringe dir das nächste Mal eine mit, okay?

c Susanne: Milch haben wir, Eier, Butter, hm. Hm. Aber wir brauchen ein Vollkornbrot. Kurt, bringst du bitte eins mit? Und ich hätte gern einen Schokoladenkuchen. Vielleicht hat der Bäcker noch einen.

Schritt B   B2
vgl. Kursbuch Seite 31

Schritt C   C1
vgl. Kursbuch Seite 32

Schritt D   D1
Grönemeyer „Currywurst"
Gehst du in die Stadt,
was macht dich da satt,
eine Currywurst.

Kommst du von der Schicht,
etwas Schöneres gibt es nicht
als Currywurst.

Mit Pommes dabei,
ach, geben Sie gleich zweimal Currywurst.

Bist du richtig down,
brauchst du was zu kauen,
eine Currywurst.

Willi, komm geh mit,
ich kriege Appetit
auf Currywurst.

Ich brauche etwas im Bauch.
Für meinen Schwager hier auch noch eine Currywurst.

Willi, das ist schön,
wie wir zwei hier stehen
mit Currywurst.

Willi, was ist mit dir?
Trinkst Du noch ein Bier
zur Currywurst?

Kerl, scharf ist die Wurst.
Mensch, das gibt' nen Durst, die Currywurst.

Schritt E   E2/E3
Moderatorin: Meine Damen und Herren, hier im Deutschfunk hören Sie jetzt unsere Sendung *Du und Ich*, heute mit dem Thema: „Bei Freunden zu Gast."

Sven: Du, sag mal, Monika, wo bleiben die denn?
Monika: Ich weiß nicht, Schatz.
Sven: Acht Uhr war ausgemacht, oder?
Monika: Ja, acht Uhr war ausgemacht.
Sven: Und jetzt ist es gleich halb neun ...
Monika: Du kennst doch Renate und Eberhard. Waren die denn schon einmal pünktlich?

Sven: Ja, ja, aber eine halbe Stunde, das ist zu viel. Das finde ich nicht in Ordnung.

Moderator: Sven hat recht: Sie sind in Deutschland zum Essen eingeladen? Dann ist eine halbe Stunde Verspätung wirklich sehr unhöflich. Sie merken es schon: Wir sprechen heute über Regeln. Was müssen Sie beachten, wenn Sie bei Freunden eingeladen sind? Zuerst einmal: Kommen Sie nicht zu spät! Ein paar Minuten und auch eine Viertelstunde sind noch in Ordnung, aber nicht mehr.

Monika: Hallo, Renate! Hallo, Eberhard.
E. + R.: Hallo, hallo, Monika.
Renate: Ach, Monika! Wir sind viel zu spät.
Eberhard: Wir haben die Straßenbahn verpasst. Es tut uns wirklich leid.
Monika: Ist doch nicht so schlimm. Kommt rein. Sven! Unsere Gäste sind da.
Eberhard: Hier, die sind für dich.
Monika: Oh! So schöne Blumen. Das ist aber nett. Vielen Dank.

Moderator: Na, haben Sie es gehört? Die Entschuldigung ist bei Monika gut angekommen. Renate und Eberhard sind zu spät gekommen. Aber sie haben an ein kleines Geschenk für ihre Gastgeber gedacht. Das ist ganz richtig. Bringen Sie etwas mit! Das kann ein Blumenstrauß sein oder Schokolade. Sehr oft bringt man auch Wein mit.

Renate: Hmmm. Das sieht aber lecker aus! Und es riecht so gut.
Sven: Eberhard, darf ich dir auch Fleisch und Soße geben?
Eberhard: Nein, danke, Sven. Ich nehme nur Kartoffeln.
Sven: Was? Ja, aber ...
Renate: Eberhard macht doch zurzeit diese Kartoffel Diät.

Moderator: Also so was! Sven und Monika hatten mit dem Kochen so viel Arbeit und nun isst Eberhard nur die Kartoffeln. Warum hat er das mit seiner Diät nicht vorher gesagt? Also bitte: Sie machen eine Diät? Sie mögen etwas nicht oder dürfen etwas nicht essen? Bitte sagen Sie das Ihrem Gastgeber vor der Einladung, nicht erst beim Essen.

Sven: Möchtest du noch, Renate? Darf ich dir noch ein bisschen geben?
Renate: Tut mir leid, Leute, aber ich kann einfach nicht mehr. Aber es hat super geschmeckt. Wirklich sehr, sehr lecker!
Monika: Danke, das freut uns.

Moderator: In Deutschland dürfen Sie als Gast viel essen, Sie müssen aber nicht. Natürlich freuen sich Ihre Gastgeber, dass Ihnen das Essen gut schmeckt.

Eberhard: So, Leute, das war ein netter Abend. Jetzt müssen wir aber gehen.
Monika: Schon? Bleibt doch noch ein bisschen!

Hörtexte Kursbuch

Eberhard:	Tut mir leid, aber wir müssen wirklich nach Hause. Es ist schon fast zehn und ich muss morgen ganz früh aufstehen.
Monika:	Na schön. Kommt gut nach Hause.
Moderator:	Also, dieser Eberhard ist doch wirklich ein unhöflicher Mensch. Finden Sie nicht? Nach dem Essen kann man doch nicht gleich gehen! Man bleibt wenigstens noch ein bisschen . Natürlich soll man auch nicht zu spät nach Hause gehen. Ihr Gastgeber ist müde und schläft schon fast ein? Dann müssen Sie langsam Tschüs sagen. Das mache ich jetzt auch: Ich sage Danke fürs Zuhören und tschüs bis zu unserer nächsten Sendung.

Lektion 4   Arbeitswelt

Folge 4: *Lohnsteuerkarte*

Kurt:	Ja? Hallo?
Susanne:	Wo ist meine Lohnsteuerkarte?
Kurt:	Man sagt erst mal: Guten Morgen! ... Guten Morgen, Susanne!
Susanne:	Du hast versprochen, dass du sie suchst!
Kurt:	Himmel nochmal! Ja! Aber ich hab's vergessen!
Susanne:	Ohne die Lohnsteuerkarte kann Herr Obermeier unsere Steuererklärungen nicht fertig machen.
Kurt:	Na und? Ist das sooo schlimm?
Susanne:	Schlimm? Wir kriegen Ärger mit dem Finanzamt! Wir sind schon viel zu spät dran.
Kurt:	Ach was! Du solltest nicht immer gleich so ein Theater machen!
Susanne:	Du hattest es versprochen!
Kurt:	Wenn ich nachts Taxi fahren muss, dann bin ich tagsüber eben müde.
Susanne:	Wenn man was verspricht, dann muss man es auch halten! Oh Mann!
Maria:	Guten Morgen, Susanne!
Susanne:	Guten Morgen, Maria!
Maria:	Du Susanne, ich muss mal kurz mit dir reden.
Susanne:	Äh, sei mir nicht böse, Maria, aber ich hab' gerade keine Zeit. Ich sollte schon seit zehn Minuten in der Arbeit sein und ...
Fr. Zimmermann:	Sankt-Martins-Apotheke?
Susanne:	Ah! Hallo? Hallo, Frau Zimmermann?
Fr. Zimmermann:	Guten Morgen, Frau Weniger.
Susanne:	Ist der Chef schon im Haus, Frau Zimmermann?
Fr. Zimmermann:	Nein, der ist noch nicht da. Soll er Sie zurückrufen, wenn er kommt?
Susanne:	Äh, nein. Aber vielleicht können Sie ihm etwas ausrichten?
Fr. Zimmermann:	Natürlich! Gern, Frau Weniger.

Susanne:	Ich kann heute nämlich erst später kommen, es ist wirklich ein Notfall, ich muss unbedingt ...
Susanne:	Ah ... Wo kann denn diese dumme Lohnsteuerkarte bloß sein? Was? Schon nach zwölf? Oh Gott, ich muss das Finanzamt anrufen.
Sekretärin:	Finanzamt!
Susanne:	Ähm, guten Tag, mein Name ist Weniger. Weniger mit „W". Könnten Sie mich bitte mit meinem zuständigen Sachbearbeiter verbinden?
Sekretärin:	Tut mir leid, der Mitarbeiter ist gerade nicht am Platz.
Susanne:	Ach, ist sonst noch jemand aus der Abteilung da?
Sekretärin:	Nein, da ist jetzt niemand mehr. Die sind alle schon in der Mittagspause. Aber ich kann Ihnen die Durchwahlnummer geben. ... Haben Sie was zu schreiben?
Susanne:	Moment. Tz! Heute geht wirklich alles schief! Mein Stift funktioniert nicht. Moment bitte, ich hole schnell 'nen anderen.
Maria:	Ja?
Susanne:	Maria, entschuldige, kann ich mal deinen Kugelschreiber haben? Meiner geht nicht.
Maria:	Ja klar!
Susanne:	Danke!
Maria:	Du, Susanne, ich muss noch mit dir reden, weil ...
Susanne:	Warte, äh, das geht jetzt nicht. Ich hab' grad jemanden am Telefon! Gleich, Maria. Okay?
Susanne:	... acht ... fünf ... sieben. ... Okay! Ich habe die Telefonnummer notiert. Vielen Dank!
Sekretärin:	Um was geht's denn eigentlich?
Susanne:	Ähm, ich brauche eine Fristverlängerung für meine Steuererklärung. Ich finde meine Lohnsteuerkarte nicht mehr.
Sekretärin:	Okay! Rufen Sie doch in einer halben Stunde noch mal an. Dann ist Ihr Sachbearbeiter sicher wieder an seinem Platz.
Susanne:	Vielen Dank! Auf Wiederhören!
Sekretärin:	Auf Wiederhören!
Maria:	Susanne? Hast du jetzt Zeit?
Susanne:	Ja, Maria! Was ist denn?
Maria:	Ein Mann hat angerufen. Gestern Abend.
Susanne:	Welcher Mann? Hat er gesagt, wie er heißt?
Maria:	Moment. Herr, äh, Obermeier.
Susanne:	Herr Obermeier? Das ist unser Steuerberater.
Maria:	Es ist wegen deinem ... Moment ... wie heißt das Ding? Wegen deiner Lohnsteuerkarte.
Susanne:	Ja, ich weiß! Ich suche seit Stunden, aber ich finde sie nicht!
Maria:	Herr Obermeier sagt, es ist alles okay.
Susanne:	Was?!
Maria:	Herr Obermeier sagt, er hat die Lohnsteuerkarte.
Susanne:	Ich werd' verrückt!

TRANSKRIPTIONEN   154

Hörtexte Kursbuch

Schritt A   A1

a Kurt: Wenn ich nachts Taxifahren muss, dann bin ich tagsüber eben müde.

b Susanne: Wenn man etwas verspricht, dann muss man es auch halten!

c Susanne: Wenn ich die Lohnsteuerkarte nicht finde, dann gibt es Ärger mit dem Finanzamt.

d Susanne: Wenn Herr Obermeier die Lohnsteuerkarte nicht hat, kann er die Steuererklärung nicht machen.

Schritt A   A2

Kurt: Ich bin Taxifahrer. Ich habe seit sieben Jahren ein eigenes Taxi. Diese Arbeit ist oft anstrengend, weil ich manchmal nachts und manchmal tagsüber fahre.
Wenn Susanne nachmittags arbeiten muss, dann bin ich meistens zu Hause. Dann sind die Kinder nicht allein.
Taxifahren macht oft Spaß – vor allem, wenn ich interessante Fahrgäste habe. Manchmal lernt man sogar etwas: Neulich habe ich zum Beispiel einen netten, alten Herrn gefahren – jetzt weiß ich ganz schön viel über das alte Ägypten.
Wenn ich aber betrunkene oder schlecht gelaunte Kunden habe, finde ich meine Arbeit oft auch gar nicht so toll.

Susanne: Ich bin Apothekerin und arbeite Teilzeit, im Moment 30 Stunden pro Woche. Wenn das Baby dann da ist, will ich erstmal natürlich nicht so viel arbeiten. Am Anfang vielleicht stundenweise und nach drei Monaten dann halbtags.
Meine Arbeit gefällt mir gut. Ich arbeite gern mit Menschen zusammen. Besonders viel Freude macht es mir, wenn ich den Kunden Tipps geben kann.
In letzter Zeit bin ich oft ganz schön müde, wenn ich nach Hause komme. Aber das ist ja normal. Ich bin ja auch schon im sechsten Monat.

Schritt B   B3

vgl. Kursbuch Seite 41

Schritt C   C1

Frau: Guten Morgen, Frau Weniger.
Susanne: Ist der Chef schon im Haus?
Frau: Nein, der ist noch nicht da. Soll er Sie zurückrufen, wenn er kommt?
Susanne: Äh, nein. Aber vielleicht können Sie ihm etwas ausrichten?
Frau: Natürlich, gern, Frau Weniger.
Susanne: Ich kann heute nämlich erst später zur Arbeit kommen, weil ich dringend erst noch etwas erledigen muss ...

Schritt C   C3

1 ▼ Firma Kletz, Maier, guten Tag.
  ■ Guten Tag, hier ist Schmidt. Könnten Sie mich bitte mit Herrn Kraus verbinden?
  ▼ Tut mir leid, der ist gerade nicht am Platz. Kann ich ihm etwas ausrichten?
  ■ Nein danke. Ich versuche es später noch einmal.
  ▼ Gut, dann auf Wiederhören.

2 ● Grüß Gott, Fehr hier. Kann ich bitte Herrn Burli aus der Exportabteilung sprechen?
  ▼ Tut mir leid, der ist leider gerade außer Haus.
  ● Ist denn sonst jemand aus der Abteilung da?
  ▼ Nein, da ist im Moment niemand da. Es ist gerade Mittagspause.
    Können Sie vielleicht später noch einmal anrufen? So gegen 14 Uhr?
  ● Ja, gut.

3 ■ Guten Tag, hier ist Müller. Können Sie mich bitte mit Frau Huber verbinden?
  ● Die ist leider noch nicht da. Kann ich etwas ausrichten?
  ■ Nein danke, nichts. Aber geben Sie mir doch bitte ihre Durchwahl.
  ● Ja gern, das ist die zwei-sieben-vier.
  ■ Vielen Dank. Also dann, auf Wiederhören.

Lektion 5   Sport und Fitness

Folge 5: *Gymnastik*

Larissa: „a plus b im Quadrat." Hach! „a plus b im Quadrat". Hm, das ist a Quadrat, hm, plus, a Quadrat plus ... Mann! Wie soll man sich denn bei dem Lärm konzentrieren?

Larissa: Du, sag mal, Maria ...
Maria: Ja, was ist denn, Larissa?
Larissa: Äh, ich ... äh, du machst Gymnastik zu klassischer Musik?
Maria: Ach weißt du, Mozart ist immer gut – auch bei Gymnastik! Hier, guck mal!
Larissa: Hey, du kannst das aber ziemlich gut!
Maria: Ach, das ist nicht so schwer. Komm, mach mit! Ich zeig dir, wie es geht.
Larissa: Hm, eigentlich muss ich noch Mathe-Hausaufgaben machen.
Maria: Mathe kannst du auch nachher machen.
Larissa: Stimmt! Warte! Ich zieh' mich nur schnell um.

Susanne: Ja, was machen die denn?

Susanne: Was ist denn hier los?
Larissa: Siehst du doch: Wir machen Gymnastik!
Susanne: Aber Kinder! Sagt mal, müsst ihr denn dazu die Musik so laut machen?
Larissa: Hör auf zu meckern, Mama! Mach lieber mit!
Susanne: Nee, nee, das ist keine gute Idee.
    Ich möcht' mich lieber in die Badewanne legen. Aber leider muss ich bügeln.
Larissa: Ach was! Bügeln kannst du später, Mama! Komm! Gymnastik macht Spaß!

155 TRANSKRIPTIONEN

Hörtexte Kursbuch

Maria:	... und eins ... und zwei ... und drei ... und vier! ... So, und jetzt Rad fahren! ... Rad fahren! ... und eins ... und zwei ... und drei ... und vier! ...
Kurt:	Hey! ... Was is'n hier los? Warum macht ihr denn solchen Lärm?
Simon:	Is' das 'ne Party oder was?
Susanne:	Was soll denn das blöde Gekicher?
Kurt:	Nichts, äh, ich meine: was macht ihr denn da eigentlich?
Susanne:	Gymnastik. Das siehst du doch.
Kurt:	Aber du bist schwanger! Denk an das Baby! Denk an deinen Bauch!
Susanne:	Was? Denk du lieber an deinen Bauch!
Kurt:	Wieso? Wa ... Was meinst du denn damit?
Susanne:	Du isst zu viel und bewegst dich zu wenig. Guck doch mal in den Spiegel!
Kurt:	Das ist ja ... das ist ja ...
Susanne:	Du solltest ruhig auch mal Gymnastik machen.
Kurt:	Das ist einfach lächerlich!
Kurt:	Wirklich lächerlich! Mein Bauch ist völlig in Ordnung – oder was meinst du?
Simon:	Na ja, eigentlich schon.
Kurt:	Eigentlich? Was heißt: eigentlich?
Simon:	Hm, in der letzten Zeit bist du eben ein bisschen dick geworden.
Kurt:	Was?!
Kurt:	Gymnastik! Darauf hab' ich keine Lust! Wir Männer interessieren uns nicht für Gymnastik! Wir Männer ham ... Hey, Simon! Warte doch! Nicht so schnell! Hey, Simon!

Schritt A   A1

a	Larissa:	Wie soll man sich bei dem Lärm konzentrieren?
b	Susanne:	Ich möchte mich lieber in die Badewanne legen.
c	Susanne:	Du isst zu viel und du bewegst dich zu wenig.
d	Kurt:	Wir Männer interessieren uns nicht für Gymnastik.

Schritt B   B1

- ■ Interessieren Sie sich für Gymnastik?
- ● Nein eigentlich nicht
- ■ Interessieren Sie sich für Sportnachrichten?
- ● Ja, sehr, besonders für die Fußballergebnisse.
- ■ Interessieren Sie sich für die Wettervorhersage?
- ● Ja, eigentlich schon.

Schritt C   C1

vgl. Kursbuch Seite 54

Schritt C   C2/C3

1	Sprecher:	... nun zum Handball: Die deutschen Handballerinnen verlieren gegen die norwegische Mannschaft mit 30 zu 31. Sie verpassen damit einen wichtigen Punktgewinn in der Hauptrunde der Weltmeisterschaft ...
	Mann:	Das gibt's doch nicht. Jetzt haben die verloren.
	Frau:	Interessierst du dich jetzt auch für Frauenhandball? Wofür interessierst du dich eigentlich nicht?
	Mann:	Aber im Moment läuft doch die Weltmeisterschaft. Dafür interessiere ich mich schon.
2	Sprecher:	... und morgen findet das erste Spiel der diesjährigen Eishockey-Saison statt: die Begegnung der beiden Spitzenreiter Eisbären Berlin und Frankfurter Lions. Die Eisbären Berlin gelten als die Favoriten ...
	Mann:	Ahhh, morgen beginnt die Eishockey-Saison! Darauf freue ich mich schon die ganze Woche.
	Frau:	Na, ich weiß nicht, Eishockey finde ich ziemlich brutal.
3	Sprecher:	... und nun weitere Sportnachrichten: Tennis: Steffi Graf, die siebenfache Wimbledon-Siegerin und Trägerin der Olympischen Goldmedaille tritt zu einem Freundschaftsspiel gegen ihre frühere Gegnerin ...
	Frau:	Olympische Goldmedaille für Steffi Graf? Daran kann ich mich gar nicht mehr erinnern.
	Mann:	Ich schon! Das war 1988.
4	Sprecher:	Das darf nicht wahr sein – das gibt's doch nicht! Ein Foul im Strafraum. Und das in der 89. Minute. Ganz klare Entscheidung des Schiedsrichters auf Elfmeter für die Berliner ...
	Mann:	Ein Elfmeter! Das darf nicht war sein. Und das kurz vor Schluss!
	Frau:	Ärgere dich doch nicht darüber.
	Mann:	Also wenn ich mich darüber nicht ärgern soll, worüber darf ich mich dann überhaupt noch ärgern? Jetzt haben sie doch verloren!

Schritt D   D2/D3

- 1 ● Leipziger Sportverein Südwest, Ebert, guten Tag!
- ■ Guten Tag, mein Name ist Künze. Mein Sohn möchte gern in Ihrem Verein Fußball spielen.
- ● Wie alt ist er denn?
- ■ Neun Jahre.
- ● Ah ja, dann kommt er also in die E-Jugend. Warten Sie mal ... Hm, das Training findet immer dienstags und freitags von 17.30 bis 19.00 Uhr statt. Da gibt es dann verschiedene Gruppen. Sie können mal Herrn Zeiner anrufen. Das ist der Trainer.
- ■ Hmhm, und wie viel kostet das dann?
- ● Für Ihren Sohn, warten Sie mal. Neun Jahre, Fußball, das macht 15 Euro pro Halbjahr.
- ■ Vielen Dank. Auf Wiederhören!
- ● Auf Wiederhören.

TRANSKRIPTIONEN   156

Hörtexte Kursbuch

2 ● Leipziger Sportverein Südwest, Ebert, guten Tag!
  ■ Guten Tag, Christine Lange hier, ich möchte gern Gymnastik machen. Haben Sie da etwas in Ihrem Programm?
  ● Ja, wir haben Aerobic-Stunden und eine Problemzonengymnastik.
  ■ Problemzonengymnastik – Das hört sich gut an. Wann ist das denn?
  ● Einen Augenblick ... dienstags von 16 bis 17 Uhr.
  ■ Und wie viel kostet das? Ich bin Studentin. Gibt es da eine Ermäßigung?
  ● Ja. Dann zahlen Sie weniger: Für Azubis und Studenten kostet es nur 25 Euro. Und die erste Stunde ist kostenlos, sozusagen eine Schnupperstunde.
  ■ Das ist ja toll! Vielen Dank für die Information.

3 ● Leipziger Sportverein Südwest, Ebert, guten Tag!
  ■ Labidi, guten Tag. Hm, bieten Sie eigentlich auch Tischtennis an?
  ● Ja, wir haben da mehrere Gruppen: Anfänger, Fortgeschrittene bis Turnierspieler.
  ■ Also, ich würde mich für die Fortgeschrittenengruppe interessieren.
  ● Dann kommen Sie doch einfach mal vorbei und schauen Sie sich's an. Die Gruppe trifft sich immer freitags von 18.30 bis 20.00 Uhr.
  ■ Und wie viel kostet das?
  ● Das kommt darauf an: Sind Sie noch Auszubildender oder Student?
  ■ Nein, ich arbeite ganz normal.
  ● Dann zahlen Sie 30 Euro pro Halbjahr.

Lektion 6　Schule und Ausbildung
Folge 6: *Zwischenzeugnis*

Simon: Okay! Okay! Ich bin halt einfach zu dumm fürs Gymnasium. Was kann ich denn dafür?

Kurt: Zu DUMM? Nein, Simon. Zu dumm bist du nicht, zu faul bist du. Den ganzen Tag Skateboard fahren, Comics lesen und laute Musik hören, das kannst du schon. Aber lernen? Lernen willst du nicht. Das ist das Schlimme.

Simon: Na und? Lernen ist voll blöd!

Kurt: Was?! Was sagst du da?

Kurt: Ich wollte Abitur machen, als ich so alt war wie du. Ich wollte studieren. Aber ich durfte nicht. Ich musste raus und Geld verdienen und du? Eh?!

Simon: Bei mir ist es genau andersrum: Ich will nicht studieren, aber ich muss anscheinend ...

Kurt: Simon! Du weißt doch: Wenn du heute einen interessanten Beruf willst, brauchst du Abitur!

Simon: Interessanten Beruf! Zur Not kann ich ja immer noch Taxi fahren!

Kurt: Was?!

Kurt: Ich unterschreib' das Zeugnis erst, wenn du dich bei mir entschuldigt hast.

Simon: Da kannst du aber lange warten! Ich entschuldige mich nicht!

Maria: Madre mia! ... Tz-tz! Madre mia!!!

Maria: Hey Simon! Simon! SIMON! Was ist denn los?

Simon: Was los ist? Heute gab's Zwischenzeugnisse. Und mein Erziehungsberechtigter muss das Zeugnis unterschreiben. Das fand er leider gar nicht komisch.

Maria: Deine Noten sind nicht so toll, oder?

Simon: Da, sieh's dir selbst an!

Maria: Naja, zwei Fünfen, eine in Mathematik und eine in Deutsch, das ist doch gar nicht so schlimm, Simon.

Simon: Nicht so schlimm?! Mit zwei Fünfen bleib ich sitzen! Dann muss ich noch 'n Jahr länger auf diese blöde Schule!

Maria: Hm, interessiert dich das Gymnasium denn gar nicht?

Simon: Nein, ich hasse es! Ich hasse es!

Maria: Es ist aber wichtig, dass man eine gute Ausbildung hat. Das weißt du doch, oder?

Simon: Ja, ja, trotzdem!

Maria: Hör mal, es tut mir leid, dass du Stress in der Schule hast. Aber da hilft nur eins: lernen, lernen, lernen!

Simon: Wie soll ich das denn machen? In unserer ganzen Familie gibt's keinen, der Mathe kann.

Maria: Wenn du willst, helf' ich dir.

Simon: Du? Du verstehst Mathe? Warst du denn auch auf'm Gymnasium?

Maria: Hm-mh! Und Mathe war mein Lieblingsfach. Was interessiert dich denn am meisten?

Simon: Bio find ich ganz gut. Englisch ist auch okay und Sport natürlich!

Maria: Aha! Weißt du, bei uns zu Hause haben nur ganz wenige Kinder die Chance, auf ein Gymnasium zu gehen.

Simon: Wirklich?

Maria: Für die meisten Familien ist das viel zu teuer.

Simon: Dann ist deine Familie also reich?

Maria: Nein, nicht reich. Sagen wir so: meine Eltern sind nicht arm. Aber sie mussten sparen, damit ich auf eine bessere Schule gehen konnte. Ich bin ihnen dafür sehr, sehr dankbar.

Kurt: Du verstehst also, wie wichtig das Abitur ist?

Simon: Hm-hm.

Kurt: Das finde ich schön, Simon.

Simon: Weißt du noch, Papa, am Anfang wollte ich überhaupt nicht, dass wir ein Au-pair-Mädchen bekommen.

Kurt: Und jetzt?

Simon: Jetzt bin ich richtig froh, dass Maria da ist!

Kurt: Na siehst du!

Simon: Sie hilft mir ab heute beim Mathelernen!

Kurt: Oh! Das ist aber wirklich sehr nett von ihr.

Maria: Tja! Für Mozart und ein bisschen Ruhe tu ich fast alles!

157 TRANSKRIPTIONEN

Hörtexte Kursbuch

Schritt A   A1

Kurt: Ich wollte Abitur machen, als ich so alt war wie du. Ich wollte studieren, aber ich durfte nicht. Ich musste raus und Geld verdienen – und du?

Simon: Bei mir ist es genau anders herum. Ich will nicht studieren, aber ich muss anscheinend.

Schritt B   B2/B3

Reporter: Hallo, liebe Hörer! Wir stehen hier in Neustadt vor dem Eingang der Ruppert-Zeisel-Realschule. Für die Schülerinnen und Schüler ist heute ein wichtiger Tag. Heute bekommen sie nämlich ihre Zeugnisse. Wir von Radio Sieben wollen wissen: „Sind Noten wirklich wichtig?" – Hallo? Du bist Schüler hier?

Jakob: Ja.

Reporter: Okay! Wie heißt du und wie ist deine Meinung zum Thema?

Jakob: Ich heiße Jakob und ich finde, dass die Noten in der Schule nicht so wichtig sind. Wir lernen nicht, weil wir Mathe oder Deutsch interessant finden. Wir lernen nur noch, weil wir 'ne gute Note brauchen. Das finde ich nicht gut.

Reporter: Aha! Jakob ist also gegen Noten. Und die Lehrer? Was sagen Sie dazu? Sie sind doch Lehrer, oder?

Olaf
Meinhard: Richtig. Mein Name ist Olaf Meinhard. Ich bin Mathematiklehrer und ich finde Noten sehr wichtig. Wenn es keine Noten gibt, dann lernen die meisten Schüler gar nichts mehr, da bin ich mir sicher.

Anneliese
Koch: Moment mal, darf ich bitte auch mal?

Reporter: Aber natürlich! Wenn Sie uns sagen, wer Sie sind.

Anneliese
Koch: Mein Name ist Koch. Anneliese Koch. Meine Tochter geht hier auf diese Schule und ich finde Noten nicht so wichtig. Man kann ja schlechte Noten in der Schule haben und später doch Karriere machen. Zum Beispiel Albert Einstein. Ich glaube, der hatte sogar mal 'ne Vier in Mathe! Und später hat er den Nobelpreis bekommen.

Reporter: Ja, vielen Dank! Tja, Sie haben es gehört, liebe Hörerinnen und Hörer: Beim Thema Schulnoten gehen die Meinungen immer noch weit auseinander. Und damit zurück ins Studio.

Schritt C   C2

1 Ach! Die Schule! Die hat mir nie Spaß gemacht. Ich war erst in der Krippe und dann im Kindergarten, dann natürlich auf der Grundschule. Meine Noten dort waren so mittel und danach war ich auf der Hauptschule. Die hab ich nach der 9. Klasse mit dem Hauptschulabschluss abgeschlossen, und jetzt mache ich eine Lehre als Friseurin. Das gefällt mir viel besser als die Schule.

2 Also, ich war natürlich auch erst mal im Kindergarten und dann auf der Grundschule. In der Grundschule hat es mir nicht so gut gefallen. Alles war sehr langweilig. Dann habe ich die Realschule besucht und da war es dann richtig toll. Meine Freunde und ich hatten so viel Spaß zusammen.

Ja, und nach der Realschule habe ich dann eine Lehre als Elektriker gemacht.

3 Ich bin insgesamt 13 Jahre zur Schule gegangen. Das war früher so, man musste 13 Jahre zur Schule gehen, um Abitur zu machen. Und vor der Schule war ich natürlich im Kindergarten. An die Grundschule habe ich ganz schöne Erinnerungen. Dann kam das Gymnasium. Da haben dann vor allem die Noten gezählt und ich musste richtig viel lernen. Mein Lieblingsfach war Mathe. Wir hatten auch eine tolle Mathelehrerin. Deshalb habe ich dann nach dem Gymnasium an der Universität Mathematik studiert und bin jetzt selbst auch Mathelehrerin.

4 Ich war nicht im Kindergarten, weil meine Eltern das nicht wollten. Ich bin mit sieben in die Grundschule gekommen. Seit der 5. Klasse gehe ich in die Gesamtschule. Ich bin jetzt in der 7. Klasse. Noch zwei Jahre, dann kann ich meinen Hauptschulabschluss machen. Dann bin ich endlich mit der Schule fertig!! Ich habe wirklich keine Lust mehr auf die Schule. Danach möchte ich eine Lehre machen und irgendein Handwerk lernen. Vielleicht Schreiner.

Schritt D   D2

A VHS: So, bitte …

Mann: Danke.

VHS: Wie kann ich Ihnen helfen?

Mann: Es geht um meinen Sohn. Er ist sehr schlecht in Englisch, ich möchte gern, dass er Nachhilfe bekommt.

VHS: Da haben wir verschiedene Kurse. Wie alt ist Ihr Sohn denn?

Mann: Dreizehn.

VHS :   Dann schauen Sie mal hier, das sind unsere Kursunterlagen …

B VHS: Was kann ich für Sie tun?

Mann: Ich möchte in zwei Monaten den Test machen, wegen meiner Einbürgerung. Und ich habe gehört, dass Sie Kurse zur Vorbereitung anbieten, oder?

VHS: Ja, das ist richtig, solche Kurse bieten wir an.

C Frau: Ich interessiere mich für Computerkurse.

VHS: Und möchten Sie ein bestimmtes Programm lernen?

Frau: Nein, ich habe schon in den letzten Semestern einige Kurse belegt und wissen Sie, ich brauche den Computer nicht so häufig, nur für zu Hause, ein bisschen im Internet surfen und E-Mails schreiben, so was. Aber ich kenne mich schon ein bisschen aus, ich möchte also keinen Kurs besuchen, in dem nur Anfänger sitzen.

VHS: Hmhm, da hätten wir zum Beispiel diesen Kurs hier, der könnte Sie interessieren.

D VHS: Nehmen Sie doch bitte Platz. Womit kann ich Ihnen helfen?

Mann: Ich spreche überhaupt kein Französisch, und ich möchte aber mit meiner Familie in den nächsten Ferien nach Südfrankreich fahren. Ich suche einen Kurs, in dem ich schnell lerne, ein bisschen

TRANSKRIPTIONEN   158

Hörtexte Kursbuch

	zu reden. Also, dass ich einkaufen gehen kann und dass ich ein bisschen was verstehe.
VHS:	Hmhm.
Mann:	Können Sie mir da was empfehlen?
VHS:	Ich denke, wir haben das perfekte Angebot für Sie: Hier, diesen Kurs kann ich Ihnen sehr empfehlen...
E Frau:	... tja, und nun bin ich schon seit einiger Zeit arbeitslos. Und ich habe gehört, dass Sie auch Kurse anbieten, in denen man einen Beruf lernen kann.
VHS:	Ja, das stimmt. Wir bieten dieses Semester allerdings nur einen Kurs für soziale Berufe z. B. Pflegerin oder Schwesternhelferin an. Dieser Kurs ist natürlich Vollzeit, also montags bis freitags, und dauert sechs Monate. Und Sie müssen dabei auch ein Praktikum machen. Sie sollten allerdings ein persönliches Beratungsgespräch mit der zuständigen Leiterin führen. Ich schreibe Ihnen den Namen und die Telefonnummer auf, dann können Sie sich mit ihr in Verbindung setzen.

Zwischenspiel 6 *Fürs Leben lernen*

Frau Platzek:	... so und nun komme ich zu einer anderen Sache: Wir hatten im letzten Schuljahr mehrfach Probleme mit Handys, MP3-Playern und Gameboys. ... Dazu sage ich: Gameboys bleiben zu Hause! Sie haben in der Schule überhaupt nichts verloren. Handys und MP3-Player dürfen die Kinder dabei haben. Aber in der Schule und vor allem während des Unterrichts bleiben sie bitte aus! Dann noch etwas zum Thema Hausaufgaben: Die Schüler müssen ihre Hausaufgaben machen. Hausaufgaben sind eine wichtige Ergänzung des Unterrichts. Bei dreimaligem unentschuldigten Fehlen der Hausaufgabe innerhalb von 14 Tagen müssen die Schüler nach dem Unterricht hier bleiben und die Hausaufgaben in der Schule machen. Dann noch etwas besonders Wichtiges: Jetzt kommt die kalte Jahreszeit, die Kinder werden öfter mal krank. Bitte, bei Krankheit die Schule so schnell wie möglich informieren! ... Am besten rufen Sie gleich morgens, noch vor dem Unterricht an. ... Unser Sekretariat erreichen Sie schon ab 7:30 Uhr. Sie haben eine Frage?
Ein Vater:	Ja. Das Telefon im Sekretariat ist leider oft besetzt. Können wir die Krankmeldung nicht auch per E-Mail schicken?

Gespräch 1

Frau Hörmann:	Guten Tag!
Frau Platzek:	Guten Tag! Bitte, nehmen Sie Platz!
Frau Hörmann:	Danke schön!
Frau Platzek:	Sie sind Frau Hörmann, richtig?
Frau Hörmann:	Ja, ich bin die Mutter von Elena. Ich komme in Ihre Sprechstunde, weil es ein Problem gibt.
Frau Platzek:	Aha? Was denn?
Frau Hörmann:	Elena möchte nicht mehr in die Schule gehen.
Frau Platzek:	Wie bitte?!
Frau Hörmann:	Sie hat seit gestern eine Brille.
Frau Platzek:	Ja, das habe ich gesehen. Elena sieht sehr nett damit aus.
Frau Hörmann:	Aber die Mitschüler lachen sie aus.
Frau Platzek:	Wer lacht sie aus?
Frau Hörmann:	Sie sagt, vor allem Max und Lukas.
Frau Platzek:	Hach, die schon wieder!
Frau Hörmann:	Sie sagen ‚Brillenschlange' zu ihr ...
Frau Platzek:	Sagen Sie Elena bitte, sie soll nicht traurig sein. Ich rede heute noch mit Max und Lukas und sorge dafür, dass sie sofort aufhören damit.
Frau Hörmann:	Oh, das ist gut! Vielen Dank! Ähh, wie ist Elena eigentlich in der Schule?
Frau Platzek:	Hm, sie ist ja noch ganz neu in der Klasse. Aber sie macht gut mit. Ich denke, sie ist ein sehr intelligentes Mädchen.

Gespräch 2

Altan Dikman:	Guten Tag. Mein Name ist Dikman. Ich habe einen Termin. Sind Sie Frau Platzek?
Helga Platzek:	Ja. Guten Tag! Setzen Sie sich doch bitte, Herr Dikman!
Altan Dikman:	Vielen Dank!
Helga Platzek:	Sie sind aber nicht der Vater von Adem, oder? Sie sind ja viel zu jung!
Altan Dikman:	Das ist richtig. Ich bin Adems Onkel. Seine Eltern sprechen nicht so gut Deutsch.
Helga Platzek:	Aha, ich verstehe. Tja, also, Adem, Ihr Neffe, er macht sehr oft seine Hausaufgaben nicht. Was ist denn da los? Wissen Sie das?
Altan Dikman:	Tja, Adem hat ein Problem: Er kann sich nicht konzentrieren.
Helga Platzek:	So? Warum denn nicht?
Altan Dikman:	Adem hat kein eigenes Zimmer. Die Wohnung ist zu klein.
Helga Platzek:	Tja ...
Altan Dikman:	Und seine kleinen Brüder sind sehr laut.
Helga Platzek:	H-hm ...
Altan Dikman:	Wie ist Adem denn in der Schule? Ist er gut?
Helga Platzek:	Ja, er ist eigentlich ganz wach und intelligent. Aber man merkt, dass er zu Hause nicht richtig lernt. Wissen Sie, die Hausaufgaben sind für den Lernerfolg sehr wichtig. Er braucht unbedingt einen ruhigen Platz für die Hausaufgaben.
Altan Dikman:	Ich verstehe. Ich rede mal mit meiner Schwägerin. Vielleicht kann sie ja was machen, dass Adem am Nachmittag ein oder zwei Stunden Ruhe hat.
Helga Platzek:	Ja, das ist schon mal sehr gut. Noch eine Frage: Adem spricht zu Hause wahrscheinlich wenig Deutsch, oder?
Altan Dikman:	Gar keins, glaube ich.
Helga Platzek:	Tja, das ist schlecht. Er muss mehr Deutsch

159 TRANSKRIPTIONEN

Hörtexte Kursbuch

sprechen. Das ist für die Schule sehr, sehr wichtig. Sie wissen das sicher, Sie sprechen ja ganz ausgezeichnet Deutsch!

Altan Dikman: Hm ... Soll ich vielleicht öfters mal seine Hausaufgaben kontrollieren und sie mit ihm besprechen?

Helga Platzek: Ja! Das ist eine sehr gute Idee!

Altan Dikman: Na schön. Dann will ich das mal versuchen.

Helga Platzek: Prima, Herr Dikman! Und sehr schön, dass Sie in meine Sprechstunde gekommen sind.

Altan Dikman: Wissen Sie was? Ich gebe Ihnen jetzt meine Telefonnummer ... Dann können Sie mich direkt anrufen, wenn es noch mal Probleme gibt.

Lektion 7 Feste und Geschenke

Folge 7: *Tante Erika*

Maria: Ja, hallo? Was? Doch, das ist schon die richtige Nummer. Nein, tut mir leid, Susanne ist im Moment nicht zu Hause. Wie? Ich bin Maria, Maria Torremolinos, das Au-pair-Mädchen. Das Au-pair-Mädchen! Und wer sind Sie? Ach so!? Moment, bitte! Ja? Ja. Mhm, ja. Okay. Ja, ich hab' alles aufgeschrieben. Ich gebe Susanne den Zettel. Bitte! Auf Wiederhören!

Susanne: Tante Erika hat angerufen!? Was hat sie denn gesagt, Maria?

Maria: Nur, was ich aufgeschrieben habe: Morgen ist ihr 80. Geburtstag und du sollst sie besuchen.

Susanne: Ich verstehe.

Maria: Sie hat eine sehr nette Stimme ...

Susanne: Ich hab' so ein schlechtes Gewissen.

Simon: Ich wusste gar nicht, dass du 'ne Tante hast, Susanne!

Susanne: Tja, ich hab's selbst fast vergessen. Ähm, Moment mal, ich zeig euch mal ein paar Fotos von ihr.

Susanne: Eigentlich ist Erika die Tante meines Vaters, also meine Großtante. Sie lebt seit ein paar Jahren im Altersheim. Hier: Das ist sie ... und da auch.

Simon: Hihi, guckt mal, hier das Foto: Susanne schenkt ihrer Tante einen Frosch!

Susanne: Das ist doch kein echter, du Witzbold! Der ist aus Marzipan!

Simon: Ach so! Wann hast du deine Tante denn zum letzten Mal gesehen?

Susanne: Hm, lass mich nachdenken. Das war vor fünf Jahren, an ihrem 75. Geburtstag. Unglaublich, wie schnell die Zeit vergeht! Damals hat mein Vater noch gelebt.

Susanne: Seht mal, hier ist noch ein Foto von Tante Erika! Äh, Maria?

Maria: Ja?

Susanne: Über was denkst du denn nach?

Maria: Kommen da viele Leute, morgen, zu dieser Geburtstagsfeier?

Susanne: Hm, das glaub' ich nicht. Seit Papa tot ist, hat Erika keine Verwandten mehr.

Maria: Nur noch dich.

Susanne: Hm, äh, ja. Das stimmt natürlich. Kommt jemand mit?

Simon: Tut mir leid. Ich hab 'ne Verabredung.

Larissa: Also, ehrlich gesagt, besondere Lust hab ich nicht.

Maria: Ich komme mit.

Alle: Du?

Maria: Wisst ihr, ihre Stimme ... Sie klang irgendwie ziemlich traurig. Wenn ich mir vorstelle, ich bin 80 und sitze in so einem ... wie heißt das? ... Altersheim und bin ganz allein und ...

Simon, Larissa: Okay, okay, okay! Wir haben es verstanden, Maria! Wir kommen auch mit.

Susanne: Was schenken wir ihr? Was wünscht sich eine Achtzigjährige zum Geburtstag?

Maria: Ihr könntet eine Collage aus diesen Fotos machen. Ich habe meiner Oma mal so ein Bild geschenkt.

Susanne: Hey, das ist 'ne super Idee, Maria! Hm, aber ist es nicht schade, die Fotos zu zerschneiden?

Simon: Wieso zerschneiden? Man kann sie doch in den Computer einscannen.

Susanne: Prima, Simon! Da hast du gleich 'ne Aufgabe.

Larissa: Und ich? Was soll ich machen?

Susanne: Du? Du schenkst ihr einen selbstgebackenen Kuchen!

Kurt: Könntest du das Ding jetzt ausschalten? Simon!

Simon: Is' was?

Kurt: Ausmachen!!

Simon: Was is'?

Kurt: Pass auf, dass sie dich nicht gleich hierbehalten im Altersheim. Taub genug bist du ja schon!

Simon: Sehr witzig!

Kurt: Hier!

Simon: Was soll ich denn mit dem Bild?

Kurt: Na, was wohl? Du gibst es ihr.

Lied: Zum Geburtstag viel Glück!

Susanne: Liebe Tante Erika, zu deinem Geburtstag wünschen wir dir alles, alles Gute!

Erika: Oh danke! Vielen Dank!

Erika: Ach, ist das schön! Ich freue mich sehr über eure Geschenke!

Susanne: Schön, dass dir das Bild gefällt.

Erika: Und der Kuchen auch! Und die schönen Blumen! Aber ...

TRANSKRIPTIONEN **160**

Hörtexte Kursbuch

Susanne:	Was ist? Hast du noch einen anderen Wunsch?
Erika:	Ja, Susanne, etwas wünsche ich mir noch: Ich hätte so gerne, dass wir uns öfter sehen.

Schritt A   A1
vgl. Kursbuch Seite 72

Schritt B   B1
vgl. Kursbuch Seite 73

Schritt B   B2

<u>a</u> ● Ich nehme die Puppe.
   ■ Soll ich sie Ihnen als Geschenk einpacken?

<u>b</u> Probier doch den Fisch. Ich kann ihn dir nur empfehlen.

<u>c</u> Ich brauche den Mixer. Bringst du ihn mir bitte?

<u>d</u> ● Wie geht dieses blöde Ding nur an? Ich verstehe es nicht!
   ■ Warte, ich zeige es dir. Du musst hier drücken.

Schritt E   E2

Sabine:	Ja, Mama, am 15. März machen wir meine Geburtstagsparty. Nee, wir haben noch gar nichts vorbereitet. Nein, Mama, wir wissen noch nicht, wo. Ja, Mama, ich sag dir Bescheid. Gut, tschüs, Mama, ich melde mich. Ja, mach ich! Grüß du Papa auch. Tschü-hüs. Och na ja, irgendwie hat sie schon recht. Wir müssen jetzt wirklich mal meine Geburtstagsparty planen.
Khaled:	Wieso denn? Wir haben doch noch zwei Wochen Zeit!
Sabine:	Zwei Wochen, du, das ist nicht mehr lang und wir haben noch nicht mal die Gäste eingeladen.
Khaled:	Wieso – wir rufen sie einfach nächste Woche an. Oder schreiben ne SMS.
Sabine:	SMS? Nee, das ist doch echt unpersönlich. Und anrufen geht auch nicht. Das dauert total lang, bis man 50 Leute angerufen hat. Ich schreibe morgen eine E-Mail an alle.
Khaled:	Was?! 50 Leute? Aber das geht doch nicht! Wie sollen die denn alle hier ins Wohnzimmer passen? Ich dachte, wir laden so 15 Leute ein, höchstens. Deine Eltern, mein Bruder mit seiner Frau und den Kindern – die Familie halt.
Sabine:	Nur 15 Leute? Nur die Familie? Ich finde es toll, wenn auch meine Freunde kommen. Und ich wollte noch meine Kollegen einladen und die Mädels aus dem Fitnessstudio auch. Und außerdem will ich auch tanzen.
Khaled:	Tanzen? Du weißt doch, ich tanze nicht gern.
Sabine:	So? Aber das ist doch mein Geburtstag!! Ach komm!
Khaled:	Hm. Hauptsache es gibt was Gutes zu essen und wir unterhalten uns. Ich kann ja was Leckeres kochen!
Sabine:	Für 15 Leute? Muss das sein? Da sitzen dann alle rum und essen die ganze Zeit, also nee. Für mich ist das keine richtige Geburtstagsparty.
Khaled:	Ach ...
Sabine:	Wir könnten doch ins Restaurant von deinem Bruder gehen, und dort die Party machen. Das Essen ist gut

	und es ist auch nicht so teuer. Die Hauptsache ist, dass der Raum groß ist, wir genug Platz haben und tanzen können. Und die Musik muss gut sein!
Khaled:	Tanzen, Musik, Restaurant - das wird mir alles zu viel! So viele Leute ... Und ich finde unser Wohnzimmer viel gemütlicher.
Sabine:	Ach Khaled, mir ist wichtig, dass die Leute ihren Spaß haben und die Stimmung gut ist. Man wird ja nicht jedes Jahr 40. So ein langweiliges Essen – das haben wir doch alle paar Wochen ... Ich will eine richtige Party!
Khaled:	Du willst also wirklich so viele Leute einladen? Ins Restaurant?
Sabine:	Ach komm, das wird lustig. Ja? Und dann möchte ich den Raum auch richtig schön dekorieren – mit Blumen und Girlanden ...
Khaled:	Was?!?! Dekorieren auch noch? Ist das wirklich so wichtig? Das muss doch nicht sein!
Sabine:	Doch! Klar ist das wichtig! Ich habe schon Lampions gekauft und Kerzen und Luftschlangen. Das gibt ne schöne Atmosphäre. Komm schon!
Khaled:	Okay, okay. Dann machen wir das eben so. Es ist ja dein Geburtstag. Aber an meinem Geburtstag bleiben wir zuhause, da machen wir es uns so richtig gemütlich, nur wir zwei – du und ich.

Zwischenspiel 7 *Ein Fest und seine Gäste*

1

Chris:	Hallo? Hier ist Chris. Ja? Ja ja. Du, hör mal, ich wollte schon lange mal wieder persönlich mit dir sprechen. Ja. Ich bin hier auf 'ner Party, das ist ganz in deiner Nähe. Ja ja, genau. Du hast recht: Auf solchen Geburtstagspartys ist ja meistens 'ne langweilige Atmosphäre. Du, weißt du was? Ich trinke hier noch aus und komm' dann zu dir rüber, okay? Ja, bis gleich dann, tschüssi!

2

Jenny:	Sag mal, Katharina: Hat Anna die Party organisiert?
Katharina:	Ja, Jenny, und ich finde, das schmeckt man auch.
Jenny:	Wirklich? Moment. Stimmt! Es ist mal wieder aus der Dose.
Katharina:	Hm-hm und zu trinken gibt's auch fast nix mehr.
Hubert:	Na, ihr beiden.
Katharina und Jenny:	Hallo, Hubert!
Hubert:	Und, wie findet ihr meine Party?
Katharina:	Du, super, Hubert!
Jenny:	Echt toll, wie jedes Jahr!
Hubert:	Ja? Na prima!

3

Laura:	*Ich wünsch dir Glück ... A-aah* *Zum Geburtstag viel Glück ... A-aah* *Alles Glück auf der Welt ...A-aah* *Alles, was dir gefällt, lieber Hubert ... usw*

161 TRANSKRIPTIONEN

Hörtexte Kursbuch

Anna: Wow! Laura! Das ist ja eine Überraschung! Ein Geburtstagslied?! Für meinen lieben Hubert!? Na, so eine tolle Idee!

Laura: Ja? Findest du, Anna? Danke! Es gefällt Dir also?

Anna: Und wie! Du kannst ja sooo toll singen! Am liebsten möchte ich's gleich nochmal hören!

Laura: Hey! Cool!

Anna: Und so ein schönes Lied! Hast du das gemacht?

Laura: H-hm …

Anna: Boah! Wirklich? Toll!

Laura: Und Hubert? Meinst du, es hat ihm auch gefallen?

Anna: Aber sicher! Er kommt bestimmt gleich und sagt es Dir selbst. Hubert! Hubert! Ich hol' ihn mal Bin gleich wieder da! Hubert! Hubert!

4

Sebastian: Na, Günther, was ist denn los mit dir? Du bist ja so ruhig heute. Geht's dir nicht gut?

Günther: Nee, du. Ich hab' solche Kopfschmerzen!

Sebastian: Das ist bestimmt das Wetter.

Günther: Nee, nee, Sebastian. Das Wetter ist es nicht. Ich habe das jetzt schon seit Monaten.

Sebastian: Oh-oh! Dann solltest du vielleicht doch mal zum Arzt gehen.

Günther: Ach was, da war ich schon dreimal. Der findet ja nix! Der sagt immer nur: Arbeiten Sie nicht so viel am Computer!

Sebastian: T-ha!!

Günther: Der ist wirklich lustig, der Mann. Was soll ich denn machen? Ich muss ja … Du doch auch, oder?

Sebastian: H-hm, acht Stunden lang, fünf Tage in der Woche …

Günther: Und? Hast du keine Kopfschmerzen?

Sebastian: Früher schon, aber jetzt nicht mehr …

Günther: Wie machst du das? Ich meine: Hast du ein Geheimrezept, oder was?

Sebastian: Nö, ich mach 'ne spezielle Gymnastik für meinen Rücken.

Günther: Echt? Seit wann denn?

Sebastian: Seit zwei Jahren. Und seit zwei Jahren hab' ich so gut wie keine Kopfschmerzen mehr.

Günther: Du, das klingt ja interessant! Das musst du mir genau erzählen …

Sebastian: Gern. Komm wir gehen in die Küche! Da ist es nicht so laut …

5

Paula: Hallo!

Georg: Hallo, Paula!

Renate: Boah! Guck mal, Georg: ihre Haare! Das sieht ja richtig schlimm aus!

Georg: Warum denn? Ich find's lustig.

Renate: Lustig!? Ha! Der Karneval ist doch vorbei, oder?

Georg: Renate!

Paula: Karneval? Wie meinen Sie denn das?

Renate: Na, ja. Ganz schön bunt, oder?

Paula, ruhig: Haben Sie damit ein Problem?

Renate: Also ich …

Georg, gedämpft: Jetzt lass sie doch, Renate!

Paula: Ja genau! Hören Sie ruhig auf Ihren Sohn!

Renate: Das ist nicht mein Sohn! Das ist mein Mann!

Paula: Ahh?! Von Männern verstehen Sie also mehr als von Mode …

Renate: Also … also … das … Hören Sie mal …

Paula: Wir sprechen gleich weiter. Ich möchte nur schnell was zu trinken holen … Okay!?

Renate: Komm Georg! Wir gehen!

6

Edgar: Beate und ich, wir schenken uns jedes Jahr das Gleiche zum Geburtstag.

Beate: Ja, stimmt. Edgar schenkt mir immer was zum Anziehen und ich kaufe ihm was fürs Golfen. Ziemlich langweilig, oder?

Rosemarie: Naja, aber ihr denkt wenigstens dran und kauft Geschenke ein.

Thomas: Rosemarie und ich vergessen unsere Geburtstage.

Beate: Was? Ihr vergesst sie? Ja und dann?

Rosemarie: Und dann schenken wir uns immer Gutscheine. Nicht wahr, Thomas?

Beate: Ja, sagt mal, und das macht euch gar nichts aus?

Thomas: Ach was. Wenn man sich liebt, dann sind Geburtstage nicht so wichtig. Oder, Rosie-Mäuschen?

Rosemarie: Ja, mein Schnuckel.

Beate: Gutscheine. Hast du das gehört?

TRANSKRIPTIONEN 162

Hörtexte Arbeitsbuch

Lektion 1   Kennenlernen
Schritt A   Übung 5
vgl. Arbeitsbuch Seite 85

Schritt A   Übung 6
vgl. Arbeitsbuch Seite 85

Schritt C   Übung 24
vgl. Arbeitsbuch Seite 90

Lektion 2   Zu Hause
Schritt C   Übung 22
a Mitte / Müll
b Brüder / Briefe
c mieten / müde
d Flüge / fliegen
e Brücke / Brille
f vier / für

Schritt C   Übung 23
vgl. Arbeitsbuch Seite 102

Schritt C   Übung 24
vgl. Arbeitsbuch Seite 102

Schritt D   Übung 28
vgl. Arbeitsbuch Seite 103

Lektion 3   Essen und Trinken
Schritt C   Übung 13 b
Kellner: Haben Sie schon gewählt?
Frau 1:   Ja, also ich möchte bitte eine Tasse Kaffee und ein Stück Nusskuchen.
Kellner: Oh, das tut mir leid, heute haben wir leider keinen Nusskuchen. Aber ich könnte Ihnen unseren wunderbaren Käsekuchen anbieten. Der ist ganz frisch.
Frau 1:   Na gut, dann probier ich den mal.
Kellner: Und für Sie? Was darf's sein?
Frau 2:   Ich nehme auch eine Tasse Kaffee und ein Stück Schwarzwälder Kirschtorte.
Kellner: Ja, gern.
Frau 1:   Sag mal, hast du mal wieder was von Frau Bayerlein gehört? Ich habe sie ein paar Mal angerufen und ...

Schritt C   Übung 16
das Glas – das Messer – der Reis – das Eis – der Bus – die Straße – der Salat – das Gemüse – der Käse – am Sonntag – die Pause – der Besuch – die Bluse

Schritt C   Übung 17
a Reis – Glas
b Glas – Gläser
c Gemüse – Suppe
d im Haus – zu Hause

e Tasse – Schüssel
f Straße – Adresse
g heißen – reisen
h essen – lesen
i leise Musik – heiße Würstchen

Schritt C   Übung 18
Ich sitze im Sessel und sehe fern. Das Gemüse sieht gut aus.
Meistens trinke ich morgens ein Glas Orangensaft.
Eine Tasse heiße Schokolade mit Sahne, bitte.
Seid ein bisschen leiser. Der Satz ist auf Seite sieben.

Schritt C   Übung 19
a Mein Freund heißt Klaus.
  Er ist groß und isst meistens sehr viel. Deshalb ist er auch ein bisschen dick. Er macht auch selten Sport. Fußball im Fernsehen findet er besser.

b Du trinkst ja nur Mineralwasser und isst nur Brot. Was ist denn passiert?

c Reisen ist mein Hobby. Das macht mir Spaß. Ich habe schon dreißig Städte besucht.

d Hallo, Susanne. Du musst schnell nach Hause kommen, ich habe schon wieder meinen Schlüssel vergessen.

Lektion 4   Arbeitswelt
Schritt C   Übung 18
a ● Vor fünf Minuten hat jemand für dich angerufen. Ein Herr Peterson oder so ähnlich war sein Name.
  ■ Wie bitte? Peterson? Ich kenne niemand mit dem Namen Peterson.

b ● Ich habe uns etwas zu essen mitgebracht.
  ■ Vielen Dank, das ist sehr nett. Aber ich möchte jetzt nichts. Ich habe gerade etwas gegessen.

c ● Was hat er gesagt? Hast du etwas verstanden?
  ■ Nein, tut mir leid, ich habe auch nichts verstanden.

d ● Hallo, ist da jemand?
  ■ Komm! Wir gehen rein, ich glaube hier ist niemand.

Schritt C   Übung 19b
Sekretärin: Firma Hens und Partner, Maurer, guten Tag.
Anrufer: Guten Tag, hier spricht Grahl. Könnten Sie mich bitte mit Frau Pauli verbinden?
Sekretärin: Tut mir leid, Frau Pauli ist gerade nicht am Platz. Kann ich ihr etwas ausrichten?
Anrufer: Nein, danke. Ist denn sonst noch jemand aus der Abteilung da?
Sekretärin: Nein, es ist gerade Mittagspause. Da ist im Moment niemand da.
Anrufer: Gut, dann versuche ich es später noch einmal. Könnten Sie mir noch die Durchwahl von Frau Pauli geben?
Sekretärin: Ja, gerne, das ist die drei-null-eins. Also neun-sechs-null-zwei-drei-null-eins.

163 TRANSKRIPTIONEN

Hörtexte Arbeitsbuch

Anrufer: Vielen Dank. Auf Wiederhören.
Sekretärin: Auf Wiederhören.

Schritt C Übung 21
vgl. Arbeitsbuch Seite 123

Schritt C Übung 22

a ich – auch • dich – doch • nicht – noch • die Bücher –
das Buch • das Gespräch – die Sprache • die Rechnung
– die Nachricht • ich möchte – ich mache • ich besichtige
– ich besuche • täglich – nachmittags

b Kommst du pünktlich? Ich komme um acht. Lies doch ein
Buch!
Ruf mich doch mal an. Geh doch bitte noch nicht!
Vorsicht, die Milch kocht! Mach doch Licht!
Ich möchte bitte gleich die Rechnung. Ich möchte Frau
Koch sprechen.

c ▲ Kannst du Jochen etwas ausrichten?
● Aber sicher, ich sehe ihn gleich nach dem Kurs.

Schritt D Übung 27

1 ● Guten Tag. Dies ist der Anschluss fünf-vier-vier von
Anne Lerch. Bitte sprechen Sie nach dem Piep.
■ Guten Tag, Frau Lerch. Hier spricht Sonja Biedermann
vom Betriebsrat. Wir, also ich meine, der Betriebsrat,
wir organisieren doch die Weihnachtsfeier. Könnten
Sie mir bitte bis Donnerstag Bescheid geben, wie viele
Personen aus Ihrer Abteilung kommen? Das wäre sehr
nett, denn wir müssen das Essen bestellen. Vielen Dank
und auf Wiederhören.

2 Guten Tag. Sie sind mit der Mitgliederbetreuung der
Gewerkschaft „Erziehung und Wissenschaft" verbunden.
Sie rufen leider außerhalb unserer Bürozeiten an. Wir sind
Montag bis Freitag von 9 Uhr bis 13.30 Uhr für Sie da.
Vielen Dank für Ihren Anruf.

3 Guten Tag. Hier spricht Herr Meinert aus der
Schuhabteilung. Sie haben mir eine Mitteilung geschickt.
Ich soll meine Lohnsteuerkarte abgeben. Aber ich glaube,
das hab' ich jetzt schon, das war am 18.04. Ja, ich bin
mir ganz sicher, am 18.04. hab' ich sie abgegeben. Aber
schauen Sie bitte noch einmal nach.

Lektion 5 Sport und Fitness
Schritt B Übung 23
vgl. Arbeitsbuch Seite 133

Schritt B Übung 24
vgl. Arbeitsbuch Seite 133

Übung 25
vgl. Arbeitsbuch Seite 133

Lektion 6 Schule und Ausbildung
Schritt B Übung 16
vgl. Arbeitsbuch Seite 144

Schritt B Übung 17
glücklich, lustig , traurig, freundlich, ruhig, höflich, ledig, eilig,
berufstätig, selbstständig, schwierig, langweilig, günstig, billig

Schritt B Übung 18
vgl. Arbeitsbuch Seite 144

Schritt B Übung 19
Wein, Bier, bald, Brot, Wecker

Schritt B Übung 20
a Wo war Willi?
b Vera will nach Wien.
c Werner wohnt in Berlin.
d Willst du so bald ins Bett?
e Auf Wiedersehen, bis Mittwoch.
f Veronika wartet auf Bernd.

Schritt B Übung 21
vgl. Arbeitsbuch Seite 144

Schritt D Übung 29 b

Frau: Guten Tag.
Berater: Guten Tag. Wie kann ich Ihnen helfen?
Frau: Ich möchte gern Spanisch lernen.
Berater: Haben Sie schon Vorkenntnisse?
Frau: Nein. Ich bin Anfänger.
Berater: Da kann ich Ihnen zum Beispiel unseren Kurs am
Dienstag und Donnerstag von 19.00 bis 20.30 Uhr
anbieten.
Frau: Ja, das passt gut, da habe ich Zeit. Was kostet der
Kurs denn?
Berater: 110 Euro für ein Semester.
Frau: Das geht. Das ist nicht zu teuer. Kann ich mich
jetzt gleich dafür anmelden?
Berater: Ja, natürlich. Sie müssen bitte nur dieses
Anmeldeformular hier ausfüllen.
Frau: Kein Problem. Das mache ich sofort. – Hier bitte.
Berater: Ich bedanke mich und wünsche Ihnen viel Spaß
und Erfolg!
Frau: Auf Wiedersehen und vielen Dank.

TRANSKRIPTIONEN 164

Hörtexte Arbeitsbuch

Lektion 7 Feste und Geschenke
Schritt A   Übung 10

a Hoch zeits tag – Hochzeitstag • Blu men strauß –
   Blumenstrauß • Weih nachts fest – Weihnachtsfest •
   Ge burts tags ge schenk – Geburtstagsgeschenk

b Herzlichen Glückwunsch zum Hochzeitstag.

c Alles Gute zum Geburtstag, das wünschen wir dir.

d ▲ Was schenkst du mir zum Geburtstag?
   ● Was wünschst du dir denn?
   ▲ Schenkst du mir einen selbst gebackenen Kuchen?

Schritt A   Übung 12

Schmerzen – Kopfschmerzen • schreiben – Kugelschreiber
sprechen – Fremdsprache • Schwester – Krankenschwester •
zwanzig – achtundzwanzig
Schreibst du mir schnell? Zwei mal zwei und acht sind zwölf.
Zwanzig Schweizer schwimmen im Schwarzen Meer.

Schritt B   Übung 18

Was soll ich denn mit dem Bild?
Du gibst's ihr.
Gibst du mir bitte das Glas dort?
Hol's dir bitte selbst.
Brauchst du das Wörterbuch? Ja. Gibst du's mir bitte rüber?
Ich brauche den Tesafilm.
Ich geb'n dir gleich.
Ich habe mir einen Fotoapparat gekauft. Toll. Kannst du'n mir
mal leihen?

Schritt B   Übung 19

Mein Freund hat mir'n Fahrrad geschenkt, 'n super Ding. Wir
haben auch schon 'ne Radtour gemacht, nach Wien. Mein
Freund hat dort 'nen Onkel. Der hat uns in so'n Wiener Café
eingeladen, das war toll. Fahr auch mal hin, ich kann's dir nur
empfehlen. Ich hab' auch 'nen Prospekt von Wien, ich zeig'n dir
mal.

Fokus 1 *Lerntipps*
Übung 1 + 2

Markus:	So! Na, der Hörtext war doch ein Kinderspiel, gell? Der war doch gar nicht so schwer. Jetzt seid ihr fit für den Test in 4 Wochen. Soviel für heute, am Montag beginnen wir dann mit einer neuen Lektion. O.k.? Hausaufgaben sind ja klar. Also, bis Montag dann. Schönes Wochenende!
Oscar:	Markus, kann ich kurz mit dir sprechen?
Markus:	Ja, Oscar, was ist denn?
Oscar:	Also, diese Aufgabe war soooo - also ich habe überhaupt nichts verstanden. Hören finde ich echt schwierig. Das ist mein großes Problem. Die Deutschen sprechen einfach so schnell! Ich kann viel besser lesen und schreiben, aber Hören! Ich weiß gar nicht, was ich machen soll. Und in vier Wochen ist schon die Prüfung. Mann, das schaffe ich nie. Was kann ich denn da machen? Ich muss doch unbedingt ...
Markus:	Nanana, jetzt aber keine Panik! So schlimm ist es doch auch wieder nicht, oder? Schließlich schreibst du doch tolle Texte. Du kannst auch zu Hause noch ganz viel üben, wenn du willst. Hmmm, hör doch z.B. die Hörtexte auf der Arbeitsbuch-CD noch einmal – oder beim Frühstück, da kannst du auch Radio hören, und lernst ganz nebenbei Deutsch! Das hilft dir bestimmt! Und hast du einen Computer? Mit Internet? Da findest du eine Menge Material zum Hören. Ich kann dir ...
Rebecca:	Also, ich finde Hören ganz einfach. Kein Problem! Ich verstehe fast alles. Für mich ist Sprechen schwierig. Neulich in der Schule, beim Lehrer ...
Markus:	Äh, Rebecca, ich ...
Rebecca:	Hm? Ja? ... also neulich, beim Lehrer von Susanna – das ist meine Tochter und die hat immer so schlechte Noten in Mathe – er fragt mich und fragt so viel, aber ich kann gar nichts erklären. Ich kann nicht gut sprechen und ich will doch ...
Markus:	Hm, verstehe, du meinst also ...
Rebecca:	Können wir nicht hier mehr sprechen, im Unterricht? Ich muss wirklich mehr üben.
Markus:	Ja, natürlich, Rebecca, das geht schon...
Rebecca:	Ich meine, eine Stunde pro Woche nur Konversation, nur sprechen, sprechen, sprechen. Nicht nur Grammatik und Schreiben. Einfach viel Sprechen. Geht das?
Markus:	Naja, aber so viel Zeit haben wir ja leider nicht. Du kannst dich doch nach dem Kurs mit anderen Frauen treffen. Da könnt ihr miteinander Deutsch sprechen, Kaffee trinken, das macht ja sogar noch Spaß! Hm, und Katrin, meine Kollegin, die macht noch einen extra Kurs zum Sprechen! „Konversation – ganz leicht". Das ist immer am Freitagnachmittag ...

165 TRANSKRIPTIONEN

Hörtexte Arbeitsbuch

Rebecca: Ach ja? Hier an der Schule? Das ist ja super, das mach ich doch! Das muss ich machen! Kannst du mir sagen, wo ich mich anmelden kann? Und was kostet das? Wie lange dauert die Stunde? Ist die Katrin eigentlich nett? ...

Fokus 1 *Ein Kursprojekt*
Übung 1

Markus: Na ja. Unser Kurs ist ja bald zu Ende. Tja schade. Na na. Manche von euch möchten ja vielleicht weiterlernen. Noch einen anderen Deutschkurs machen. Aber wo? Da gibt es viele Möglichkeiten, in unserem schönen Mannheim. Und ich hab' mir gedacht, wir können heute doch mal ein Projekt machen! Wo kann man in Mannheim Deutsch lernen? Bitte nehmt jetzt alle ein Stück Papier und die dicken Stifte und geht dann in die Gruppen. Wer möchte denn in welche Gruppe?

Übung 2 + 3

Serap: Na super! Da haben wir ja echt viele Ideen gesammelt. Aber wer macht denn jetzt was? Hm. Wer besorgt denn das VHS Programm?

Baris: Kein Problem. Das kann ich gern machen. Ich wohne nicht weit!

Serap: Sehr schön, Baris! Und wer ruft im Ausländeramt an? Vielleicht gibt es ja noch andere Kurse. Vielleicht sogar kostenlos. Da müssen wir fragen. Paola? Kannst du das nicht übernehmen?

Paola: Nein, ich spreche so schlecht Deutsch. Das möchte ich nicht so gern machen. Aber ich kann gern in der Schule fragen. Die Lehrerin von meiner Tochter ist sehr nett.

Serap: Na gut. Dann rufe ich halt im Ausländeramt an. Und Lara, du suchst im Internet. Kannst du das machen? Das wäre nett.

Lara: Ach nö. Bitte nicht Computer und Internet! Das finde ich so schwierig! Kann ich vielleicht im Ausländeramt anrufen? Das mache ich gern.

Serap: Also rufst du dann im Ausländeramt an? Und was mache ich jetzt?

Baris: Na. Serap. Ist doch alles klar. Lara ruft im Ausländeramt an und du suchst im Internet.

Fokus 2 *Wohnungsanzeigen im Internet*
Übung 3

Alba: Guten Tag. Mein Name ist Alba Grilli. Ich interessiere mich für die Einzimmerwohnung in Mühlheim. Ist die noch frei?

Immobilien-
makler: Tut mir leid, die ist schon vergeben. Aber vielleicht kann ich Ihnen eine andere Wohnung anbieten? Was suchen Sie denn?

Alba: Also, ich suche eine kleine Wohnung bis maximal 350 Euro kalt. Und ich möchte eine extra Küche, also nicht nur eine Kochnische.

Immobilien-
makler: Da kann ich Ihnen eine schöne Wohnung anbieten. Sie hat eine große Küche und kostet nur 300 Euro.

Alba: Das klingt gut. Kann ich die einmal ansehen?

Immobilien-
makler: Ja, natürlich. Gern. Der nächste Besichtigungstermin ist am Freitag um 17 Uhr.

Alba: Gut, ich komme gern. Wie ist denn die Adresse?

Immobilien-
makler: Taunusstraße 8 in Mühlheim. ... Und noch etwas: Bringen Sie doch Ihren Ausweis und die Gehaltszettel von den letzten drei Monaten mit.

Alba: Ja, gut, mache ich. Danke. Auf Wiederhören.

Fokus 3 *Ein Formular beim Arzt*
Übung 3

Zahnarzt: Guten Tag, Frau Pendic. Mein Name ist Schallenberger. Wir kennen uns ja noch gar nicht. Sie sind neu bei uns, nicht wahr?

Frau Pendic: Ja, genau. Guten Tag, Herr Schallenberger.

Zahnarzt: Was kann ich denn für Sie tun?

Frau Pendic: Ich habe Zahnschmerzen. Hier links unten. Schon seit einer Woche, nicht sehr schlimm, aber die Schmerzen hören einfach nicht auf.

Zahnarzt: Ja, dann gucken wir uns das gleich mal an. Ich habe vor der Untersuchung aber noch einige Fragen zum Formular, Sie haben ein paar Sachen vergessen. Da ist z.B. die Frage nach Infektionskrankheiten. Da haben Sie nichts geschrieben. Gibt es da etwas, oder ...

Frau Pendic: Nein, da ist nichts. Habe ich nicht.

Zahnarzt O.k. also nein. Haben Sie denn noch irgendwelche anderen Krankheiten? Vielleicht innere Krankheiten, oder Diabetes, Asthma usw. Da haben Sie hier auch nichts angekreuzt. Wie sieht es denn da aus?

Frau Pendic: Nein, also ... Diabetes, Asthma ... so etwas habe ich auch nicht.

Zahnarzt: Das ist auch besser so. Gut. Dann haben Sie geschrieben, Sie nehmen Medikamente: „Allergodoos". Das sind doch Tabletten gegen Allergien. Bei „Allergien" haben Sie aber nichts geschrieben ...

Frau Pendic: Oh, Entschuldigung, das habe ich wohl auch übersehen. Ja, ich habe Heuschnupfen und auch eine Tierhaarallergie. Und da nehme ich „Allergodoos".

Zahnarzt: Ah ja. O.k. Haben Sie auch Allergien gegen bestimmte Medikamente?

Frau Pendic: Nein, da weiß ich nichts.

Zahnarzt: Gut. Sie haben hohen Blutdruck. Nehmen Sie da Medikamente? Hier steht nichts, aber ich möchte trotzdem noch mal nachfragen.

Frau Pendic: Nein, noch nicht. Das geht noch ohne Tabletten.

TRANSKRIPTIONEN 166

Hörtexte Arbeitsbuch

Zahnarzt:	Ja, gut. Dann weiß ich alles. Dann legen wir das Formular jetzt mal weg, so, und sehen mal nach. Welcher Zahn tut denn weh? Machen Sie mal Ihren Mund weit auf. Ja, so ist's gut.

Fokus 5 *Ein Brief von der Krankenkasse*
Übung 2

Telefon-stimme:	Hallo und herzlich willkommen bei Ihrer X-KV Krankenkasse. Unsere Telefone sind im Moment alle besetzt. Sie werden aber mit dem nächsten freien Mitarbeiter verbunden. Bitte haben Sie noch einen Moment Geduld.
Frau Malz:	X-KV. Mein Name ist Hannelore Malz. Guten Tag.
Frau Cengiz:	Guten Tag, hier ist Fetiye Cengiz. Ich habe von Ihnen einen Brief bekommen.
Frau Malz:	Aha. Entschuldigen Sie, Frau Cengiz, sind Sie bei uns Mitglied?
Frau Cengiz:	Ja. Ich bin bei Ihnen krankenversichert. Meine Versicherungsnummer ist 721/A11/77809.
Frau Malz:	Vielen Dank! Was kann ich denn für Sie tun?
Frau Cengiz:	Also, dieser Brief, das war eine Werbung. Für eine Zusatzversicherung. Für dieses X-KV-plus oder wie das heißt …
Frau Malz:	Ja, richtig! Für unseren X-KV-plus-Tarif …
Frau Cengiz:	Da steht: Sie zahlen auch bei Krankheit im Ausland.
Frau Malz:	Genau.
Frau Cengiz:	Wenn ich also mal in der Türkei bin, und wenn ich dort zum Arzt muss, dann bezahlen Sie das?
Frau Malz:	Richtig! Wenn Sie im Ausland einen Arzt oder einen Krankenhausaufenthalt bezahlen müssen, dann bekommen Sie das Geld von uns zurück.
Frau Cengiz:	Hm, gut. Also, ich bin jetzt 34 Jahre alt. Dann ist der Monatsbeitrag für mich doch 34 Euro und 90 Cent, habe ich das richtig verstanden?
Frau Malz:	Ganz genau, Frau Cengiz, 34 Euro und 90 Cent.
Frau Cengiz:	Das sind aber dann 418 Euro und 80 Cent pro Jahr.
Frau Malz:	12 mal 34,90, genau.
Frau Cengiz:	Das ist aber schon ganz schön teuer, finde ich.
Frau Malz:	Aber, Frau Cengiz, Sie wissen sicher auch, wie viel zum Beispiel Zahnersatz heute kostet.
Frau Cengiz:	Ja ja, das stimmt schon.
Frau Malz:	Oder denken Sie an Brillen und Kontaktlinsen, auch das kann ziemlich teuer werden.

Fokus 5 *Ein Gespräch mit dem Arzt*
Übung 1
a

Ärztin:	Der Nächste bitte!
Ärztin:	Guten Morgen, Frau … Jovanovic.
Frau Jovanovic:	Guten Morgen, Frau Doktor.
Ärztin:	Nehmen Sie Platz! Ah, und du bist der Patient, ja? Na, wie heißt du denn?
Frau Jovanovic:	Und? Sag schon! Er heißt Ivo.
Ärztin:	Ivo? Hm, das ist aber ein schöner Name! Und du bist schon vier Jahre alt, Ivo?
Ivo:	Bald werde ich fünf!
Ärztin:	Schon fünf!? Na so was! Und, wo tut's Dir weh?
Ivo:	Da!
Frau Jovanovic:	Er hat Fieber und Halsschmerzen.
Ärztin:	Halsschmerzen? Oje! Da müssen wir gleich mal in Deinen Hals reingucken, oder? Machst du mal den Mund auf, ja? Sehr schön! … Hmm. Wie hoch ist denn das Fieber?
Frau Jovanovic:	Gestern Abend hatte er 39,8° und heute Morgen waren's 38,5°.
Ärztin:	So, Ivo, jetzt sagst du mal ‚Aaa', okay? Dann kann ich nämlich noch besser reingucken, verstehst du?
Ivo:	H-hm … Aaaaaaa!
Ärztin:	Prima! Sehr schön, Ivo! Das war's schon! Hat gar nicht wehgetan, oder?
Ivo:	N-nnn.
Ärztin:	Ist er oft krank?
Frau Jovanovic:	Eigentlich nicht. Manchmal hat er Ohren-schmerzen. Was ist es denn? Was hat er denn?
Ärztin:	Ach, nichts Schlimmes. Es ist nur eine Virusinfektion.

b

Frau Jovanovic:	Was ist es denn? Was hat er denn?
Ärztin:	Ach, nichts Schlimmes. Es ist nur eine Virusinfektion.
Frau Jovanovic:	H-hm. Und was kann man da tun? Bekommt er Antibiotika?
Ärztin:	Nein, Antibiotika helfen leider nicht gegen Viren. Hier. Wenn Ivo nochmal mehr als 39 Grad Fieber bekommt, dann geben Sie ihm einen Teelöffel davon.
Frau Jovanovic:	Was ist denn das?
Ärztin:	Das ist ein Saft gegen Schmerzen und Fieber. Aber nur zwei Teelöffel pro Tag, okay?
Frau Jovanovic:	Warum denn? Ist das so stark?
Ärztin:	Nein, nein, keine Sorge!
Frau Jovanovic:	Warum soll er dieses Medikament denn nehmen?
Ärztin:	Mit diesem Saft kann er besser einschlafen und der Hals tut nicht mehr so weh.
Frau Jovanovic:	Aha. Und was können wir sonst noch tun?

Hörtexte Arbeitsbuch

Ärztin:	Er soll viel trinken und viel schlafen. Morgen wird es ihm schon besser gehen.
Frau Jovanovic:	Aha.
Ärztin:	Wenn nicht, rufen Sie mich bitte an.
Frau Jovanovic:	Okay! Na dann, vielen Dank und auf Wiedersehen!
Ärztin:	Auf Wiedersehen! Tschüs, Ivo! Bald bist du wieder gesund.
Ivo:	Tschüs!
Ärztin:	Der Nächste, bitte!

Übung 2

Frau Jovanovic:	Was ist es denn? Was hat er denn?
Ärztin:	Ach, es ist nichts Schlimmes. Es ist nur eine Virusinfektion.
Frau Jovanovic:	H-hm. Und was kann man da tun? Bekommt er Antibiotika?
Ärztin:	Nein, Antibiotika helfen leider nicht gegen Viren. Hier. Wenn Ivo nochmal mehr als 39 Grad Fieber bekommt, dann geben Sie ihm einen Teelöffel davon.
Frau Jovanovic:	Was ist denn das?
Ärztin:	Das ist ein Saft gegen Schmerzen und Fieber. Aber nur zwei Teelöffel pro Tag, okay?
Frau Jovanovic:	Warum denn? Ist das so stark?
Ärztin:	Nein, nein, keine Sorge!
Frau Jovanovic:	Warum soll er dieses Medikament denn nehmen?
Ärztin:	Mit diesem Saft kann er besser einschlafen und der Hals tut nicht mehr so weh.
Frau Jovanovic:	Aha. Und was können wir sonst noch tun?
Ärztin:	Er soll viel trinken und viel schlafen. Morgen wird es ihm schon besser gehen.
Frau Jovanovic:	Aha.
Ärztin:	Wenn nicht, rufen Sie mich bitte an.
Frau Jovanovic:	Okay! Na dann, vielen Dank und auf Wiedersehen!
Ärztin:	Auf Wiedersehen! Tschüs, Ivo! Bald bist du wieder gesund.
Ivo:	Tschüs!
Ärztin:	Der Nächste, bitte!

Fokus 6 *Ein Berufsberatungsgespräch*

Übung 1

Berufsberater:	So, nehmen Sie doch bitte Platz. Was kann ich denn für Sie tun?
Marina:	Ich möchte mich gern beruflich verändern.
Berufsberater:	Was sind Sie denn von Beruf?
Marina:	Ich bin Krankenpflegerin und ...
Berufsberater:	Und wo arbeiten Sie?
Marina:	In der Kinderklinik im Dritten Orden, hier in München.
Berufsberater:	Und haben Sie dort auch Ihre Ausbildung gemacht?
Marina:	Nein, meine Ausbildung habe ich am Klinikum in Neumarkt gemacht und dann habe ich auch gleich wieder eine Stelle hier in München gefunden. Ich war erst zwei Jahre am Klinikum Großhadern und seit 2002 bin ich jetzt an der Kinderklinik.
Berufsberater:	Und warum möchten Sie sich verändern?
Marina:	Wissen Sie, zum einen hab ich einen kleinen Sohn. Er ist drei Jahre alt. Und ich hab einfach nicht genug Zeit für ihn. In der Klinik muss ich ja Schicht arbeiten, das passt oft nicht mit den Kindergartenzeiten zusammen.
Berufsberater:	Hmhm, ja verstehe.
Marina:	Ja, Das ist ein Problem, aber es gibt noch einen anderen Grund. Ich möchte nicht die nächsten 30 Jahre immer die gleiche Arbeit machen. Ich würde einfach gern noch etwas Neues lernen.
Berufsberater:	Und haben Sie da schon eine Idee?
Marina:	Nein, ich wollte erst einmal mit Ihnen sprechen. Gibt es denn da überhaupt Möglichkeiten?
Berufsberater:	Ja klar. Ich muss aber erst noch ein bisschen mehr über Sie wissen. Zum Beispiel, welchen Schulabschluss haben Sie denn?
Marina:	Ich hab den Realschulabschluss und – wie gesagt – danach die Ausbildung als Krankenpflegerin gemacht.
Berufsberater:	Hmhm. Und was gefällt Ihnen bei Ihrer Arbeit besonders gut? Wo sehen Sie Ihre Stärken?
Marina:	Also, besonders gut gefällt mir die Arbeit mit Kindern und auch die Arbeit mit den Angehörigen. Das Gefühl, dass ich helfen kann ...
Berufsberater:	Hmhm.
Marina:	Aber, ich organisiere auch sehr gern. Das macht mir wirklich Spaß. Aber dazu gibt es in meinem Beruf wenig Möglichkeiten.
Berufsberater:	Ah ja, das ist interessant. In Ihrem Beruf gibt es in dieser Richtung viele Weiterbildungsmöglichkeiten für Sie. Kommt eine Weiterbildung denn für Sie finanziell in Frage?
Marina:	Das wäre kein Problem. Mein Mann arbeitet ja.
Berufsberater:	Das ist sehr gut. Ich denke nämlich zum Beispiel an eine Weiterbildung zum Pflegemanagement. Dazu müssten Sie allerdings erst einmal ...

Hörtexte Arbeitsbuch

Fokus 7 *Konflikte in der Familie und in der Arbeit*

Übung 1

a + b

1 Mutter: Wie sieht denn dein Zimmer wieder aus? Kannst du deine Sachen nicht einmal aufräumen?

Patrick: Ich hab jetzt keine Zeit! Ich muss gleich weg.

Mutter: Das ist mir egal. Du räumst jetzt erst auf. Hast du das verstanden?

2 Jugendlicher: Hast du das Geschenk für Isabell mitgebracht?

Patrick: Äh, nein. Aber ich gehe gleich los und hole es. Die Party geht ja erst in einer Stunde los.

Jugendlicher: Na gut. In Ordnung. Das kann ja mal passieren.

3 Patrick: Kann ich auch mal ins Bad?

Schwester: Nei-hein, das geht jetzt leider nicht!

Patrick: Immer bist du so lange im Bad!!!!! Ich muss los!!! Mein Bus fährt in 10 Minuten.

4 Patrick: Gehst du heute Abend mit mir ins Kino?

Isabell: Kino? Ich weiß nicht. Ich habe keine Lust.

Patrick: Und möchtest du vielleicht tanzen gehen?

Isabell: Ja, das ist eine gute Idee.

5 Ausbilder: Sie kommen schon wieder zu spät!

Patrick: Es tut mir leid. Aber meine Schwester war so lange im Bad. Und dann habe ich den Bus verpasst.

Ausbilder: Das geht eigentlich nicht. Sie wissen doch: Sie müssen pünktlich zur Arbeit kommen.

Patrick: Ja, ich weiß! Entschuldigung!

6 Patrick: Du, Ich muss mit dir reden!

Schwester: Später. Jetzt nicht! Jetzt kommt gerade meine Lieblingsband.

Patrick: Ich bin heute zu spät zur Arbeit gekommen. Du bist immer so lange im Bad.

Schwester: Nein, überhaupt nicht!!! Du stehst zu spät auf. Steh doch früher auf, dann kannst du zuerst ins Bad gehen.

Patrick: Was? Ich soll früher aufstehen, weil du so lange im Bad brauchst?

Fokus 7 *Ein Sommerfest im Kindergarten*

Übung 2 a + b

Grotewohl: ... also, nachdem jetzt alle da sind, fangen wir mal an. Heute Abend geht es um unser Sommerfest im Kindergarten. Es ist noch ein bisschen Zeit, aber so langsam wollen mir mit der Planung beginnen. Ich denke, wir sammeln erst einmal alle Ideen. Hat denn jemand schon eine Idee für das Programm?

Özdem: Ich finde, wir sollten grillen. Ein Sommerfest ohne Grillen, das geht nicht.

Grotewohl: Sie hören, Herr Özdem, eine gute Idee. Können Sie das organisieren?

Özdem: Ja, Gern. Ich kenne auch ein gutes Geschäft, nämlich Karaca Market, wo wir alles sehr günstig bekommen können.

Grotewohl: Ah ja. Kaffee und Kuchen ist auch kein Problem. Die Mütter könnten Kuchen mitbringen. Wer kann sie ansprechen? Frau Winterher?

Winterher: Klar, ich frage sie mal. Ich spreche mit den Müttern. Sie sollen verschiedene Kuchen mitbringen, aber nicht zu viele. Vielleicht kennen die ja auch noch Spiele. Auf unseren Festen gibt es ja immer viele Spiele. Da frage ich auch noch die Eltern.

Grotewohl: Jetzt noch zu einem wichtigen Punkt: Aufbauen und aufräumen. Das macht niemand gern. Aber wir brauchen etwa zehn Väter und Mütter. Das ist sehr wichtig. Ja, Herr Mosbach?

Mosbach: Am besten ich hänge eine Liste auf. Da können sich die Eltern eintragen. Und letztes Jahr hatten wir genügend Eltern. Das ist sicher kein Problem.

Grotewohl: Wir müssen auch einkaufen. Wasser, Apfelsaft, Orangensaft, Fanta und Spezi, und für die Erwachsenen auch Bier. Herr Franetti, was meinen Sie: Bestellen wir die Getränke wieder bei Getränke Fischer?

Franetti: Genau. Das ist eine gute Idee. Die Getränke besorge wieder ich. Also, ich notiere mir das noch mal: Wasser, Apfelsaft, Orangensaft, Fanta, Spezi ...

169 TRANSKRIPTIONEN

Lösungen zu den Übungen im Arbeitsbuch

Lektion 1

A

1 **a** Sibylle fährt zum Flughafen. Ihr Freund Hisayuki kommt heute aus Japan. **b** Sie wartet lange am Flughafen. Das Flugzeug hat Verspätung. **c** Sie ist glücklich. Sie trifft Hisayuki endlich wieder. **d** Hisayuki möchte zwei Monate in Deutschland bleiben. Er will einen Deutschkurs machen.

2 **b** ... weil das Flugzeug Verspätung hat. **c** ... weil sie Hisayuki endlich wieder trifft. **d** ... weil er einen Deutschkurs machen will.

3 **b** arbeitet **c** gefällt **d** arbeitet

4 **b** Weil ich gestern keine Zeit hatte. **c** Weil ich den Film schon kenne. **d** Weil er krank ist. **e** Weil wir unsere Freundin abholen.

7 Weil ich noch so müde bin. – Weil ich zu wenig geschlafen habe. – Weil ich im Bett bleiben möchte. – Weil ich meine Kleider nicht aufräumen will. – Weil das Wetter so schlecht ist.

8 **b** Sie ist müde, weil sie zu wenig geschlafen hat. **c** Er ist sauer, weil Sandra nicht gekommen ist. **d** Er ist traurig, weil er Carla zwei Monate nicht sieht.

9 **b** ... weil sie gestern in Urlaub gefahren sind. **c** ... weil sie heute ins Restaurant gehen möchten. **d** ... weil ihre Freundin heute gekommen ist.

10 *Musterlösung*:
... weil meine Eltern mich am Wochenende besuchen und wir für Samstag schon Kinokarten haben. Paul hat leider auch keine Zeit, weil er gerade in Berlin ist und erst am Sonntag zurückkommt. Ich hoffe, du bist nicht traurig.

B

12

ge ... t			ge ... en		
	er / sie	er / sie		er / sie	er / sie
machen	macht	hat gemacht	lesen	liest	hat gelesen
antworten	antwortet	hat geantwortet	schlafen	schläft	hat geschlafen
lernen	lernt	hat gelernt	finden	findet	hat gefunden
kochen	kocht	hat gekocht	schreiben	schreibt	hat geschrieben
sagen	sagt	hat gesagt			
holen	holt	hat geholt			

13 ist geflogen – ist gefahren – hat/ist gestanden – ist gekommen – hat gesucht – hat gearbeitet – hat gehört – hat gekauft

14 ist ... abgeflogen – ist ... angekommen – habe ... abgeholt – ist ... eingeschlafen

15 **b** abgeholt **c** angerufen **d** gefahren **e** ausgepackt, aufgehängt **f** gegangen, eingeschlafen **g** aufgestanden

16 **a** bin ... eingeschlafen **b** haben ... abgeholt **c** ist ... mitgekommen **d** ist ... abgefahren **e** habe ... angerufen **f** hat ... aufgeschrieben **g** habe ... eingekauft **h** hat ... ausgepackt **i** hat ... aufgehängt

17 **b** Sie ist aufgestanden. – Sie ist ins Bett gegangen. **c** Sie hat die Tür aufgemacht. – Sie hat die Tür zugemacht. **d** Sie ist ausgestiegen. – Sie ist eingestiegen. **e** Sie hat ausgepackt. – Sie hat eingepackt.

18 **b** gegessen **c** getrunken **d** gegangen **e** eingestiegen **f** gefahren **g** angekommen **h** angefangen **i** zurückgefahren

19 **a** aufgestanden **b** getrunken **c** angekommen **d** gearbeitet **e** gefahren **f** eingekauft **g** gekocht **h** angerufen **i** gegangen **j** eingeschlafen

20 *Musterlösung*:
... Leider bin ich zu spät aufgestanden. Dann habe ich schnell Stefanie abgeholt und bin mit ihr mit dem Bus zum Bahnhof gefahren. Dort ist gerade der Zug abgefahren und wir mussten eineinhalb Stunden warten. Um 16 Uhr sind wir in Zürich angekommen. Dort sind wir umgestiegen und haben den Zug nach Rapperswil genommen. Am Abend sind wir endlich bei Eva und Klaus angekommen. Wir haben mit ihnen gegessen und haben einen Spaziergang am See gemacht.

21 ... Am Marktplatz sind wir ausgestiegen und wir sind in eine Bar gegangen. Dort haben wir zusammen etwas getrunken. Dann sind wir noch ein bisschen durch die Stadt spazieren gegangen. Um halb zwei Uhr morgens bin ich mit der letzten U-Bahn nach Hause gefahren. Schließlich war ich um zwei zu Hause und bin sofort eingeschlafen. ...

C

22 **b** Was ist denn passiert? **c** Der Bus hat ein Rad verloren. **d** Maria hat auf der Reise keinen Kaffee bekommen.

25 **a** verstanden **b** begonnen **c** besucht **d** bezahlt **e** diskutiert **f** vergessen **g** bestellt

26 *Musterlösung*:
a ... aufgestanden. Sie hat schnell die Koffer gepackt. Aber sie hat kein Taxi bekommen. Also ist sie zum Bahnhof gelaufen. Aber sie hat den Zug verpasst.
b ... Er ist auf dem Flughafen angekommen und hat ein Taxi vom Flughafen ins Hotel genommen. Aber wo war sein Koffer? Er hat nachgedacht. Oh je! Er hat seinen Koffer auf dem Flughafen vergessen.

LÖSUNGEN **170**

Lösungen zu den Übungen im Arbeitsbuch

D

27 b Ist das Peters Onkel? **c** Ist das der Mann von Frau Baumann? **d** Ist das Tante Käthes Haus? **e** Ist das die Freundin von Adriano? **f** Ist das Angelas Tochter?

28 a Großvater / Opa, Großmutter / Oma **b** Tante **c** Onkel **d** Cousine **e** Cousin **f** Nichte **g** Neffe **h** Schwägerin **i** Schwager

29

der	die
Großvater / Opa	Großmutter / Oma
Onkel	Tante
Cousin	Cousine
Neffe	Nichte
Schwager	Schwägerin

30 Onkel – Cousin – Bruder – Enkelkind – Vater – Nichte – Neffe – Opa – Tante – Schwager

E

32 b der alleinerziehende Vater **c** die Kleinfamilie **d** der Single

33 a Das ist eine Gruppe von Personen … **c** 1 Linda – 2 Angelika – 3 Angelika – 4 Linda

Lektion 2

A

1 c hängt **d** steht **e** steht, liegt **f** liegt, hängt **g** liegt **h** hängt **i** steckt **j** steht

2 a liegt **b** Steckt, liegt **c** hängt **d** stehen **e** liegt **f** hängt **g** liegt

3 auf – hinter – in – neben – über – unter – vor – zwischen

4 die Katze – der Boden – die Wand – der Tisch – das Sofa – der Stuhl – die Tasche – das Fenster – der Papierkorb – das Regal – die Tür – die Jacke – der Schrank – das Bett

5 b vor dem **c** zwischen den **d** an der **e** auf dem **f** neben der **g** unter dem **h** im **i** über dem **j** hinter dem **k** vor dem

7 a 2 die Lampe 3 der Stuhl 4 das Regal 5 der Schrank 6 die Lampe 7 die Katze 8 der Tisch 9 die Bücher 10 der Teppich 11 das Bild 12 das Fenster 13 der Fernseher 14 der Papierkorb 15 das Foto 16 die (Blumen)Vase 17 die Tasche 18 das Glas 19 die Hose 20 die Jacke

B

9 b … auf dem Bett **c** … an der Wand

10

	Wohin? Ich lege das Buch …	Wo? Das Buch liegt …	
a	x		auf den Tisch.
		x	auf dem Tisch.
b		x	auf dem Schreibtisch.
	x		auf den Schreibtisch.
c		x	neben dem Bett.
	x		neben das Bett.
d	x		in den Schrank.
		x	im Schrank.
e	x		unter den Stuhl.
		x	unter dem Stuhl.

11 b an die **c** neben das **d** in den **e** an die **f** ins **g** auf den **h** an die **i** unter den **j** auf den

12

neben dem Schrank	neben den Schrank
an der Wand	an die Wand
unter dem Fenster	unter das Fenster

13 *Musterlösung:*

b Die Schreibtischlampe stellen wir in das Regal und das Bild hängen wir an die Wand.

c Die Kleider hängen wir in den Kleiderschrank und den Tisch stellen wir in die Mitte.

d Den Fernseher stellen wir auf das Regal und die CDs legen/stellen wir auf den Tisch.

e Die Stühle stellen wir an den Tisch und das Bett neben die Tür.

14 b gestellt – steht **c** gehängt – hängt **d** gesteckt – steckt

15 b in das / ins – im **c** unter dem – Unter dem **d** zwischen die – zwischen den Kleidern **e** neben das – neben dem **f** in die – in der **g** vor dem – vor dem **h** in den – In den

16 a in den – auf der **b** in den – im – vor die **c** in den – vor das **d** in die – vor dem **e** zur

C

18 b Sie geht ins Haus. – Sie geht rein. **c** Sie geht in den dritten Stock. – Sie geht rauf. **d** Sie geht in den Hof. – Sie geht runter. **e** Sie geht über die Straße. – Sie geht rüber.

19 b rüber **c** rauf **d** raus **e** runter

20 b Hier darf man nicht raufgehen. **c** Hier darf man nicht reingehen. **d** Hier darf man nicht rübergehen. **e** Hier darf man nicht rausgehen. **f** Hier darf man nicht rauffahren.

22 a 2 **b** 1 **c** 2 **d** 1 **e** 1 **f** 2

Lösungen zu den Übungen im Arbeitsbuch

D

25 a … das Zimmer; die Schuhe + das Regal;
das Papier + der Korb; der Müll + das Auto

b wohnen + das Zimmer; schreiben + der Tisch; waschen
+ die Maschine; stehen + die Lampe

26 b der Kinderwagen **c** das Bücherregal **d** die Haustür
e die Schreibtischlampe **f** die Handtasche

27 b (Sofa) Müll **c** (Hofeinfahrt) Geräte **d** (Küche) Möbel
e (Altglas) Haus

29 Ball, Fußball – Stadt, Stadtplan – Schuhe, Hausschuhe
– Platz, Arbeitsplatz – Haus, Mietshaus – Kinder,
Kindergarten – Kurs, Sprachkurs

30 Liebe Hausbewohner – verloren – im Haus – Vielen Dank
für – Ihre

31 3 – 5 – 2 – 1 – 4

32 *Musterlösung*:
… auch dieses Jahr ein Hausfest. Wer kann mithelfen? Wer
kann z.B. die Getränke kaufen, wer bringt etwas zu essen
mit? Bitte informieren Sie Frau Winter. Hoffentlich kommen
viele und hoffentlich machen viele mit.

E

33 1 falsch
2 b

34 2 Könnten Sie …
3 Vielen Dank für …

35 *Musterlösung*:
Liebe Frau Stegner,
der Stromableser kommt ja morgen zu uns ins Haus.
Leider habe ich aber einen Termin in der Stadt und kann
nicht da sein. Darf ich Sie um einen Gefallen bitten?
Ich gebe meinen Schlüssel bei der Hausverwaltung ab.
Würden Sie ihn bitte dort für mich abholen und dann
die Firma in meine Wohnung lassen? Das wäre wirklich
sehr nett von Ihnen, vielen Dank! Darf ich Sie demnächst
einmal auf einen Kaffee einladen, als Dank für Ihre Hilfe?
Am Samstag vielleicht?
Viele Grüße
Ihr(e) …

Lektion 3

A

1 b Zweimal im Monat schwimmen – das ist genug! – Ich
gehe manchmal schwimmen.

c Schwimmen? Dreimal im Jahr – das ist okay! – Ich
gehen selten schwimmen.

d Schwimmen, nein danke. – Ich gehe nie schwimmen.

2 a immer **b** selten – oft **c** oft – selten **d** nie

B

5 b welche **c** einen **d** keins **e** eins **f** eine **g** eine **h** einen
6 b welche **c** keins **d** einer **e** keine **f** eins **g** keine **h** keiner

7

Nominativ	der	das	die	die (Plural)
Hier ist …		eins	eine	
Hier sind …				welche
Tut mir leid, hier ist …		keins	keine	
hier sind …				keine
Akkusativ	**den**	**das**	**die**	**die**
Ja, ich brauche …	einen	eins	eine	welche
Nein danke, ich brauche …		keins	keine	

8 a keinen **b** eine **c** eine **d** keins **e** eins **f** welche

9 a welche **b** keine **c** eins **d** einer **e** welche

10 a eins **b** keinen; einer **c** eins **d** keine; welche **e** welche

11 a Papierkorb **b** Spülmaschine **c** Teller **d** Löffel

C

13 a 2 eine Brezel mit Butter, ein Glas Tee (mit Zitrone)
3 ein Stück Käsekuchen, ein Stück Schwarzwälder
Kirschtorte, zwei Tassen Kaffee
b Tisch 3

14 a 2 Gern. Was möchten Sie trinken? **3** Einen Apfelsaft,
bitte. **4** Und was möchten Sie essen? **5** Ich nehme den
Braten.
b 1 Wir möchten bitte zahlen. **2** Zusammen oder
getrennt? **3** Zusammen. **4** Das macht 13,60 €.
5 Stimmt so.
c 1 Entschuldigung! **2** Ja bitte? **3** Ich habe einen
Milchkaffee bestellt und keinen Espresso. **4** Oh, das
tut mir leid. Ich bringe Ihnen sofort den Milchkaffee.

15 a Kann ich bitte bestellen? – Was möchten Sie trinken?
b Können wir bitte bezahlen? – Zusammen oder getrennt?
– Stimmt so. **c** Nein, da ist nur Gemüse drin. **d** Oh, das tut
mir leid!

17 c – e – f

19 a Mein Freund heißt Klaus. Er ist groß und isst meistens
sehr viel. Deshalb ist er auch ein bisschen dick. Er
macht auch selten Sport. Fußball im Fernsehen findet
er besser.

b Du trinkst ja nur Mineralwasser und isst nur Brot. Was
ist denn passiert?

c Reisen ist mein Hobby. Das macht mir Spaß. Ich habe
schon dreißig Städte besucht.

d Hallo, Susanne. Du musst schnell nach Hause
kommen, ich habe schon wieder meinen Schlüssel
vergessen.

LÖSUNGEN **172**

Lösungen zu den Übungen im Arbeitsbuch

D

20 schnell – Bratwurst – Cola – Plastikgeschirr – billig – mit den Händen essen – Döner Kebab – Pommes frites

21

		scharf	sauer	süß	fett	salzig
a	Chili	x				
b	Schweine-braten				x	(x)
c	Kuchen			x		
d	Zitrone		x			
e	Wurst				x	(x)
f	Eis			x		
g	Essig		x			
h	Pommes frites				x	x
i	Schokolade			x		
j	Sauerkraut		x			

E

23 A Setzen Sie sich doch!
B Der Kuchen ist wirklich lecker. – Möchten Sie noch einen Kuchen? – Können Sie mir das Rezept geben?
C Ich muss leider wirklich nach Hause. – Kommen Sie gut nach Hause. – Und vielen Dank für die Einladung.

24 **b** Der Kuchen schmeckt mir! **c** Nehmt doch bitte Platz! **d** Ich danke Ihnen für die Einladung.

25 a Ach schade, aber wir fahren am Wochenende nach Berlin.
b Oh! Herzlichen Dank. – Vielen Dank, das ist sehr nett von Ihnen.
c Ja, gern. Sie schmeckt wirklich lecker. - ... Aber ich habe leider keinen Hunger mehr.
d Ach, bleibt doch noch ein bisschen. – Schon? Schade. Dann kommt mal gut nach Hause.

26 a b 4 c 1 d 2 e 5
b ... Der Wein hat auch nicht geschmeckt. Die Freunde von Klaus waren alle langweilig. Nur Axel hat die ganze Zeit mit mir gesprochen. Aber das war auch furchtbar langweilig. Ich bin früh gegangen und habe lieber andere Freunde getroffen. Bis zwei Uhr morgens hatten wir viel Spaß. ...

Lektion 4

A

1 **a** Bild 2 **b** Bild 1 **c** Bild 3

2 **b** ist – fahre **c** habe – nehme **d** fahre – brauche

3

a	Wenn	mein Auto kaputt	ist,		gehe	ich zu Fuß.
b	Wenn	das Wetter schön	ist,	dann	fahre	ich mit dem Fahrrad.
c	Wenn	ich keine Zeit	habe,		nehme	ich die U-Bahn.
d	Wenn	ich mit dem Auto	fahre,	dann	brauche	ich zehn Minuten bis zum Büro.

4 **b** ... ich spät nach Hause komme, bin ich müde.
c ... ich nette Kollegen habe, macht mir die Arbeit Spaß.
d ... ein Kollege krank ist, muss ich seine Arbeit machen.
e ... ich Kunden helfen kann, bin ich zufrieden.

5 **b** ... Sie Ihre Kollegen, wenn Sie Material brauchen.
c ... Sie bitte mit dem Hausmeister, wenn im Büro etwas kaputt ist. **d** ... Sie bitte an, wenn Sie morgens einmal später kommen. **e** ... Sie zu Frau Baumann, wenn Sie einen neuen Arbeitsanzug brauchen.

6 **a** ... Ihre Arbeit fertig ist. **b** ... Frau Volb da ist. **c** ... wir Sie immer anrufen können. **d** ... kein anderer Termin möglich ist.

7 *Musterlösung*:
a ... ich einen schlechten Tag habe. **b** ... ich meinen Freund zwei Wochen lang nicht sehe. **c** ... ich mich langweile. **d** ... ich mal wieder etwas für meine Gesundheit tun möchte. **e** ... es draußen kalt und grau ist. **f** ... ich lange warten muss.

8 **b** tagsüber **c** Teilzeit **d** Personalbüro **e** Finanzamt **f** Frist

B

10 **a** Sie sollten nicht am Schreibtisch essen! **b** Sie sollten im Büro nicht privat telefonieren! **c** Sie sollten Ihre Tassen immer selbst spülen! **d** Sie sollten die Füße nicht auf den Tisch legen!

11 **b** solltest – Bild 1 **c** sollten – Bild 2 **d** solltest – Bild 1
e solltet – Bild 3 **f** sollten – Bild 2 **g** solltest – Bild 1
h solltet – Bild 3

12 **b** ihren **c** Ihrs **d** deine

13 **b** deins **c** sie **d** meine

14

	der Kugel-schreiber	das Fahrrad	die Tasse	die Stifte	
Das ist/sind	meiner	meins	meine	meine	!
Hast du	meinen	meins	meine	meine	?

15 **a** meine **b** seine **c** seins **d** Ihrer – meiner **e** eure – unsere

16 **a** deins **b** deiner/Ihrer – meiner, meinen **c** deins/Ihr(e)s

C

17 **a** noch nicht **b** schon – noch nicht – noch nicht

18 **a** niemand **b** etwas – nichts – etwas **c** etwas – nichts **d** jemand – niemand

Lösungen zu den Übungen im Arbeitsbuch

19 a+b S: Firma Hens und Partner, Maurer, guten Tag.

    A: Guten Tag, hier spricht Grahl. Könnten Sie mich bitte mit Frau Pauli verbinden?

    S: Tut mir leid, Frau Pauli ist gerade nicht am Platz. Kann ich ihr etwas ausrichten?

    A: Nein, danke. Ist denn sonst noch jemand aus der Abteilung da?

    S: Nein, es ist gerade Mittagspause. Da ist im Moment niemand da.

    A: Gut, dann versuche ich es später noch einmal. Könnten Sie mir noch die Durchwahl von Frau Pauli geben?

    S: Ja, gerne, das ist die 301. Also 9602-301.

    A: Vielen Dank. Auf Wiederhören.

    S: Auf Wiederhören.

19 c *Musterlösung*:

    ▲ Guten Tag. Mein Name ist Riedel. Könnten Sie mich bitte mit Herrn Maurer verbinden?

    ● Nein, er ist leider heute nicht im Haus. Kann ich ihm etwas ausrichten?

    ▲ Nein, danke. Aber vielleicht könnten Sie mir ja seine Durchwahl geben.

    ● Gern. Das ist die 327.

    ▲ Vielen Dank. Auf Wiederhören.

    ● Auf Wiederhören.

20 a … Sie kommt später in die Arbeit. Sie hat einen Arzttermin.

    b … können Sie bitte neue Stifte und Papier bestellen und die Rechnung an Frau Pax schicken?

    c … Herr Hein aus der Exportabteilung hat angerufen. Der Termin am 21.09. ist leider nicht möglich. Können Sie ihn bitte zurückrufen?

    d … möchtest Du mit mir etwas unternehmen? Hast Du nach der Arbeit Zeit? Gehen wir ins Kino?

23 ich: dich, nicht, die Bücher, das Gespräch, die Rechnung, die (Nach)richt, ich möchte, ich besichtige, täglich, …

auch: doch, noch, das Buch, die Sprache, die Nach(richt), ich mache, ich besuche, nachmittags, …

D

24 Lohn: die Lohnsteuerkarte – die Steuer – das Personalbüro

    Firma: die Kantine – das Unternehmen – das Lager – die Fabrik – die / der Angestellte – die Aushilfe – das Personalbüro – der Chef – der Betrieb – der Betriebsrat

    Arbeitszeit: stundenweise arbeiten – die Schicht – die Teilzeit – die Überstunde

25 a Schicht **b** in der Kantine – Teilzeit **c** Kündigung – Aushilfe – Lager **d** stundenweise

26 Fabrik – Schicht – Betriebsrat – Entlassungen – Rente

27 1 bis Donnerstag **2** von 9-13.30 Uhr **3** am 18.04.

E

28 a richtig **b** falsch **c** richtig **d** richtig

Lektion 5

A

1 a mich **b** euch – uns **c** sich – mich **d** sich – sich

2

ich	konzentriere	mich	**wir**	konzentrieren	uns
du	konzentrierst	dich	**ihr**	konzentriert	euch
er / es / sie	konzentriert	sich	**sie / Sie**	konzentrieren	sich

3 C Sie ärgert ihren Bruder. **D** Sie ärgert sich. **E** Er zieht das Baby aus. **F** Er zieht sich aus. **G** Sie kämmt ihre Tochter. **H** Sie kämmt sich. **I** Er wäscht das Baby. **J** Er wäscht sich.

5 b Wascht euch jetzt endlich! **c** Dusch dich jetzt endlich! **d** Kämm dich jetzt endlich! **e** Zieht euch jetzt endlich an! **f** … bewegt euch jetzt endlich!

6 b dich **c** sich **d** sich **e** uns **f** euch **g** sich

7 a 2 Ziehen Sie sich nicht zu warm an! 3 Duschen Sie sich warm und kalt! 4 Bewegen Sie sich mehr! 5 Rauchen Sie nicht so viel!

    b 2 Sie sollten sich nicht zu warm anziehen. 3 Sie sollten sich warm und kalt duschen. 4 Sie sollten sich mehr bewegen. 5 Sie sollten nicht so viel rauchen.

8 b Er ärgert sich immer über seinen Bruder. **c** Sie zieht sich heute eine Hose an. **d** Er legt sich jeden Mittag ins Bett. **e** Ich ernähre mich ab heute gesund.

9 b Immer ärgert er sich über seinen Bruder. **c** Heute zieht sie sich eine Hose an. **d** Jeden Mittag legt er sich ins Bett. **e** Ab heute ernähre ich mich gesund.

11 a / b

Man kann gesund bleiben	wenn man		nicht so fett	isst.
Man kann gesund bleiben	wenn man	sich	nicht so viel	ärgert.
Man kann gesund bleiben	wenn man		mehr Sport	macht.
Man kann gesund bleiben	wenn man		viel Obst und Gemüse	isst.
Man kann gesund bleiben	wenn man	sich	warm und kalt	duscht.
Man kann gesund bleiben	wenn man	sich	nicht zu warm	anzieht.
Man kann gesund bleiben	wenn man	sich	oft	ausruht.
Man kann gesund bleiben	wenn man		viel spazieren	geht.

12 *Musterlösung*:

… und mich mehr bewegen. Ich möchte zum Beispiel viel öfter spazieren gehen. Ich möchte mich gesund ernähren, mit viel Obst und Gemüse. Ich möchte mich weniger ärgern und mich dafür mehr ausruhen. Ich möchte auch mehr Konzentrationsübungen machen. Und ich will endlich weniger rauchen!

LÖSUNGEN **174**

Lösungen zu den Übungen im Arbeitsbuch

B

13 b dich – für **c** sich – für **d** euch – für **e** uns – für **f** sich – für **g** sich – für

14 *Musterlösung*:
b Wir interessieren uns für Gymnastik. – Wir mögen Gymnastik. – Wir machen gern/oft Gymnastik. **c** Meine Freunde interessieren sich für Bücher. – Meine Freunde mögen Bücher. – Meine Freunde lesen gern Bücher. **d** Maria interessiert sich für Musik. – Maria mag Musik. – Maria hört viel Musik. **e** Meine Freundin interessiert sich für Tennis. – Meine Freundin mag Tennis. – Meine Freundin spielt gern Tennis.

15 a Heute Abend kümmere ich mich um die Kinder. – Hast du Lust auf ein Stück Schokolade? – Ich bin mit meinem Auto nicht zufrieden. – Ich erinnere mich nicht mehr an diese Person.
b Manchmal träume ich von einem Urlaub in der Sonne. – Warten Sie auch auf den Bus nach Wiesbaden? – Ich verabrede mich heute mit Klaus, okay? – Meine Tochter freut sich schon sehr auf ihren zehnten Geburtstag.
c Sprichst du noch mit ihr? – Denkst du bitte an die Blumen! – Ich ärgere mich immer über mein Auto. – Morgen treffe ich mich mit Freunden. – Sie hat sich über das Essen beschwert.

16

mit	auf	an	über	von	um
sich ver-abreden	warten	denken	sich ärgern	träumen	sich kümmern
sprechen	sich freuen	sich erinnern	sich be-schweren		
sich treffen	Lust haben				
zufrieden sein					

17 b Ich denke nie an seinen Geburtstag. **c** Heute habe ich keine Lust auf Gymnastik. **d** Ich freue mich sehr auf die Sommerferien.

18 b den Urlaub **c** einem Auto **d** das Abendessen **e** den Zug **f** dich geärgert

19 a an dich **b** mit dir – mir **c** auf dich – mich **d** von mir – von dir

20 b an dich **c** an die **d** von dir **e** mit dir **f** um die **g** auf den **h** über mich **i** auf eine

21 B Sie ärgern sich über ihre Kinder. **C** Unsere Kinder freuen sich schon auf Weihnachten. **D** Er wartet auf seine Freundin. **E** Entschuldigung, kann ich mal kurz mit Ihnen sprechen? **F** Ich möchte mich mal wieder mit dir treffen.

25 a Reise **b** wichtig **c** braun **d** Halt! **e** Herr **f** Hose

C

27 b Woran – Daran **c** worüber – darüber **d** worauf – darauf

28 b woran – daran **c** worüber – darüber, *aber:* dafür

29 a Woran – Worauf – Worüber – Woran **b** Daran – Darauf – Darüber – Daran

30 dafür – wofür, darüber – worüber, daran – woran

D

31

Situation	1	2	3	4	5
Anzeige	D	X	C	B	A

E

33 a machen: einen Spaziergang, Urlaub, Gymnastik, eine Reise, eine Busfahrt, Lärm
b gehen: ins Fitnessstudio, ins Schwimmbad, spazieren
c fahren: Ski, mit dem Fahrrad
d spielen: Eishockey, Handball

34 b 2 **c** 5 **d** 3 **e** 1

35 a 3 - 5 - 1 - 6 - 4 - 2
b Betreff: Antwort;
Liebe Hanna,
6 - 4 - 3 - 7 - 2 - 5 - 1
Viele Grüße, Susi
c *Musterlösung*:
Betreff: Antwort; Liebe Hanna, ich mache immer ziemlich viel Sport. Ich mache jeden Morgen nach dem Aufstehen Gymnastik und gehe immer zu Fuß einkaufen. Montags und freitags gehe ich ins Fitnessstudio und am Wochenende jogge ich. Möchtest du mal mit mir zusammen joggen gehen? Viele Grüße, Lisa

36 a gesunde Ernährung bei Kindern – ein Sportprogramm gegen Übergewicht
b 2 falsch 3 richtig 4 falsch 5 falsch 6 falsch

Lektion 6

A

1 b 2 **c** 2 **d** 1 **e** 2 **f** 1

2 b durfte **c** sollte **d** wollte **e** durfte

3 b konnte **c** durfte **d** musste **e** konnte **f** sollte

4 b Am Dienstag wollte er mit Erika Eis essen, aber er musste mit seinem Vater Mathe lernen. **c** Am Mittwoch sollte er mit seiner Mutter Englisch lernen, aber er wollte lieber Skateboard fahren. **d** Am Donnerstag wollte er mit Inge ins Kino gehen, aber er musste das Geschirr spülen. **e** Am Freitag wollte er Fußball spielen, aber er musste Zeitungen austragen.

175 LÖSUNGEN

Lösungen zu den Übungen im Arbeitsbuch

5 **b** ihr **c** ihr **d** sie, Sie **e** du **f** sie, Sie

6

ich	wollte	konnte	sollte	durfte	musste
du	wolltest	konntest	solltest	durftest	musstest
er / sie / es	wollte	konnte	sollte	durfte	musste
wir	wollten	konnten	sollten	durften	mussten
ihr	wolltet	konntet	solltet	durftet	musstet
sie / Sie	wollten	konnten	sollten	durften	mussten

7 **a** musste **b** Wollten, durften – wollte, musste
c durfte, konnte

8 Als Kind wollte Lars Fußballspieler werden. Als Jugendlicher musste er mit seinen Eltern in eine andere Stadt
umziehen und die Schule wechseln. Mit 16 Jahren
wollte Lars eine Lehre zum Mechaniker machen, aber
er durfte nicht. Er sollte eine Banklehre machen. Nach
der Lehre wollte Lars Abitur machen. Mit 22 Jahren
hat Lars Abitur gemacht und er durfte studieren. Er hat
Mathematik studiert. Als Erwachsener konnte er endlich
als Mathematiker arbeiten.

B

10 **b** Ich finde, dass er zu wenig für die Schule lernt. **c** Ich bin
sehr froh, dass ich in Berlin studieren kann. **d** Es tut mir
sehr leid, dass du schon wieder krank bist.

11 **a** Ich finde **b** Es tut mir leid **c** Es ist wichtig **d** Ich bin
froh / Ich bin glücklich

12 **b** … ein gutes Zeugnis wichtig ist. **c** … Englisch langweilig
ist. **d** … ich mehr Grammatik üben muss.

13 **a** … ich studieren durfte. **b** … eine gute Ausbildung
wichtig ist. **c** … du schlechte Noten im Zeugnis hast.
d … du Mathe nicht verstehst. **e** … du ein bisschen
mehr lernen kannst. **f** … unsere Kinder eine gute Schule
besuchen können.

15 *Musterlösung*:
a wenn **b** dass **c** weil **d** wenn **e** dass **f** weil **g** dass

17 glücklich – lustig – traurig – freundlich – ruhig – höflich
– ledig – eilig – berufstätig – selbstständig – schwierig –
langweilig – günstig – billig

19 Wein – Bier – bald – Brot – Wecker

C

22 **a** falsch – **b** richtig – **c** richtig – **d** richtig – **e** falsch

23 **a** Sport **b** Krippe **c** froh **d** Handwerk

24 *Musterlösung*:
A Alexander findet, dass die Schule oft langweilig ist. Er
denkt, dass die Lehrer weniger Hausaufgaben geben
sollten. Auch findet er schlecht, dass es zu wenig
Sportunterricht gibt.
B Seine Mutter meint, dass die Lehrer streng sein sollten.
Sie findet schlecht, dass es zu wenig Unterricht in den
Fächern Kunst und Musik gibt. Außerdem denkt sie,
dass man die Schüler nicht genug auf das Berufsleben
vorbereitet.
C Sein Opa glaubt, dass die Schule heute besser als früher
ist. Zum Glück sind die Lehrer heute nicht mehr so streng.
Er findet gut, dass die Schüler mehr in Partnerarbeit und
in Gruppen zusammenarbeiten.

25 **a** 2 – 6 – 1 – 4 –3 – 5
b *Musterlösung*:
Liebe Janina,
wie geht es Dir? Ich habe lange nichts von Dir gehört.
Seit zwei Monaten mache ich einen Deutschkurs in
Wien. Jeden Morgen freue ich mich auf die Schule,
weil ich einen netten und lustigen Lehrer habe. In
meiner Heimat sind die Lehrer nicht so nett. Sie sind
streng. Das finde ich nicht so gut. Denn man lernt
doch eine Sprache leichter, wenn die Lehrer freundlich
sind, oder? Im Unterricht sprechen wir auch viel
Deutsch und machen häufig Gruppenarbeit. Das macht
so viel Spaß! Wie war der Sprachunterricht in Deiner
Schule? Bitte schreib mir bald! Ich freue mich auf eine
Antwort von Dir.
Viele Grüße
Samira

26 *Musterlösung*:
… Wie schön, dass Dir der Unterricht in Deutschland
gefällt. Meine Schulzeit war eigentlich recht schön: Ich
bin nur in eine kleine Schule in Bolu gegangen. Mein
Lieblingsfach war Musik. Unser Musiklehrer war nämlich
sehr lustig. Er hat immer Witze erzählt und lustige Lieder
mit uns gesungen. Die anderen Lehrer waren nicht so nett,
aber mir hat die Schule gefallen. Schreib mir bald wieder
über Deine Zeit in Deutschland.
Herzliche Grüße
Canan

D

28 **b** eine Weiterbildung machen – in seinem Beruf etwas
Neues lernen **c** das Lehrmaterial – die Bücher, CDs,
CD-ROMs für den Unterricht **d** der / die Fortgeschrittene –
nicht mehr für Anfänger **e** Vorkenntnisse haben – schon
etwas über das Thema wissen. **f** das Zertifikat – das
Zeugnis

LÖSUNGEN **176**

Lösungen zu den Übungen im Arbeitsbuch

29 a+b S: Guten Tag
B: Guten Tag, wie kann ich Ihnen helfen?
S: Ich möchte gern Spanisch lernen.
B: Haben Sie schon Vorkenntnisse?
S: Nein. Ich bin Anfänger.
B: Da kann ich Ihnen zum Beispiel unseren Kurs am Dienstag und Donnerstag von 19.00 bis 20.30 Uhr anbieten.
S: Ja, das passt gut, da habe ich Zeit. Was kostet der Kurs denn?
B: 110 Euro für ein Semester.
S: Das geht. Das ist nicht zu teuer. Kann ich mich jetzt gleich dafür anmelden?
B: Ja natürlich. Sie müssen bitte nur dieses Anmeldeformular hier ausfüllen.
S: Kein Problem. Das mache ich sofort. – Hier bitte.
B: Ich bedanke mich und wünsche Ihnen viel Spaß und Erfolg!
S: Auf Wiedersehen und vielen Dank.

32 a Hauptschule – Fachhochschule
b 1 falsch – 2 falsch – 3 richtig – 4 richtig

E
33 1 Putzhilfe 2 Pilot 3 Lehrer 4 Kellner 5 Bauarbeiter
6 Bäcker 7 Polizist 8 Sekretärin

34 a Lehre - Arbeitsplatz - Geld - Sicherheit - Beruf - Spaß - Arbeit - Arbeitszeiten
b Daniel: c, d; Aurora: a, e; Denis: b, f

Lektion 7

A
1 **b** … seiner Schwester ein Buch. **c** … unseren Eltern eine Reise. **d** … ihrem Bruder ein Bild. **e** … eurem Hund eine Wurst. **f** … ihren Großeltern eine Einladung zum Essen.

2

	Bruder	Enkelkind	Schwester	Eltern	
Das ist / sind	mein	mein	meine	meine	.
Ich sehe	meinen	mein	meine	meine	morgen.
Ich schenke	meinem	meinem	meiner	meinen	nichts!

3 **b** mir - dir **c** euch **d** ihnen **e** uns **f** ihr **g** ihm **h** Ihnen

4 a 2 ein Fahrrad 3 ein Kochbuch 4 einen Fußball 5 ein Spiel 6 ein Computerspiel
b 2 ihr ein Fahrrad 3 ihm ein Kochbuch 4 ihnen einen Fußball 5 ihr ein Spiel 6 ihm ein Computerspiel

5 **A** helfen – passt – steht **B** schmeckt **C** gehören

6 **b** Ich bestelle mir einen Salat. **c** Meine Freundin bringt mir Blumen mit. **d** Sie schenkt ihrer Oma Schmuck. **e** Gibst du mir noch ein Stück Kuchen?

8 a 1 leihen 2 steht 3 hilf 4 gefallen 5 wünsche 6 gehören 7 mitbringen 8 passen 9 schmeckt

11 Geburtstagsfest – Geburtstagsparty – Geburtstagskarte – Geburtstagsfeier – Geburtstagskuchen – Hochzeitstag – Hochzeitsfeier

B
13

	Ich kenne …	Wer gibt … zehn Euro?		Ich kenne …	Wer gibt … zehn Euro?
ich	mich	mir	wir	uns	uns
du	dich	dir	ihr	euch	euch
er	ihn	ihm	sie / Sie	sie / Sie	ihnen / Ihnen
es	es	ihm			
sie	sie	ihr			

14 **b** Hast du es deiner Schwester zurückgegeben? **c** Können Sie ihn mir wirklich empfehlen? **d** Kannst du es mir leihen? **e** Ich schreibe sie dir auf. **f** Kannst du ihn mir bestellen?

15 **b** sie ihm **c** es uns **d** es Ihnen **e** sie mir **f** sie dir

16 **b** … Ihnen sehr empfehlen! **c** … ihn Ihnen sehr empfehlen! **d** … sie Ihnen sehr empfehlen.

17 *Musterlösung*:
b Ich erkläre es dir. **c** … es dir selbst kaufen. **d** … gebe sie dir sofort. **e** … hole ihn euch gleich. **f** … bringe sie Ihnen.

18 **a** es **b** es **c** es **d** gebe ihn **e** ihn

D
23

Satz	a	b	c	d	e	f
Bild	4	5	3	2	6	1

24 *Musterlösung*:
… Bernhard und Bianca haben die Ringe getauscht und ‚Ja' gesagt. Vor der Kirche haben viele Freunde und Bekannte auf sie gewartet. Dann sind das Brautpaar und alle Gäste (hupend) durch die Straßen zum Restaurant gefahren. Nach dem Hochzeitsessen hat das Brautpaar zuerst getanzt. Es war sehr lustig und am Ende haben alle getanzt. Dann hat die Braut den Brautstrauß geworfen und wir Mädchen mussten ihn fangen. Clara hat ihn gefangen! Das heißt, dass sie als Nächste heiratet. Es war wirklich ein tolles Fest! Schade, dass du nicht dabei sein konntest …

E
26 **b** tanzen **c** unterhalten **d** kochen **e** organisieren **f** kaufen **g** einladen **h** passen **i** dekorieren

27 a

Einladung	A	B	C
Antwort	2	1	3

177 LÖSUNGEN

Lösungen zu den Tests

Test zu Lektion 1

1 **a** ..., weil ihre Katze krank ist. **b** ..., weil sie Deutsch lernen möchte. **c** ..., weil sie Milch kaufen muss. **d** ..., weil sie Kinder mag.

2

Ich habe ...	Ich bin ...
begonnen	abgefahren
erzählt	mitgekommen
verpasst	
aufgeschrieben	

3 *Musterlösung:*
a Sie hat (mit ihrem Freund) telefoniert. **b** Sie hat (Lebensmittel) eingekauft. **c** Er hat geschlafen. **d** Er ist nach Neuss gefahren. **e** Er hat ferngesehen. **f** Er ist aufgestanden.

4 **a** Der Vater von meinem Mann ist mein Schwiegervater.
b Der Sohn von meinem Sohn ist mein Enkelkind.
c Die Schwester von meiner Frau ist meine Schwägerin.
d Der Bruder von meinem Bruder ist mein Bruder.
e Die Schwester von meinem Vater ist meine Tante.
f Mein Vater und meine Mutter sind meine Eltern.

5 *Musterlösung:*
Heute war wirklich ein schrecklicher Tag. Zuerst hat es den ganzen Tag geregnet. Dann wollte ich zu meiner Freundin mit dem Bus fahren. Leider bin ich in den falschen Bus eingestiegen. Ich bin wieder umgestiegen. Zwei Stunden später war ich wieder zuhause. Dann habe ich meine Freundin angerufen. Schließlich bin ich zuhause geblieben.

Test zu Lektion 2

1 **a** am **b** am **c** im **d** Im **e** auf dem **f** an die **g** auf den

2 **a** Die Zeitung steckt in der Tasche. **b** Die Bücher liegen im Regal. **c** Die Zeitung steckt im Briefkasten. **d** Die Frau stellt die Fotos auf den Tisch. **e** Die Kleider hängen im Schrank.

3 **a** rein **b** rauf **c** runter **d** rüber **e** runter

4 **a** richtig **b** richtig **c** falsch **d** falsch **e** falsch

5 *Musterlösung:*
Lieber Herr Bremer,
am Mittwoch fahre ich für eine Woche nach Köln. Leider habe ich vergessen, für diese Zeit meine Zeitung abzubestellen. Könnten Sie vielleicht die Zeitung aus meinem Briefkasten nehmen? Sie können sie natürlich gerne lesen und sie dann vor meine Haustür legen? Vielen Dank für Ihre Hilfe. Ich melde mich bei Ihnen.
Herzliche Grüße
...

Test zu Lektion 3

1 **a** nie **b** oft **c** selten / manchmal **d** meistens / fast immer **e** nie **f** manchmal / selten

2 **a** Ich brauche einen großen Topf. Manfred, bringst du mir bitte einen? **b** Ich brauche eine Schüssel. Klara, bringst du mir bitte eine? **c** Dazu brauche ich ein Messer. Marion, gibst du mir bitte eins? **d** Kaufst du bitte welche? **e** Ich brauche einen Bierkrug. Holst du mir bitte einen? **f** Tina, holst du uns bitte welche?

3 **2** c **3** e **4** a **5** b **6** f **7** g

4 *Musterlösung:*
Bild A:
Tina: Hallo, schön, dass ihr da seid!
Marie +
Robert: Hallo! Wir haben dir ein paar Blumen für deine neue Wohnung mitgebracht.
Tina: Die sind aber schön, vielen Dank! Kommt doch rein, ich habe schon Kaffee gemacht.
Marie: Das ist aber nett. Wie geht es dir denn?
Tina: Gut, danke.

Bild B:
Robert: Hmm, der Kuchen schmeckt aber lecker, hast du den selbst gebacken?
Tina: Ja, das ist ein Rezept von meiner Oma. Den habe ich als Kind schon sehr gern gegessen.
Marie: Vielleicht kannst du es uns ja aufschreiben, dann kann ich es auch einmal ausprobieren.
Tina: Möchtest du noch ein Stückchen, Robert?
Robert: Ja, sehr gerne.

LÖSUNGEN   178

Lösungen zu den Tests

Test zu Lektion 4

1 **a** Wenn das Baby da ist, (dann) arbeitet Susanne nur noch stundenweise in der Apotheke. **b** Wenn Herr Keller eine Arbeit braucht, (dann) muss er eine Bewerbung schreiben. **c** Wenn Sandra nicht gut arbeitet, (dann) bekommt sie eine Kündigung. **d** Wenn die Kunden in der Apotheke nett sind, (dann) freut sich Susanne. **e** Wenn Paul krank ist, (dann) muss er zum Arzt gehen.

2 **a** Sie sollten regelmäßig zur Agentur für Arbeit gehen, wenn Sie Arbeit suchen! **b** Ihr solltet jeden Tag Zeitung lesen! **c** Du solltest nicht so viel fernsehen! **d** Du solltest nicht so viele Überstunden machen! **e** Ihr solltet nicht dauernd streiten!

3 *Musterlösung:*
a Dann solltest du die Mietanzeigen lesen. **b** Dann sollte er Bewerbungen schreiben. **c** Dann solltest du Urlaub nehmen. **d** Dann solltest du einen Kurs machen.

4 **a** deins **b** deinen **c** deine **d** deinen **e** deins

5 **a** Nein, ich habe sie noch nicht gefunden. **b** Nein, für dich hat niemand angerufen. **c** Nein danke, ich möchte nichts trinken. **d** Nein, ich habe ihr noch nicht gratuliert. **e** Nein, ich brauche nichts aus der Stadt. **f** Nein, ich habe noch nicht mit ihr gesprochen.

Test zu Lektion 5

1 **a** Er zieht sich aus. **b** Die Frau kämmt das Mädchen. **c** Der Vater zieht sein / das Kind an. **d** Er wäscht sich. **e** Er kämmt seine / die Kinder. **f** Er zieht sich an.

2 **a** euch **b** sich **c** dich **d** sich **e** mich **f** euch

3 *Musterlösung:*
a Heute treffen wir uns mit unseren Freunden. **b** Die Kinder freuen sich auf Weihnachten. **c** Die Schüler ärgern sich über ihren Lehrer. **d** Kümmere dich mehr um deine Mutter. **e** Die Sekretärin ist nicht zufrieden mit ihrem Chef. **f** Maria denkt oft an ihre Heimat. **g** Ich spreche nicht mehr mit dir. **h** Jede Nacht träumt Larissa von ihrem Traummann.

4 **a** Wofür **b** Worauf **c** Worüber **d** Worauf/Worüber **e** Wovon

Test zu Lektion 6

1 **a** Petra wollte Lehrerin werden. Aber sie durfte die Schule in der Stadt nicht besuchen. Sie musste auf dem Bauernhof helfen. **b** Mein Bruder und ich wollten zusammen einen Bus kaufen. Aber wir hatten kein Geld. **c** Konntest du mit vier Jahren schon lesen? **d** Als Kinder durften wir nie allein in den Wald gehen. **e** Ich konnte noch nie gut rechnen. **f** Die Kinder mussten am Samstag immer das Auto waschen. Der Vater wollte das so.

2 **a** Es tut mir leid, ... **b** Es ist wichtig, ... **c** Ich bin froh, ... **d** Ich glaube, ...

3 **a** Krippe **b** Lieblingsfach **c** Zeugnis **d** sitzen bleiben **e** Beruf

4 **a** ..., dass er nicht in die Schule gehen will. **b** ..., dass sie immer eine gute Schülerin war. **c** ..., dass die Kinder die Hausaufgaben machen müssen. **d** ..., dass sie ihren Sportlehrer liebt.

5 **a** Abschlussprüfung – Handwerk **b** Kindergarten – Weiterbildung – Praktikum **c** Zertifikat – Job – Erfahrung

Test zu Lektion 7

1 *Musterlösung:*
a Du schenkst deinem Vater einen Computer. **b** Wir schenken unseren Kindern Fahrräder. **c** Ihr schenkt eurer Freundin eine Puppe. **d** Ich kaufe meiner Schwester ein Bild. **e** Petra leiht ihrer Freundin eine CD.

2 **a** den **b** der **c** dem **d** dem **e** dem **f** den

3 **a** Nein, ich leihe es ihm nicht. **b** Leider kann ich es euch nicht leihen. **c** Ich habe es ihnen schon gestern gegeben. **d** Ich bringe sie dir.

4 **b** Brautstrauß **c** Brautwalzer **d** Brautkleid **e** Gutschein **f** Standesamt **g** Trauung

5 *Musterlösung:*
a Ich interessiere mich für Musik. **b** Ich habe nie Lust auf Sport. **c** Ich ärgere mich oft über meine Eltern. **d** Ich freue mich auf meinen Urlaub. **e** Ich habe heute von meinem Freund geträumt.